一个捣蛋生

＋

偏科生的成才之路

夏训武 / 著

中国青年出版社

图书在版编目（ＣＩＰ）数据

一个捣蛋生+偏科生的成才之路 ／ 夏训武著.
－－ 北京 ：中国青年出版社，2014.6

ISBN 978-7-5153-2513-2

Ⅰ．①一… Ⅱ．①夏…Ⅲ．①家庭教育—经验
Ⅳ．①G78

中国版本图书馆CIP数据核字(2014)第138745号

责任编辑：彭明榜
书籍设计：孙初＋林业

中国青年出版社出版发行
社址：北京东四12条21号
邮政编码：100708
网址：www.cyp.com.cn
编辑部电话： (010) 57350505
门市部电话： (010) 57350370
北京科信印刷有限公司印刷　　新华书店经销

700mm×1000mm　1/16　19．5印张　220千字
2014年6月北京第1版　2014年6月北京第1次印刷
定价：30.00元

本书如有印装质量问题，请凭购书发票与质检部联系调换
联系电话： (010) 57350337

目录

上篇
一个捣蛋生+偏科生的成才之路

小学年代

一、一股寒气袭上心头/003

二、"响鼓不用重捶"/008

三、当众一耳光的"威力"/013

四、"讨价还价"的双赢/019

五、从童年的玩耍中可以得到什么/039

六、糊涂大胆的天性与学习成绩的高低/052

七、儿子的精神伴侣和良师益友/055

八、面对老师的虐待/061

九、儿子在外"偷拿"了东西/065

十、吃苦能力是人的核心竞争力/069

十一、解读"优秀是一种习惯"/085

初中年代

十二、面对"永远正确"的老师/090

十三、为错误不断的儿子找"客观原因"/107

十四、批评不是教育的"家常菜"/116

十五、批评的艺术和艺术的批评/127

十六、"跛脚生"的另一面/138

高中年代

十七、"该生破坏性强,难以管教"/143

十八、与数学老师"顶牛"/162

十九、给成绩不好的儿子找信心/168

二十、儿子早恋了?/171

二十一、向儿子"摊牌"/177

大学生涯与职场的软着陆

二十二、寝室生活是宝贵的社会见习期/191

二十三、茫然的成绩与明确的逃课/198

二十四、自立门户/215

下 篇
为什么偏科生更接近成功

一、偏科生爱因斯坦的学习动机、心态及策略/226

二、解读神童、天才张亚勤的成功之路/234

三、一个偏科生＋捣蛋生走向成功的心理轨迹/250

四、是命运的戏剧，还是生活的逻辑？/273

五、为何多数中国学生的职业方向迷茫？/295

六、为何奥赛奖牌选手难成一流人才/301

一个捣蛋生＋偏科生的成才之路

小学年代

一、一股寒气袭上心头

理想与现实两重天

开学的第一天，当我领着已满七岁的儿子跨进学校大门时，夹道欢迎的红领巾仪仗队顿时响起嘹亮的号声和激越的鼓声。仪仗队员们整齐一色的校服，挺拔的胸脯，鲜艳的红领巾，使场面庄严而肃穆！受到夹道欢迎的儿子高兴得手舞足蹈地跳了起来，我也联想到国家重要人物受到隆重欢迎的场面，不由得激起我心头美好的憧憬：入学第一天儿子就受到如此待遇，他一定会好好读书。我给自己暗暗鼓劲：一定要让儿子好好学习，将来考上国家一流大学，以补偿我在"以阶级斗争为纲"的年代因父亲的政治历史问题而失去的上高中、大学的机会。

可是，就在第二天中午放学时，班主任王老师把儿子领回了家，身边还带了一个嘴角上挂着血迹的学生。慈祥的王老师没有批评儿子，只是将儿子放学排队时与同学打架的经过说了一下，并要我把那个同学带到医院去看看。我问儿子为什么与同学打架？儿子说，是他先推我，我才推他，后来我们就打起来了。儿子说得振振有词。

"开学第一天表现竟如此糟糕！"儿子的打架仿佛当头一瓢凉水，

使我憧憬的梦想一下子从半天云落到了冷酷的现实。"怕是儿子真的像他的舅哟！外甥多像舅，真的应验到我儿子头上了！"儿子的舅舅是个令所有教过他的老师都非常头痛的顽皮学生，并且是个在学业、家庭、工作上都不太成功的人。想到此，我的心咯噔一下，一股寒气袭上心头。

没想到，接下来让我和儿子妈沮丧的事接二连三：现实的儿子与我理想的儿子差距太大了。

不知道作业在哪儿

正式开课的第一天，儿子放学回家，我们翻开他整洁光溜的课本，问："老师布置的家庭作业在哪儿？"

"不知道。"儿子说。

"老师布置了作业没有？"我疑惑地问儿子。

"不知道。"儿子不置可否地望着我。

"老师怎么会不布置作业呢？"我一再追问。

儿子愣在一旁，无言以对。

"走，到学校去。"我和儿子妈当机立断带着儿子赶往学校，来到学校，教室门上已是一把锁。透过教室玻璃窗，我们看到黑板上有几个被打上了圈和钩的阿拉伯数字。拿出儿子的课本一对照，一推测，儿子的作业这下算是找到了着落。

"这不是老师布置的作业吗？"我指着黑板对儿子说，儿子望着黑板发愣。显然，老师布置作业时儿子思想开小差去了。

第二天儿子放学，问他的作业，又是一问三不知。这次我们轻车熟路地带着儿子赶往学校去勾作业题。

第三天、第四天……连续几天我们两口子轮番带着儿子去学校勾作业题，直到儿子妈发现儿子的一位同班同学是邻居，他虽然比儿子小半岁，但对老师布置了哪些作业却非常清楚。这下，儿子每天该做哪些家庭作业，找那位同学一问就行了。

让儿子自己选择

一次，儿子放学回家后感叹："还是上幼儿园好。"

"为什么？"我很注意地问。

"可以不做作业！"儿子说。

"那你就上幼儿园去，怎么样？"我试探他。

儿子马上停下来，若有所思地想了一下，然后不容置疑地一扭头说："不去。"说完就飞也似的跑开。

"怎么不去？可以不做作业啦！"我抬高嗓门叫唤起来。

"不，不。"儿子边说边跑得不见踪影。我想儿子肯定想到了，一个小学生去和幼儿园的小朋友们坐在一起唱"排排坐，吃果果"，那可是件丢人现眼的事。

一天，我对儿子说："你这么想玩，作业也不想做，干脆就不上学了，好吗？"

稚气十足的儿子眼睛一亮，高兴地叫了起来："真的啊！"

我说："不过你要考虑好。第一，你不上学就只能呆在家里，我们大人上班去了，你哪里都不能去。如果你一个人到街上乱跑，有捉小孩的人贩子会把你捉去。"

儿子朝我一愣，等着我说第二条。看样子，他觉得这一条不是大问题。

"第二，你得关在家里，我们大人得把房门锁起来，因为怕小偷进来偷东西。"

儿子眉头一锁，表情严肃。在他看来，"不上学"还有这么一连串的麻烦问题要考虑。

"第三，你将来再也没有同学玩了，并且也没有人跟你玩了。"

"那为什么呢？"儿子急迫地追问。

"因为别人都上学去了，你跟谁玩？别人在学校都有同学玩，你既然不上学当然就再也没有同学了呀！"．

"那不！不！不！"儿子没等我说完扭头就跑开了。我说出不上学的最后一条，遭到儿子坚决的否定。

在接下来的好多年里，儿子在学校出的问题不断，可是对上不上学的问题却再也没有犹豫过。虽然偶有迟到，但从不无故旷课。直到上初中，班主任老师多次将他赶出教室不让上课，可儿子对要上学，要上课的决心没有丝毫动摇过。当然他坚决要上学、要上课不是为了用功读书。我想，"一个人呆在家里再也没有同学玩了"这句话，在他脑子里一定留下了深刻的印象。

家长在孩子遇到困难和心理纠结时，与他进行交流沟通，进行成人般的平等对话，是为了培养孩子冷静分析，权衡利弊得失，作出理智选择的能力和习惯。也许有些家长会怀疑，与一个几岁的孩子郑重其事地商量问题、征求意见，这行得通吗？有效果吗？

在孩子的心灵中，家长的某一句话或某一个行为曾产生巨大的影响力，甚至产生终生难忘的影响。这样的事例，几乎在我们每个人身上都发生过。虽然家长往往不知道是自己的哪句话，或哪个行为给了孩子这么大的影响。如在我五六岁时，母亲一边用针线补着我们的破衣服，一边喃喃地说："笑破不笑补。"虽然母亲说时无意，我听时也懵懵懂懂，不知其意义，但这句话对我成人后的审美意识和价值观产生了终生的影响。

同时，家长只要遇事平等地与孩子商量，征求孩子意见，孩子就敢于表达内心真实的思想，家长就能够与孩子保持心灵的沟通，就能够对孩子施以有的放矢的影响。相反，如果采取武力和强迫命令的办法，一且孩子的"翅膀"长硬了点，就不知哪一天会公然反抗，或背地里干出种种不堪的事，如沉迷网吧、离家出走、染上种种恶习，等等。这时，如梦初醒的家长才知道，以往强制性教育的"成果"原来是一种假象，但这时候往往已铸成大错。

一些家长以孩子太小，不懂道理为由，遇事不愿与孩子商量，征求孩子意见。其实这只是大人们（由于心理障碍）下意识找的一个理由。因为，一旦与孩子进行沟通，就需要尊重孩子的人格，了解孩子的情绪和想法，需要多费一些时间和口舌。与其说这是很麻烦的事，倒不如说，这需要放下身段，改变祖祖辈辈习惯了的家长作风。要改变人们的传统习惯，这个心理障碍往往才是最难克服的。

二、"响鼓不用重捶"

　　教育越是含蓄、越是引而不发，越能提高孩子的自主意识和悟性。自主意识是开拓性、创造性人才不可或缺的品质，而悟性则是智慧的最高境界。耳提面命只能教出依葫芦画瓢和拨一下动一下的消极被动型人才。

　　不久，我们发现儿子在班上做"清洁值日生"，由原来每星期做一次突然增加到两次，接着又增加到三次。开始我还有点纳闷：怎么这么快又轮到儿子了？直到有一次，儿子说要连续做一个星期的"清洁值日生"，我更加困惑起来。难道是班主任要全班的同学都歇着，专让儿子和几个同学接受做值日生的锻炼？到学校一打听，原来是以往每次轮到儿子做"清洁值日生"时他都很不认真，别人做清洁他却在教室打闹、逗、疯，几次处罚也没有效果。班主任干脆罚他与另一个同样做清洁不认真的同学两人连续做一个星期的"清洁值日生"。

　　可是，儿子一个星期的"清洁值日生"还没做完，我突然接到班主任老师通知："速来学校一趟。"到学校一看，儿子与另一个同学，在教研室里罚站。

　　班主任向我控诉，儿子与那个同学为了偷懒，将教室里扫的垃圾从二楼楼梯口直接倒向一楼的走道。这灰尘飞扬的景象正好让路过的校长撞见……

聆听了老师对儿子的一番教育后，我灰溜溜地将儿子领回家。我问儿子："你怎么这样做清洁？你不知道垃圾要倒进垃圾桶里吗？"

儿子理直气壮地答："是那个同学要我倒的。"

我说："学校的规章制度、老师的要求你不听，那个同学的一句话你就这么愿意听？你这个理由站得住脚吗？"

儿子哑口无言。

"你好好想一想。"我扔下一句话就走开去，让眨巴着双眼、无言以对的儿子站在那儿发愣——去思考他那站不住脚的理由。

在这段时间，儿子犯了任何错误都能找到"理由"。要他上课再不要讲话，他理直气壮地说："班上还不是有人讲话？"要他上学不要迟到，他理直气壮地说："班上还不是有人迟到？"

一天早上，儿子去上学，我把他送到家门口，郑重其事地说："人跟好的比就越比越好，跟差的比，越比越差。那些坐牢的罪犯，并不是从小一开始就坐牢的，而是开始跟差的比，越比越差，最后一步一步把自己比到监牢里去了。平时，你要跟班上好的同学比，你才会进步。"儿子瞪大眼、发着愣走出了家门……

我知道，对孩子的教育要晓以利弊、引而不发，并且点到为止。这要比抓着孩子的错没完没了地啰嗦一些大道理，让儿子厌烦、反感的效果要好。

在往后的日子里，尽管儿子在学校仍然错误不断，但父母只需关切地问一声："怎么又犯错误了？"儿子就会低眉顺眼地沉默不语，不再理直气壮地为自己的错误行为找理由了。

在我看来这就够了，应该见好就收。儿子能够在错误面前有这种沉默不语的尴尬或愧疚感，这就是心里认错的表现，就是实质性的进步。家长此时如果再唠叨一些被孩子听腻了的废话，那就是把孩子看蠢了——既损伤孩子的人格自尊感，打压了孩子自我意识的能力，又破坏了孩子正视问题、反省错误的心情。

儿子进入初中后，自我意识和自尊心增强了，在学校犯了错误，如果家长再采取明知故问和厉声教训的办法，也就不太适用了。我更多是用一种揶揄的口吻说"你平时表现好一点老师就不会这样对你"，或用严肃的目光瞟他一下。这种心照不宣的"眼功"在儿子内心产生的"作用力"，比没完没了的唠叨、批评、责骂来得有效。

儿子进入高中后，在学校有时违反课堂纪律而受到老师批评和处罚，如果家长再板起脸孔批评，把一个青年——"准"成年人当童年孩子对待，这是任何年轻小伙都不能忍受的。于是，我就笑着与儿子插科打诨地调侃，或言其他，以表达对儿子的信任和理解。在这信任、理解的背后自然有着一种让儿子感受到的人格力量的无形压力。

教育孩子，要把孩子的实际年龄看大三岁。如对一个四岁的孩子说，你马上就是一个小学生了，这件事自己去……将来才能成为一个好学生。还未上学的孩子听到这话，一般都会很受用，来精神。有时家长的要求即使是严格的，尽管可能遇到孩子情绪不好，可一旦受到信任和鼓舞，人格受到尊重和提升，孩子的情绪便会高涨起来，自主意识和理性思维也会随之受到触动和提升，上进的举动自然来劲。

对七八岁孩子要像对待一个少年那样，遇事给予充分的信任和理解，进行平等的交流、商量和"讨价还价"。此时受到抬举、尊重的孩子，感觉自然会良好，其自主意识、自信心和责任心就会得到进一步提升。

十一二岁的少年，是个"半瓶子晃荡"的、不知天高地厚的毛头小子，但已完全有了成年人的脸面——自尊感。这个时期，无论孩子犯多大的错，在老师、同学面前，家长都要给足他面子。对十七八岁的年轻小伙子，不仅在大庭广众中，即使在私下，也要像对待单位的同事、朋友和一个完全的成年人一样礼貌、谨慎。否则只会使家长自讨没趣，事事陷入被动。

这种把孩子看大三岁的办法，可以说是在与孩子错误的成长和养成错误的习惯抢时间，抢上风，抢主导权。因此，这种办法要伴随孩子漫长的童年、少年过程。

2006年央视曾经报道一个法官，对待年少的常犯错误的儿子的办法是：当得知孩子在校犯了错误，一声不吭，只用两道严肃的目光重重地盯上孩子一眼，然后默默地走开去。该法官用这种含蓄的、尊重孩子人格的不满眼光，使孩子感到了面子上的难堪、内心的惭愧、自尊心的尴尬。这显然是让孩子认错的最佳办法。如果批评太"直露"，让孩子当面认错，作检讨，作保证，从表面看效果明显，但孩子的自尊心、自信心、人格力量往往就会受到伤害。因为，作检讨、作保证式的认错行为是以丧失人格自尊为代价的，而顾及到孩子面子的认错，会使孩子的内心生出感激和触动。

我们不难想象，在这位法官严厉而又含蓄的眼神中，既有对孩子不满情绪的克制，又有对孩子人格的尊重；既有做家长的严厉，又有做父亲的慈爱。这一道目光真是胜过千言万语的说教啊！

该法官的孩子后来考取了一所名牌大学。但更重要的是，这种用沉默不语的目光教育出来的孩子与那些被打骂、被唠叨出来的孩子相比，即使后者也被"教育"进了名校，但这两种方法培养出来的孩子，在人格力量、独立意志等心理品质上是不能相提并论的。显然，这个法官是个富有情商的父亲。

成龙曾在央视"咏乐汇"节目中坦露，自己做慈善是始于一次内心的惭愧。他说，以前我从不做慈善，只顾赚钱，别人要我做慈善和捐献，我都拒绝了。直到有一次我和我的一些朋友到一个医院看望一群孩子。孩子们把朋友们送的礼物也当成我送的，对我也表示感谢，这使我当时非常惭愧。从此我决定投身慈善事业，后来我就成立了成龙基金会。成龙的这件事告诉我们，人的巨大而持久的向上动力，来源于内心的触动和感动。

有一则关于世界著名交响乐指挥家小泽征尔的故事：小泽征尔指挥他的乐队时，如发现有谁演奏中出现了错误，他就将目光移到另一边去。显然，这位世界杰出的指挥家没有忘记，犯错误的乐手也是优秀的人才，都有着一颗高贵的自尊心。每个孩子的人格与自尊心生来与世上所有优秀人才一样敏感。你认为他（特别是在他犯错误时）是一个优秀人物，他才会认为自己优秀。这种优秀人物的"自我"感觉一旦被人认可和增强，就会成为他自强不息、永不服输的动力。中国有句老话叫"响鼓不用重捶"，它告诉我们的是：不"重捶"的孩子才能成为"响鼓"。准确地说，对孩子的教育越含蓄，越"引而不发"，越能起到"四两拨千斤"的作用——越能提升孩子的自我意识和人格力量。

遗憾的是在那些崇尚"不打不成才"的家长看来，遇事既要纠正孩子的错误，又要尊重孩子的人格自尊，这太难办了。他们诧异，孩子的人格自尊就那么珍贵吗？他们没有看到，一个人的人格意识，将决定他的责任心、自主意志、人格魅力和自我期许等品质状况。父母肆意打骂，致使孩子丧失自尊心、责任心、自主意志等等而表现出种种不堪的行为后，却要么将一切责任归咎于孩子的不堪教育，要么茫然若失地说"我简直不知道怎么去教育他了"。

当然，尊重孩子的人格自尊要建立在一定的原则基础上，否则就是放任、娇宠。如何处理好这两者之间的关系？本书将在"戒尺加'帽子'"等章节中进行专门讨论。

三、当众一耳光的"威力"

看CCTV"当代教育"栏目，看到这样一则报道：小争是农村某镇上唯一考取市重点高中的孩子。进入这样的重点高中，就如人们所说，一只脚已跨入了大学校门。其父亲一直以自己的儿子为骄傲，对儿子寄予了无限的期望。可是在儿子上高二时，因一度迷恋上了网吧，学习成绩大幅度下降。其父得知后，气愤地来到学校，在教室里当着全班同学扇了儿子一耳光。其父没有想到的是，这一耳光起到了意想不到的效果。儿子从此干脆旷课逃学，游戏机房成了他的栖身地。为了能继续待在游戏机房，他与一些游荡在社会上的青年结伙去抢劫钱财，最后被关进大牢。

在监狱里，小争对记者谈起自己如何走向犯罪："……父亲当着全班打我，把我当坏学生对待，我没有脸见同学了，我在班上呆不下去了。我只有继续上网……没有钱了，我们就去偷，去抢。"

记者采访小争曾经就读的重点高中被拒，采访小争初中的老师们，他们都对小争参加抢劫表示惊讶和不相信。他的原班主任说："小争在学校时是三好学生，与同学的关系比较融洽，品行也比较好。"

小争的父亲伤心流泪地对记者说："我们花这么多钱供他读书，

我始终相信他考上一个一般的大学没有一点问题，没有想到他这么不听话……"

令人遗憾的是，直到孩子进了监狱，其父亲还愤愤不平地认为这一切都是儿子不听话的错。在这个做父亲的看来，往常儿子对他的打骂甚至耳光都是不陌生的，可在班上的那一耳光怎么突然会有那么大的"威力"？竟然从此改变了儿子一生的走向，成为压垮儿子的最后一根稻草？

他不曾想到人的"脸面"——人格自尊是任何人最敏感的心理防线。当众受辱常常会激怒人去杀人、去自杀或干出种种激情犯罪的事，更何况一个还不成熟的孩子。

他也许认为，儿子在老子面前应该永远是儿子，是任其打骂的奴才。小时候打骂他时总是服服帖帖，怎么长大了反而变得不经打了？

有多少犯迷糊的学生受老师冷遇、歧视

每天早上，当我和儿子妈慌慌忙忙打理好儿子上学前的准备工作，怀着美好的心情把儿子送出家门，都指望儿子这一天在学校有良好的表现和进步。可是，总冷不丁会接到老师召见的字条。由于儿子每次都是犯的校规校纪和课堂作业方面的问题，次数多了，我也从开始心急火燎地赶往学校到从容不迫地走向学校了。

每次恭敬地聆听班主任的控诉：

"……他上课完全不注意听讲，不是找同学讲话，就是和同学打闹，有时甚至把屁股对着黑板，去逗后面的同学。这次……"

"上自习课随便离开座位……与同学疯逗、打闹。"

"上自习课把同学的笔盒掷到窗外……"

班主任老师是个性情慈善、温和的老师，但告状次数多了，老师的脸也愈拉愈长，这让我感到脸上无光，很是窝囊。在连续两学期（开学

时）的家长会上，与儿子同桌的（女生）家长都向班主任老师公开提出要调换座位，其理由是，自己的孩子与我儿子同桌，学习受到了影响。这让我在大庭广众之中非常没面子，双颊火烧火燎，恨不得把脸夹到裤裆里去。

儿子在学校的表现一次又一次给我的心浇上凉水。虽然儿子每次上学前我们没少叮嘱，可儿子不是犯这错就是犯那错。一次班主任说："你儿子上课完全坐不住，是不是有'多动症'？建议到医院去检查一下。"

联想到儿子在家时很少安安静静、规规矩矩地做作业，作业没做几分钟就在沙发上打几个滚，或在墙角来一个拿大顶。为此，我几次趁儿子上课时，特地到教室的窗外观察他的表现。确实，儿子在课堂上很难安静地坐一分钟，脑袋和身子不停地动，不是东瞅西瞧，就是前后搭讪，一双眼睛就是不落到书本和黑板上。

我们决定带儿子到医院检查。医生的诊断是：你儿子好动，但没有患多动症。这让我和儿子妈感到一丝苦涩的宽慰。

儿子的迷糊像谁？是不是遗传了我的毛病？因为我读书时也是一个让老师讨厌的学生。

我始终回忆不起我犯有什么大的过错，或有什么恶习让老师讨厌，虽然偶尔被老师提醒上课要注意听讲，但被提醒的同学远不止我一个。如果一定要进一步查清原因，我猜想，只能是当年我在课堂上反应迟钝、迷糊。证据之一是，读二年级时，我和同年级的亲哥哥从市郊的一所小学转学到市内的一所小学，我要求亲哥与我同在一个班（亲哥因病休学一年，与我同在了一个年级），可是亲哥有意避开我，要求分到别班去。当时我一度非常沮丧，不知他为什么不愿与我同班。现在回想起来，原因很简单：如果两人在一个班，他认为我会丢他的丑。我亲哥是班上少数几个能够上学校光荣榜的三好生，他写的作文曾经几次贴在学校的黑板报栏上，并且拿到各个班的课堂上去宣读，获此殊荣的同学是不多的。而我直到小学毕业，红领巾都没能挂上脖子。每当学校有什么重大活动，全校同学在操场上整齐地站成一片，一眼望去，每个同学的前胸或后背都有那鲜艳夺目的一抹红，唯独我一个人脖子上光不溜秋，众目睽睽之下真有点惨不忍睹、无地自容的感觉。

为什么全校只有我一个非少先队员？当时我所在的三年级五班，有个被抓去劳教的同学也是少先队员，而我却未受过任何处分。

成年后，我分析了个中原因。

我读一年级时没有入少先队这不奇怪，没入队的人多着呢。关键是读二年级下学期时，所有的学生都该入队了，这学期我却随父亲的工作调动转学到市内一所学校的二年级三班。上课的第一天，这个班课堂纪律糟糕的程度是我不曾见过的。

当第二遍上课铃响了好一阵后，教室里还是乱哄哄的，许多男同学好像没有听见上课铃声似的，有两三个男同学还在教室里游荡……无奈之下，班主任——一位慈眉善目的年轻女老师只得缓缓地走进教室……站在讲台上看着乱糟糟的课堂，斯文地——轻言细语地叫了几声"大家安静下来，安静下来"……等到嘈杂的声音好不容易减弱一些，再向一位刚刚回到自己座位上的高个子男生点一下头。被提示的男生于是扯起嗓门高叫一声"起立"——宣布上课……

发现刚才还在教室里游走的这位高个子男生竟然是班长！我大惊。喊完口令的班长待大家坐下后，发现教室里有一个光头同学还没有回到自己的座位上，顿时站起来，怒指着那位同学大吼一声："气鼓！你上不上座位的呀！"光头同学痞笑着脸，眨巴了几下圆溜的眼睛，仍站在别人的课桌前不为所动。气恼的班长朝光头同学冲了过去，机灵的光头同学也迅速地跑动起来。于是两人在教室的走道上旋风似的，打着圈儿追逐。一圈，两圈……喔！嗬！哇！教室里顿时炸开了锅，不少男同学甚至站起来，幸灾乐祸地欢呼着……终于，光头同学被班长逮住了，然后用中指骨关节头在他的光头上狠狠地敲了两下。光头同学于是抱头哇哇大哭……这是一个怎样的课堂啊！我愤愤不平地哼哼着："自己玩够了，就来管别人，凭什么资格做班长。"后来我了解到，班长本来就个子高，又是十岁才入学读书的，所以更显得人高马大。班主任老师要他当班长是不得已，如果不是他当班长，这个班的课堂纪律就更无法收拾。

班主任好不容易开始讲课，同学们虽然都坐到了各自的座位上，但几乎近一半人没有注意听讲，各人干着各人的事，课堂上照旧乱哄哄的。有几个男生竟然用嘴里的舌头，嘚、嘚、嘚地弹出一道道口水射向一两米远外的女生。有个女生被口水射得抱住头伏在课桌上，弹口水的男生还是一个劲地将口水弹射到她的头发上、手臂上……那个女生终于伏在桌上伤心地抽泣起来。

我再也忍不住了，突然在课堂上连声大叫："我要转班！我要转班！"全班被我的大喊大叫给惊呆了。班主任走过来问我为什么要转班，并称赞我在课堂上表现一直不错，这是怎么啦？可我却继续一个劲地狂叫："我要转班！我要转班！"班主任当场答应给我转班，才止住了我的狂叫。在这学期结束后我才转到别班，但在等待转班的这一学期里，班主任老师自然就不再把我算作她班上的学生了。因此，二年级下学期，在大家都应该入少先队时我就错过去了。

当我转到三年级五班后，一次召开全校师生大会，班主任老师要求每个同学第二天必须要戴红领巾。我连忙找到班主任，说我没有红领巾。班主任给我扔下一句话："你没有就没有吧。"言下之意我例外。一直到我小学毕业，该班的班主任都没有给我补上一条红领巾，我的脖子上也因此从来没戴过红领巾。

该班主任老师为什么不愿补发我一条红领巾，为什么如此讨厌我？记得仅有的几次违反课堂纪律都是因为我运气不好：别人逗我时，老师没看见，我回击别人时，却被老师看见了。

有一次，课堂上邻座的同学与别人逗打，把我桌上的钢笔碰到了地上，等我从桌子底下钻出去，继而爬到讲台边去捡那支钢笔时，却被老师逮个正着，让我回家写检讨书，还在教研室罚站了两个上午。我当时觉得站了两个世纪，双腿麻木不说，特别是课间时，受尽了进进出出的老师、学生瞥过来的冷漠白眼和不屑神情，感觉自己像一个被当街示众的小偷。我的心好像掉到了冰窟里，觉得在学校低人一等，永远抬不起头。

如果当年我不是那么迷糊，不是贸然地从桌子下爬出去捡我的笔，而是先举手，得到老师许可，站起来检举揭发邻座同学打闹把我的笔撞到地上，也许滚落在地上的那支笔无需我动手就会回到我的课桌上，而且这种遵规守纪的行为会让老师对我产生好感。更有可能的是，那条人人都该有的红领巾早就挂到我脖子上了。

好在当年父母对我戴没戴红领巾，在学校表现好或坏，以及写检讨书的事，都没有过多地在意。只是母亲有一次半奚落半无奈地说："兄弟姊妹中就你一个不是少先队员。"由于我生性迷糊，一旦回到家，与邻居的伙伴和兄弟姊妹们玩耍疯逗起来，就把红领巾的事抛到脑后了。值得庆幸的是，我初中毕业后，在农村劳作了七年，虽然物质生活艰苦，但我在与农民的交往中得到了农民的好感与青睐，终于找回了一点自信，同时也磨练了我的性格。

成人后我明白，学生时代受到老师冷遇、讨厌、歧视，那不是我（或任何一个学生）应该得到的待遇，更不应该是我自卑、胆怯的理由。因此，在我看来如今儿子在课堂上犯的种种错误，只不过是孩子生理、性格上的原因所致。虽然受到老师折磨和整治，甚至虐待（这一点文章后面将会提到）也在所难免，但家长此时的态度对孩子却是决定性的。我暗自下决心一定要保护好儿子，不能让儿子再遭遇我的命运——被学校老师"教育"得窝窝囊囊、畏畏缩缩。

四、"讨价还价"的双赢

上个世纪九十年代，学校已提出为小学生减负，对一二年级学生的家庭作业量定在三十分钟以内。一些同学回家后抓紧时间三下两下就把作业做完了，有些同学干脆利用课间在教室里、在操场上、在走廊的楼梯上就把作业麻利干净地完成了。想到儿子每天的作业总是拖拖拉拉、磨磨蹭蹭，我好不羡慕地对儿子说："你看别的同学多会利用时间，早早地抓紧时间先把作业做了，然后就痛痛快快、放放心心地玩，这样玩也玩得痛快。"

令人失望的是，儿子把我的话完全当耳旁风，只顾一门心思地玩。每天放学，如果父母不到学校找人，他经常要玩到天黑，直到学校清校关门才回家。吃了晚饭，大人稍不注意，他又一溜烟不见了。要找他回家做作业，就得在邻居和同学家里挨家挨户地找。好不容易逮住他做作业，倘若有个玩伴或同学在窗外叫唤他一声，他的魂就飞了似的。如不先让他出去玩一会儿再回来，这一晚上他不仅作业很难完成，而且因失去了与玩伴们一同玩的机会，情绪就会波动不安。即使使出九牛二虎之力将儿子强制在书桌前，他也心不在焉，耳朵始终注意着窗外，做作业的效果极差。他如此做作业，是我们不愿看到的。

出于种种考虑，对儿子的玩和做作业都要兼顾。于是，每天晚上我跟儿子进行"讨价还价"的谈判：

"该做作业了！"我对儿子说。

"玩一下再做。"儿子提出。

"玩多长时间？"我问价。

"两个小时。"儿子出价。

"那太长了，只能玩三十分钟。"我讨价。

"玩一个小时。"儿子还价。

"不行……"我说。

"玩四十分钟！"儿子再出价。

"好！玩四十分钟。"我表示同意。

于是双方"达成协议"。

到了四十分钟，好不容易把玩得意犹未尽的儿子找回家，叫到书桌前。可拿出书和笔还没做一会儿工夫，他的哈欠又来了。

事后，我找到儿子邻近的几个玩伴，给他们打招呼，每天晚上吃完晚饭后推迟一个钟头来叫儿子玩。有了预先的约定，儿子在玩之前做起作业来算是安心了许多。但由于儿子做作业时想的是，快点做完可以快点去玩，每次作业便草草地应付了事。我不得不与儿子又在做作业的质量上进行一番"讨价还价"和斗智斗勇的较量。当然，这个较量不能以学校老师的要求作标准，而是以调动儿子的学习积极性和自信心为第一原则。（所谓"与孩子斗智斗勇"是指，在不损害孩子独立大胆的人格意志和开拓、创新精神的前提下，在与孩子的过分欲望和不良缺点进行较量时，需要家长使出极高的智慧和挑战自己智力和情商的勇气。）

在孩子的学习上，家长能够与之进行讨价还价，双方妥协，达成共识，其意义远不只是调动孩子的情绪，以便较好地完成作业。

更重要的意义是：

1. 遇事与孩子平等地交换意见，这不仅能够保持与孩子和谐互动的亲情关系，而且能够消除中国家长与孩子的上与下、命令与服从、手与算盘珠子的消极被动关系，是培养孩子既有独立主见，又有灵活应变能力的重要途径。

2. 与孩子有商有量地沟通，能够增强孩子与人积极的沟通能力，使孩子从小对自己的要求能够进行合理的表达，适度地坚持与妥协，从而能够把握事情的主动权。

3. 孩子与家长进行"讨价还价"，使双方妥协，达成共识，这是双赢的结果。妥协对家长和孩子来说都不是投降，不是丧失斗志、放弃原则。恰恰是对家长和孩子情商、意志的锤炼，是双方智慧的博弈。

人们往往能够从一个家长与孩子双方互动的关系中，看出这个孩子的自主意志、情商等方面的成长状况和未来的发展可能。从毛泽东回忆其早年的父子关系中，我们就可以一窥他早年心理成长的轨迹。

习惯、情绪、欲望的力量是意志力的三万倍

《福建党史月刊》曾刊登一篇关于"毛泽东与弟弟吵架"的文章：

1959年4月，在中共八届七中全会上，当讲到党的民主生活时，毛泽东第二次谈起了毛泽覃。他说："我这个人有旧的东西，比如有一次我的小弟弟毛泽覃和我争论一个问题，他不听我的，我也说服不了他，我当时急了，大发脾气挥拳就要揍他。我弟弟是个要强的性格，最受不了委屈，此时也火了，拍着桌子大声质问道：'怎么，你要打人？这是革命的地方，是红军的队伍，不是毛氏宗祠！'事后，他还在一些人面前讲我的闲话：'共产党实行的家法还是党法？父母不在了，他是大哥，就可以打我么？'"1959年的毛泽东已是一个成熟得不能再成熟的

大政治家了，他虽然早已意识到自己有"旧的东西"，可一直到晚年，独断专行的作风却有增无减。可见潜意识的力量有多大，早年形成的习惯力量有多大。

我对儿子从不粗暴，也是离不开儿时受到父辈潜移默化的影响。每当我对儿子不满而生气时，父亲对我们以理服人的温和态度，就成为我对儿子态度的力量源泉，使我的气恼顿时烟消云散。我想，哪怕有一次父亲对我们动过粗，这种影响力就会在我脑海里大打折扣，父亲仁慈、宽容令我折服的力量就会失去大半。

我记忆里有一件让我刻骨铭心的事：1958年全国大炼钢铁，我随父亲住到他们局所属的一个工厂里。我当时十岁，曾几次偷拿了车间里的铜屑和铜坨坨（大的约有半斤重）到学校门口那个"转糖的"老头那儿换糯米糖吃。这件事被父亲知道了。在一天夜深人静、我已进入睡梦中的时候，父亲从炼钢的工地回来，俯在我的床前，叫醒我，问："你是不是拿了厂里的铜？"我说："是的。""干什么用了？""换糖吃了。"听我如此回答，父亲当时就用巴掌扇自己的耳光，边扇耳光边说："你让我丢脸！你让我丢脸！"我顿时感觉无地自容，我痛苦地叫着："爸爸，我再不了！我再不了！"同时我抓住父亲的手，让他不要再扇自己耳光，让这种刺心般难受的情景不要再继续下去。如今，当我面对犯了再大错误的儿子，我也发不起火，动不起怒，这是为什么？认真思索，我想就是在我内心深处有我做儿子时一辈子难忘的感受。这就是潜意识的力量。

对于那些不善于与孩子进行"讨价还价"——平等沟通、相互妥协的家长，与其说是技巧问题，不如说是中国家长制作风的传统习惯在作祟。

值得注意的是，我们说潜意识、无意识的力量是意识力量的三万倍，那是不是说，新的意识就永远无法战胜和取代旧的潜意识、无意识呢？不，人类历史的进步证明，新的、进步的意识能够战胜并取代旧的潜意识，虽然这种进步非常艰难。

当人们新的思想意识在行为上取得哪怕是微小的进步，这种微小的进步行为就会成为新的习惯——新的潜意识和无意识。同时在社会主流思想的影响下，经过一代一代的努力，旧的潜意识、无意识就会逐渐被新的潜意识、无意识稀释、淡化直至取代。一句话，旧的潜意识也不是不可战胜的。

家长在"讨价还价"中的策略

对于像儿子这种见了学习就头痛，一心惦记玩的孩子来说，采用"讨价还价"的办法还要有恰当的策略，才能达到一定的效果。

这些策略是：

一、"讨价还价"时，家长要有"谈判"失败的心理准备。

一次，儿子要买变形金刚。我提出买变形金刚可以，但星期天不上学，要增加三十分钟的课外作业。对于入学不久的儿子来说，星期天是他盼望已久的狂玩的日子，听说突然要增加作业，他在心里盘算了一下，决定不要那个玩具了，接着扭头走开去，言下之意也不做我追加的作业了。对于毫无心理准备的儿子来说，我知道突然提出要求，要价高了，超出了儿子的心理承受能力。于是，下次当儿子再提出买玩具时，我就将增加的作业量减少一些。儿子一盘算，觉得可以，就"成交"了。

二、把握"要价"的时机。

在双休日，我要儿子做老师布置的课外作业。第二次，儿子以"老师说了，那是'可做可不做的作业'"为理由，坚决不做。到了又一个休息日，我们提议到公园去玩，儿子当然喜出望外。我和儿子妈就趁机提出：去公园玩了回来后，要做老师布置的作业啦。儿子为了眼前的利益，自然愿意作出让步。儿子一旦作出承诺，就有了做作业的心理准备，难以反悔，到时候做起来就没有多大麻烦了。这样的次数多了，对做课外作业这道心理上的坎也就过去了，以后做起来也就不再需要家长费太多的口舌。

三、"讨价还价"的筹码和选择范围。

有些东西不宜拿来当作"讨价还价"的筹码和底牌。如要求孩子的学习成绩达到多少就给予物质金钱的奖励，这种做法往往弊大于利，会有很大的后遗症。孩子学习成绩的好坏不仅与学习兴趣、能力、情绪、身心发育等因素有关，并且还涉及一些外因，如老师的讲课水平，以及学习环境等种种因素的影响，这是一个复杂的系统工程。更重要的是，学习是孩子自己的事。家长一旦对学习进行物质金钱的奖惩，往往会腐蚀孩子学习的自主意志和理想主义的心态。

有些家长认为，在孩子小时候搞一下学习上的"物质刺激"，大了就靠他自己了。他们没有想到，对由孩子自己负责的事进行"物质刺激"，孩子的独立意志和责任心从何而来？那些做自己的事就动不动想要物质回报的孩子，长大后会有多大出息，是值得怀疑的。有些孩子为什么成人后成了"啃老族"？其家长往往不知所以然。因为知其"所以然"的家长，其孩子就大都不会成为"啃老族"。

四、敢于向孩子"叫穷"。

父母手中还有一张"讨价还价"的筹码，那就是敢于叫穷："爸爸妈妈的钱不够用了，要等发工资以后再买。"

平时，儿子提出要买一些玩具等东西时，我们都本着"不能让孩子每次一要就到手"的原则。因为，人的欲望是无止境的，越容易得到满足的孩子越不知足，越难以满足。哪怕是儿子酷爱的智力手工模型和郑渊洁的童话书之类课外读物，这本是我们很乐意买的东西，但为了培养儿子对钱有珍惜感，和锻炼儿子的克制能力，有时我们提出，可以给你买，但最近家里的钱不多了，还要留着买什么什么，要等下个月发了工资再买。儿子只好不情愿地耐着性子等。家长敢于向孩子叫穷，这不仅能使孩子懂得生活的不易和艰难，同时能够增强孩子的同情心和体谅能力。当然，这需要家长日常生活比较严谨俭朴，起码能够精打细算，合理开销。否则，自己大手大脚，却对孩子叫穷，行不通。

要知道，严谨俭朴的生活作风并不是穷人的"专利品"，许多富豪和成功人士都具有这种品质，而这种品质没有一个不是从小养成的。

学习时的心情、自信心比学习成绩重要

由于儿子一天到晚只惦记着玩，把每天的家庭作业当作差事来应付，我只得"投其所好"，采用种种办法来调动他的积极性。其中，用"计件制"的办法检查儿子的数学作业，只要做完了作业就可以玩，当然错了就得重做。儿子为了早点去玩，就会努力做得又快又正确。

对语文作业的造句、抄写课文等，我则采取"计时制"。如果采用"计件制"他会草草地完成，句子会造得莫名其妙，字会写得张牙舞爪连他自己都不认识。但这要花时间与儿子讨价还价。当然我得本着"水至清则无鱼，人至察则无徒"的原则，让儿子每次总能够在规定的时间内提前完成，让他有"赚一点"的甜头。对老师布置的"熟读课文"等，由于不好定多长的时间，每次我和儿子妈就得与儿子进行一遍、两遍的讨价还价："还是结结巴巴，没有读熟，再读一遍。"直到大致差不多为止。

最难办的要算学校布置的一些软指标的作业，如作文。

无论我们在公园时如何启发他的观察力，回来后，儿子的作文里总是一句话："公园里真好玩哪！"

"怎么好玩哪？有些什么好玩的？"我们引导他。

"有飞机、转马车……"儿子说。

"那你就写怎么玩飞机、转马车的。"

"我坐了飞机、转马车，真好玩哪！"

"写完了？"

"写完了。"儿子望着我。

"天哪！"我拿着儿子完成的作文无奈地摇头，儿子却已燕子般飞出门外。

到了三年级，老师规定每篇作文要达到三百个字，这对儿子来说如同受刑。儿子的作文往往还没写到一半，就开始把写过的字从头到尾地数起来，没写上一两句话就又数一遍……在他脑子里想的已不是如何去构思和写作，而是尽想一些简单的、来得快的废话往上凑字数。直到最后凑足老师要求的三百个字为止。结果，他花在数那三百个字上的时间，比他写那三百个字的时间还要多。看到儿子的作文如此艰难，我只得暗自安慰自己：慢慢来，不能要求太高了。

在我看来，应试教育中的那种公式化、概念化、政治化等条条框框的命题作文——这种新"八股文"与真正的写作能力是两码事。学生用一种应付差事的态度去堆一些套话、应景话、假话是不得已而为之，也在所难免。如果把作文分数太当真，往往会挫伤孩子的学习兴趣和自信心。因此，每次只要儿子能够心情舒畅、感觉良好地完成作文就可以了。也许有家长会说，学习成绩不好，也会影响学生的自信。是的，但要看到，各行各业的领军人物，他们当年在学习成绩上的自信心肯定都不会比状元生更高，但他们自信的品质内容（自信的依据）往往优于状元生，否则他们不可能在各自的领域做出"职场状元"的业绩来。相反，考场状元中却很少出一个"职场状元"。因此，学生的自信主要不在于分数的高低，而在于自信的品质内容的不同。当然，这阶段的作文对纠正孩子的错别字、语病等是有帮助的，家长在这方面认真把关很有必要。

适度体罚与家暴的界限

每天按照我的"三斧头",算是使儿子的家庭作业慢慢步入了正轨。可不久,老师让同学一连几次给家里递来字条:"夏阳的课堂作业没交。"

问儿子:"你经常不交课堂作业是怎么回事?"

儿子说:"我的作业本在书包里。"

"为什么放在书包里不交呢?"

"我的作业还没有做完,他们(同学)就把作业本收去了……"

我纳闷,为什么不等儿子的作业完成就收作业本呢?到学校问老师才知道,原来老师安排同学做课堂作业时,大家做了许多,儿子却迟迟未动笔,并且常常边做边玩,玩得忘乎所以。到了下课收作业本,绝大多数同学都做完了,儿子却做得很少,有时甚至连笔都没有动。自然他的作业本只能放在书包里。

我感到,这是一个严重但又鞭长莫及的问题。如果仅仅靠好说歹说让他自觉起来,那就不知是何年何月的事了。况且这种自由散漫的行为如果不及时纠正,就容易形成坏习惯,那他将来连起码的学业都无法完成,这个后果无法想象。于是,我暗下决心,必须迅速行使有力的、非教育的体罚手段才行。

待儿子放学回到家,我严肃地对他说:"学生的任务是学习,爸爸妈妈的任务是赚钱养活你,每个人都得完成自己的任务。你以后再不完成课堂作业就要挨打,知道了没有?"我厉声喝道,以示先礼后兵。

"知道了。"儿子有气无力地回答。

没过几天,老师的字条又被同学送来,自然又是课堂作业没交。

我早有准备，问儿子："你又不交课堂作业！这你是知道的，该不该挨打？"

"该。"

"好，你去拿尺。"

儿子二话没说，转身从抽屉里拿出竹尺交到我手上。

"把手伸出来！"我厉声喝道。

儿子大大方方地伸出手来。

戒尺在他手掌上落了下去。当戒尺落到第二下，我递眼色给儿子妈，暗示她出来劝阻。于是我说："本该打你三下，看在妈妈的面子上只打两下，留一下看你以后的表现，如果再犯，就老账新账一起算。"

我采用这种处罚"留有余地，以观后效"的办法，以起到既有精神上的威慑力，又体现宽大为怀的仁慈，从而达到使儿子心服口服的效果。

可是，一个多月后老师的字条又递来了，我想大概上次那两下戒尺"落下"去的力度太轻，并且想起了儿子挨那两下戒尺时，好像连眉头都没有皱。

这次我加大了戒尺下落的速度和力度。两下戒尺之后，儿子明显皱起了眉头，赶忙用左手捂起了右手，并在儿子妈"劝"掉"第三下"后默默地走开去。

事后我问儿子妈："儿子手的情况怎样？"

"有两条红杠杠。"儿子妈说。

我给自己界定的、不造成孩子心理伤害的适度体罚是：每次在儿子接受体罚时，他能够坦然地伸出手来，受到皮肉之苦后又不至于大哭小叫，不像打小偷似的打得儿子连连求饶。那种使人屈辱、伤人面子的打法必然会伤害到孩子的人格自尊，这是我不能触及的底线。

并且我对儿子的体罚也是关紧家门，低声细语地进行，家丑不可外扬嘛。有的家长认为，罚孩子下跪或不痛不痒地搧孩子一耳光那不是体罚。但我以为那是屈辱孩子人格，践踏孩子自尊的一种精神暴力。这种跪大或被扇大的孩子，将来在大是大非面前只会觉得低人一等，不会有高贵的人格力量去出头露面。这比打骂孩子有更大的精神摧残作用。

两下戒尺管了一个多月，老师的字条又一次送来。

我问："怎么又不交作业？"

儿子先是一愣，转而神情失落地望着我。显然他对前不久那两下戒尺的作用已经淡忘了。我知道对于这个"玩性大，性情野，自律性弱，记性差"的孩子，那两下不轻不重的戒尺也只能管上个把月，（我想，如果企图用一两次重重的体罚在儿子脑瓜子里留下一劳永逸的印象，即使把儿子打成一个唯唯诺诺的奴才，也未必管用。当然，即使管用也是我不愿意的。）于是我又给儿子来不轻不重的两下，让儿子妈出面阻劝掉"第三下"。经过几次以精神震慑为主，戒尺"提醒"为辅的体罚，随着儿子自理能力的逐渐提高和对戒尺记忆的增强，一学期后，儿子不交课堂作业的问题算是基本解决了。

用戒尺体罚儿子时，我力求让他感觉到，家长是不得已而为之。如果让孩子感觉到家长毫不顾忌和体谅他，下手心狠手辣，身心受伤的他就会产生抵触、怨恨、沮丧情绪，从而使脑子一片麻木，甚至产生逆反心理："哼！为这点小事，竟然这么狠心打我。我犯错，你下狠心打，好了，咱们两清了，以后还犯不犯那就看我的心情了，反正是挨打呗。"因此，体罚后如果孩子表现出沮丧、抵触，甚至产生愤恨等情绪，说明体罚过度，达到了家暴的程度。从实际效果看，即使皮肉的伤不大，只要对孩子的人格、心理、性格、情绪等造成创伤，就应该属于家暴了。

　　从理论上讲，体罚是教育者无能的表现。但在遇到孩子已站到悬崖边的时候，家长一时又没有找到别的有效办法时，当机立断的适度体罚往往能够救急。而且，从人性的弱点来看，即使到了共产主义社会，人类也仍然离不开法庭、监狱等强制性的国家机器。有句至理名言："绝对的权力导致绝对的腐败。"就是说，即使是世界各国最优秀自律的顶级领导人，也需要法律制度来约束。因此，对那些少数顽皮倔强的、一时还听不懂、听不进道理的孩子来说，有时动用一点适度体罚，往往比耐心说服教育有更好的效果，或者说可以对耐心教育起到更好的辅助作用。当然，即使是适度体罚也只能是教育中的"调料味精"，一旦用多了也会造成灾难性后果。

　　因此，与其听任某些教育专家高谈阔论地反对一切形式的体罚，而对社会上司空见惯的家暴行为却没有多大的影响力，还不如对适度体罚与家暴行为进行明确的界定，从而使家长们对各种体罚有更清晰的认识，以便减少那些盲目不当的、有损孩子身心的体罚和家暴。

　　在现实生活中，我们的许多家长在既没有说服孩子的有效办法，同时又没有适度体罚的办法时，面对孩子倔强、任性的错误行为，往往要么过于迁就、放任，要么过于放肆地打骂——将这两种方式交替使用。如有些被惯坏了的孩子缠着母亲买了这，还要买那，否则就大使性子地闹个不休。直到家长终于忍无可忍地恼羞成怒起来，把孩子痛打一顿完事。有的家长甚至在大庭广众之下歇斯底里、劈头盖脸地打骂孩子。可以想见，这样的孩子，将来不仅任性的坏习惯得不到收敛，而且还会脾气暴躁。

　　适度体罚的原则是：

　　1.体罚必须"先礼后兵"。

　　家长在原则问题上对孩子进行有约在先、照章办事的体罚，是对孩子人格、意志的尊重。同时，事先有心理准备的孩子，只要体罚适度，大都会口服心服。否则，如果视体罚如儿戏，随手打孩子，即使出手较轻，孩子的人格、意志也会受到屈辱，也很难不产生忿恨、不满、不服等负面情绪，除非已被打成了奴才性格，认为父母的打骂无论对错都是应该的。不过，对调皮倔强的女孩子采用"适度体罚"要更慎重。我们在调教近四岁的孙女发脾气的任性行为时，就罚她坐五分钟。当她第一次不接受"坐五分钟"的处罚时，我们就以不让她与邻居的孩子玩等使她更在乎的处罚作条件，让她选择。当她尝到了被关在家里不能与玩伴玩的苦头后，再遇到"坐"的处罚时就不得不接受了。当然，在罚她安静地"坐五分钟"时，我们告诉她，可以用不断数数来度过这难熬的五分钟。

2. 体罚要以精神震慑为主。

以不造成孩子心理和肉体上的创伤为原则。这个原则的界定，不能依家长的自以为是，而应以每个孩子的不同承受力为准。如果孩子感觉疼痛而生出大哭小叫，或耿耿于怀地不满，甚至跪地求饶等失态的表现，则都应该算是体罚过度和家暴行为。因为哭叫、求饶和愤恨本身就是心理受到伤害的表现。

3. 体罚孩子时，家长要表现出不得已和怜爱之心。

家长在体罚孩子时要给孩子留有释怀的余地和庆幸的机会。如，本该打三下，留一下以观后效，或已经提醒你两次了，你还不听，你是不是太过分了。这样可以达到对孩子"恩威并济"的效果。

记得我儿时一次被父亲体罚的刻骨铭心的感受。

我十岁时，兄弟三人一次在家扯皮打架，不听父母的劝告，实在太淘气了。父亲为了阻止我们，用他的大手在我们几个孩子的屁股上拍灰似的打了两下，并且边打边说："我用手打，让我手也疼。"父亲那种慈爱的"打"令我们感到非常难堪和愧疚，使我难以忘怀。与其说父亲那拍在我们屁股的两下让我难忘，不如说是父亲"打"我们时说的那句话永远铭刻在我的心上。

4. 体罚至多只适合三至九岁的男孩，即"七八九，嫌死狗，外加一年饶一饶"这个年龄段的孩子。过了这个年龄段以后，孩子的自尊心、人格意识会逐步增强和敏感起来，再体罚就容易对孩子的情感、心理和人格自尊造成伤害。即使对童龄的孩子，也不应采取打脸和揪耳朵等屈辱人格的体罚。孩子的人格自尊一旦受到伤害，成人后，在人际关系上往往容易产生受伤感和攻击性，难以与人建立良好的人际关系，这种人很难成为优秀人才。

也许有家长并不认可以上"适度体罚"的种种原则。这并不重要，重要的是家长对自己的孩子动"手脚"前，要针对自己孩子的心理特点和承受力，设一个不伤及孩子的体罚底线。否则，就很难不过火，从而造成伤害和负面影响。就像生气时与人吵架，难免说伤人的话；就像喝酒驾车就难免出车祸。成熟的股民总能给自己设定一个"止损线"，使自己炒股时不落入万劫不复的深渊。

曾经有位家长对我说："我气来了，拿到什么是什么，打到哪里算哪里。"

"这样打，对孩子的身心会有伤害。"我说。

"要是等我把儿子按在床上，脱掉他的裤子，再去打他的屁股时，我的气已经消了。"

"对，打孩子，就是要在气消了以后再打。"

"气消了，我就不会打孩子了。"这位家长说。

原来，这位家长打孩子实际上是为了撒气——把孩子当成出气筒。但他却又捏着鼻子哄眼睛，自圆其说是为了教育孩子。只能说这种家长的情商太不敢恭维了，想必在他的"教育"下，其孩子将来的性格和情商也会让人不敢恭维。

在老师的处罚与儿子的承受力之间找平衡点

一次，发现儿子做家庭作业时，一手握着两支铅笔抄写课文生词。一问，原来是因为被老师罚抄写五遍生词。出于对被罚的抵触，于是采取这种"双管齐下"的办法来提高效率。后来几次发现儿子用这种"双管齐下"的办法都是在对付被罚的作业。

不久，又发现儿子抄写课文时，整句整句地被"漏掉"，并且将抄写的字写得特别大。乍一看上去，作业本上的"堆头"倒不小，如果不将课文逐句地连贯起来检查，真还容易让他蒙混过关。一问又是在对付老师的处罚。因为用"双管齐下"的办法对付抄写课文派不上用场了，于是采取了"偷工减料"和凑"堆头"的办法。

对于儿子与老师玩这种"猫捉老鼠"的游戏，我和儿子妈一般都睁一只眼闭一只眼，或者幸灾乐祸地说一句："谁让你不认真地做作业，罚你活该。"在我们看来，当老师处罚儿子时，如果家长再加以严厉的处罚，也许对改正儿子不认真的学习态度会有所帮助。但我们觉得管得太细、太死，不让孩子有一点应对的自主性，儿子的自主意志和人格自尊就难免受到挫伤，这是不利于将来的发展的。不过，要让儿子感觉到，家长在原则问题上始终是站在老师一边的。

可这一次我们发现老师罚儿子"抄课文十遍"。

"你今晚抄得完吗？"我问儿子。

儿子埋头抄他的课文不作回答。

"你一晚上不睡觉也抄不完啦！"

儿子仍然一声不吭地低头抄着课文。

将课文抄十遍！即使儿子再怎么"丢三落四"地"偷工减料"，也得要写满好几张纸才混得过关。这个"堆头"想必儿子会有正确的估量。算下来至少也要抄到大半夜。考虑到儿子第二天要正常上课，我和孩子妈决定模仿着儿子的笔迹帮忙赶抄一些。同时我们吓唬儿子："这一次我和妈妈帮你抄一点，以后你再这样，你睡不成觉，我们也不管了。"

有一些家长也许对我们帮孩子抄课文的行为很不以为然，认为这是在宠惯孩子，甚至是在纵容和教唆孩子撒谎。在我和儿子妈看来，孩子撒谎，其实如同与人打架、吵架一样，不能抽象地一概反对，或不问青红皂白地进行打压。因为，孩子的撒谎与成年人不道德的恶意撒谎是有本质区别的。成人不道德的撒谎是出于不道德的思想意识和人格品质问题。孩子的撒谎是因为害怕大人的暴力和过于严厉的惩罚而出于本能的、无意识的自我保护。

有些家长担心孩子因此会养成撒谎的恶习。其实，在充满正义感和道德感的家庭里，受到潜移默化影响的孩子，对卑劣、错误的撒谎是有羞耻感的。无数事例证明，那些受到家长信任、尊重，或者说，个人意志、个人想法能够充分表达的孩子是不会也没有必要去干那些撒谎的或偷偷摸摸的事的。当然，对于那些把撒谎当儿戏，当好玩的幼童，及时对他们进行"狼来了"的教育是有必要的。

相反，家长对孩子正当的、被逼无奈的撒谎不给予理解和宽容，而是将一切撒谎视为毒蛇猛兽，以至分不清正当的与卑劣的撒谎，这样在他们进入社会后，一旦发现那些衣冠楚楚、道貌岸然的人物满嘴正义，暗地里却干着不齿勾当，心灵就会崩溃，就会堕入虚无主义和市侩主义，甚至走向堕落犯罪。

一个拒绝任何撒谎，或在任何情况下都不会撒谎的人——该撒谎时也不敢撒是心理怯弱的表现。抽象地、绝对地禁止孩子撒谎，对提高孩子识别善意的撒谎与邪恶的撒谎，和敢于用正义的撒谎去应对邪恶的撒谎不但毫无帮助，而且只会削弱孩子识别和应对种种谎言的能力。

　　报纸上曾经披露，有一位教授要自己的孙子对老师布置的数学作业挑着做，以提高学习效率，减轻学习负担，结果让学校老师感到很不好管理。显然，这位教授不仅对中国的题海战和填鸭式教育颇有认识和主见，而且对"因材施教"的实施也有大胆的魄力。

　　无独有偶，《楚天金报》有一篇"母亲当'枪手'替女儿做作业"的报道：周女士为了让孩子将来能读名校，给孩子报名上了培优班。遇到上培优班课时，女儿总是会背回一堆量大且难度高的培优作业。如此一来女儿的校内作业经常要做到深夜。为了让女儿安心地完成培优作业，周女士就帮女儿"操刀"完成校内作业。她说："做的都是些抄写、造句、计算类简单作业，对孩子的学习影响不大。"

　　起初，周女士也曾感到忐忑不安，但与孩子同学的家长交流后发现，"尖子生"家长帮孩子做校内作业早已是心照不宣的事。家长们觉得，为孩子腾时间攻克超前的作业是值得的。家长们还经常在一起交流"操刀"诀窍，如字要写得工整些，不能潦草。周女士说，如今女儿的优异成绩也有她这个"枪手"的功劳。

　　这些家长通过帮孩子做一些无用功的作业，减轻学习负担，以应对"题海战"的应试教育，使孩子在学习上获得了很大的主动权。这虽是不得已，但确是一个非常有效的办法。否则你的孩子很难在这"一考定终身"的应试教育中身心健康地挤过"独木桥"。

把作业当沉重包袱的孩子和家长

　　一位同事提起读小学二年级的儿子时无奈地说："每天吃完晚饭，我就开始催他做作业。好不容易催命似的把他催到书桌前，把书本打开了，但他的注意力一直就难得集中，一会儿摸一下这，一会儿玩一下那。不要半个小时就可以做完的作业，他要从晚上七点半做到十一点半，而且尽出些不该出的错。大人说一下，管不了几分钟，大人一走开他就又还了原。每次挨到了快睡觉的时间，在大人的督促下才好不容易把作业做完。有时候，作业多一点，大人就要在他身边，守着嚼舌头，跟他磨命才能完成作业。"

"干脆让他先玩一下，然后再让他安心去做作业。"我说。

"让他玩一下，他的作业就更加做不完了。"这位母亲说。

"你这样做会使孩子更加厌恶做作业，会造成一种恶性循环。"我说。

"那有什么办法？"孩子母亲无奈地说。

中国八股式、填鸭式、死记硬背式的应试教育，对大多数学生来说都是一个苦差事。遇到那些刚起步，不太适应的孩子，如果家长们再把头痛"经"一念，他们就一边苦闷地听着家长的唠叨、诅咒，一边做着枯燥的作业。在这双重的煎熬下，孩子的情绪、智力和注意力只会更加受到抑制，做作业的效率只会更差。长此以往，只会造成恶性循环。

CCTV《心理访谈》栏目做了一期"不能承受的作业之痛"，主人公孙女士痛苦地叙述了读四年级的儿子小涛的学习经历。由于小涛经常不能按时完成作业，受到父母的打骂也毫无效果。一次，父亲让小涛穿着内衣在雨中罚站了一个多小时，嘴都冻紫了，但小涛就是不认错。气愤之极的父亲拿起炒菜的锅铲照小涛的后背一顿狠打，因为用力过猛，铲子柄打折了，还是不解气，接着用断了的铲子柄尖朝小涛戳去。

看到孙女士在一旁流着泪水，主持人问："你为什么哭？"

孙女士说："因为我特别心疼儿子。另外我们也找不到好的办法。"

主持人问小涛："你父亲打你，你恨你父亲吗？"

小涛说："不恨。"

"为什么？"

"因为他是为我好。"小涛说。

"知道为你好，那为什么不想做作业？"主持人问。

小涛说："不知道。"

主持人给小涛播放了一段几个也不想做作业的同龄孩子的街头采访后，问小涛："看来不想做作业的孩子不止你一个，他们说了各自的原因。你呢为什么？"

小涛说："烦作业，想先出去玩。"

主持人问小涛："你为什么要先玩再做作业？为什么不能先做作业？"

小涛说："同学们都先玩，等我做完作业就没人玩了。"

主持人问："妈妈呢？妈妈同不同意他先玩再做作业？"

孙女士说："我不同意他先玩。因为我想让他先做完作业我再不想这事了。再一个，他太好玩。"

心理专家问："做完作业妈妈让你玩吗？"

"不让。"小涛的语气短促而坚定。从这坚定的语气里可以听出小涛的不满情绪。

"为什么孩子做完作业不让玩？"心理专家问小涛的母亲。

"因为天太黑了。"孙女士说。显然，孙女士对孩子玩的需求是毫不在意的。

在心理访谈节目的结尾，心理专家让孙女士用笔写出"永远不再打孩子"的保证，并让小涛也写出"先写作业"的保证。

对于母子俩写出的保证，我心存极大的疑虑。因为小涛不想做作业想先玩一下的问题，父母用毒打的办法都没有解决，一纸保证书就能够解决吗？这好比要一个被强制戒毒都没有成功的人，要他写保证书戒毒，能行吗？保证书一旦无效，对母子俩只会造成进一步的挫败感。一位优秀的老师曾对一个顽皮的学生说，我不需要你作出保证，要你保证等于是逼你撒谎。

　　许多家长感受不到孩子对玩耍的心理需求，在他们看来，学习显然比玩耍更重要。孩子一旦爱玩耍，不爱学习，或在学习时玩耍就对孩子进行毫不留情的批评和处罚，结果往往事与愿违。即使有效，缺少充分玩耍的孩子也难以成为开拓型、创新型的优秀人才。

　　孩子的玩耍对一生将产生怎样不可估量的作用？让我们回想一下自己的童年，让我们看一看那些卓越的成功人士，他们童年、少年时的玩耍给他们带来了哪些收获？

五、从童年的玩耍中可以得到什么

　　记得儿时的玩耍总让人心旷神怡、热情奔放，仿佛心灵的窗口豁然打开……当我来到公园时，我的心就拥抱了整个公园，公园里一条条小路、一棵棵树木、一株株花草都亲热地向我簇拥而来……当我来到江滩上，我的心就融化在辽阔的天地间，头顶上的浮云变幻着千姿百态，把我引向无尽的玄思和遥想之中……脚下的沙滩供我和伙伴们做出各种沙器、泥塑、沟渠、战壕……任凭我们疯狂地嬉戏、打闹、撒野；流淌不尽的大江把我的视线带到了远方的地平线就陡地失去了踪影，它仿佛成了流向天边的断河，让我老是猜想地平线那一边的种种情景……当我们拿着手电筒趴在夏夜的草丛里捉蟋蟀，浓密的草丛仿佛变成了巨大的树林，躲在"林子"里的蟋蟀非常警觉，老远就停住了叫声，要逮住它得使出充分的耐心、机敏和智慧……

　　童年的心灵在这种种的玩耍中到底得到了什么？

童年的放养与圈养？

　　儿时逛动物园是我最开心的活动。可几十年后的一天，当我带着孙女去动物园时，却冷静地发现，除了猴山上的猴子日子过得悠闲自得以外，其他被关在笼子里的动物，如狮子、老虎、大象、狼、狐狸……它们有的四脚朝天地躺着像死去了似的，有的神呆目滞地站在那儿，有的蜷缩在角落里懒得一动……可以说它们个个都失去了曾经的活力与风采，都表现得孤寂、呆滞、慵懒、绝望。但有一只关在一个满是稀泥的笼子里的老虎例外，它一刻不停地来回疾走着，打着圈子，浑身溅满泥浆。我奇怪，为什么这个笼子里灌满了足有五厘米厚的泥浆，竟然没有一块干地让它歇个脚，是为了灭它的野性？我在铁笼子外足足站了一二十分钟，看着它奋力地疾走着，不时吼出低沉有力的声音……我久久不愿离去。我感觉到，在它躯体内有一股被压抑得快要爆裂出来的力量令我震撼不已。我想这只老虎大概是才关进来不久的，它与那些已经被关习惯了、失去了各自本性的野兽们表现得截然不同，不过，它的命运也不会好到哪里去。

如今，谈到孩子的教育，人们发现，年幼时的孩子个个童趣十足，充满活力。为什么到了少年、青年，精神面貌却发生了巨大变化：有的呆若木鸡、反应冷漠，有的却热情阳光、机敏灵活；有的抑郁消极、窝窝囊囊，有的却灵感闪现、妙语连珠；有的人云亦云、唯唯诺诺，有的却个性彰显、独立自信。由此，人们自然联想到动物的圈养与放养。的确，这些变化与孩子童年时能否自由自在地玩耍有着极大的关系。

不过，在如何玩耍——"放养"的一些具体问题上，人们往往争论不休。如，既然"放养"是为了使身心、志趣、想象力等等方面能够得到健康成长，而不是放任不管，那么，让孩子上画画班、跳舞班、钢琴班等各种兴趣班是属于"放养"还是"圈养"？答案显然是，干任何一件事，或上任何一个"兴趣班"，只要喜爱和出于自愿，能够使身心、志趣等得到健康成长，就应该属于"放养"。如果相反，上再好的"兴趣班"都只能算"圈养"。

　　但问题又来了，上这些"兴趣班"能否要孩子刻苦认真地去学？具体地说，如国内一些家长争论不休的，美国虎妈严厉教育孩子的那一套是对还是不对？——是放养？还是圈养？结果是公说公有理，婆说婆有理而不了了之。这场口水仗使我们认识到，离开了虎妈的孩子的心理感受，去争论虎妈教育方法的对错，本身就背离了人性化教育的原则。因为，如果虎妈的那一套严厉的教育方法能够使孩子感到快乐，就说明虎妈不仅在教育孩子的方式方法上，而且在学习内容上也适合了孩子的喜好。反之，说明虎妈是在"圈养"孩子。也许那些虎妈反对派会说，那么严厉地训练孩子，孩子会开心吗？

　　其实，人们在兴趣爱好上的强烈程度和自信程度的不同，使得在吃苦能力上会出现巨大差异。如《千里之行：我的故事》一书这样讲述郎朗，七岁的郎朗，每天作息时间的安排是"早晨五点四十五分起床，练一小时琴。七点上学。中午练……晚饭后练两小时。然后做作业。"除了正常的上课学习，每天练琴时间竟然达到五小时四十五分钟，这是一个惊人的平均数！只要对"平均数"有体验的人就知道，这个平均数对一般的成年人来说，都是难以做到或坚持的！但郎朗凭什么能够经受住如此严酷的训练，并且取得了杰出的成就？在虎妈反对派看来，这简直是郎朗的父母在残酷地摧残郎朗。

　　还是让我们听一听郎朗的回答吧："'第一名'是我父亲——还有我母亲——时时挂在嘴上的一个词……'第一名'成了我的符咒。我从来没有央求父母减少给我压力。我接受那份压力，甚至喜欢上了那份压力……一定要赢的决心当时是流淌在我的血液里。在夜晚，它塑造了我的梦想；在白天，它推动了我的修炼……在我练琴的时候我有了一个新的咒语，有时我轻声细语地重复这个咒语，有时是在心里默念着。我念的那三个字从来没再离开我的意识中，至少在我弹琴时没有。第一名、第一名、第一名。"

我们可以看到，人的兴趣爱好越浓，自信心越强，其吃苦的能力就越强。或者说，在学习时受苦受累的感觉就会越轻。正如被捆绑的夫妻度日如年，而热恋中的情人却度日如秒。郎朗在刻苦的练琴中没有感受到父母的压力，除了对钢琴的酷爱外，还有父母挂在嘴上的"第一名"的引诱和鼓励——更关键的是郎朗吃这一套——能够激起他内在的激情和动力。

如果我们要想让孩子在学习中具有过人的吃苦精神，唯一正确的方法是诱导孩子产生浓厚兴趣的同时，还要不断鼓励孩子获得强大的自信心——在兴趣和自信心的双重动力下，孩子就会产生惊人的吃苦精神和巨大的创造活力。相反，人为地给孩子施加压力，则只会给孩子造成自主意志、自信心的伤害以及对创新才能的抑制。

值得注意的是，虽然在应试教育中，鼓励孩子取得"分数排队"的第一名也能够使孩子获得强大的自信心，但与获得钢琴比赛的第一名有一个致命的不同点：钢琴比赛第一名可以成为钢琴家，而中国的考试状元不仅成不了"职场状元"，甚至会造成职场上的种种不幸和悲剧。问题出在哪儿？这是本书后面要讨论的。

童年的玩耍——创造才能的培养

1. 童年的玩耍，激发人的想象力、创造力。

当我们读鲁迅的《从百草园到三味书屋》《故乡》《社戏》等回忆童年玩耍的作品时，很难不被它纯朴、浓郁的童真情感所感染。显然，那些野草、菜畦、桑椹、蟋蟀、断砖、蜈蚣、美女蛇……及童年的玩伴闰土、双喜、阿发等对鲁迅的心灵、情感和美的感受力、想象力等方面起到了十分重要的哺育作用。

据爱因斯坦回忆："当我还是一个四五岁的小孩，在父亲给我看一个罗盘的时候……我想一定有什么东西深深地隐藏在事情后面。"对父亲给的一个玩意儿产生的浓厚兴趣，引导了爱因斯坦一辈子持续不断的思索——探究"隐藏在事情后面"到底"有什么东西"——电、磁场、光现象等等，直到终于找出"事情后面"的秘密——相对论。因此，童年时好奇心的强弱大小将决定人一辈子的创造力和开拓精神的强弱大小。而好奇心的强弱大小又决定于童年时期能否充分地玩耍，或者说，在玩耍中使好奇心、想象力得到充分的激发和展现。

有位科学家说，要给孩子"胡思乱想"的时间。他正是看到了孩子的胡思乱想恰恰是在展现和激发思维的扩散性、想象性、灵活性、好奇性、自主性。显然，让孩子自由自在地玩耍正是激发这些品质的最佳方式。同时，孩子爱发愣也是其想象力、创造力发作的表现。郑渊洁说自己早年上课时爱发愣、走神。难怪只有小学肄业的他竟然成了童话大王。

有些家长为了让孩子"不输在起跑线上"，过早地让孩子把主要精力用在书本知识上，如背多少诗词，记多少英语单词，做多少数学题等。显然，孤立地抓这些智力上的早教——这种被动的、循规蹈矩的思维方式，会使人的兴趣爱好，即人的好奇心、想象力、自主意志、开拓精神等宝贵的品质在萌芽时期就受到挤压、束缚、抑制，从而造成终身的缺憾。这如同二至六岁时，孩子的说话能力和与父母的亲情关系等一旦受到损害，将终生难以补偿。

要知道，人的好奇心、扩散性思维、想象力、开拓精神等品质才能不是学校老师和家长能够教出来的，而且越教越受到抑制。一旦孩子开始接受神圣的科学知识、规律、原则和禁区等等条条框框的学习和训练，人的不受羁绊的好奇心、怀疑精神、扩散性思维等等天然的品质才能就开始受到这些知识、规律、原则、禁区的制约、阻吓和禁锢。这时候往往只有那些早年的兴趣爱好、好奇心、想象力、独立精神等等得到充分成长的孩子才有力量经受住这些知识、规律、原则等条条框框的制约和挑战，才有可能成为知识、规律等条条框框的主宰者和突破者，才有可能成为新的知识、原则、规律的创建者。而那些过早接受"知识""规律""原则"——严谨、规范的逻辑思维和死记硬背训练的孩子，由于他们的好奇心、想象力、扩散性思维等等品质还没来得及绽放就被扼杀在摇篮里了，因此他们往往容易沦为知识、规律、原则的奴仆——在社会实践中习惯于被神圣的"知识""规律""原则"牵着鼻子走，很难不成为各种知识、规律的"套中人"。

有家长会说，孩子进不了重点小学就进不了重点初中，进不了重点初中就进不了重点高中，就进不了重点大学，我不早抓孩子的知识学习能行吗？不对！如今重点小学不是靠分数考进的。有家长会说，重点初中可是要考试入学的呀，我不早抓成绩能行吗？我们说童年以前，以抓孩子的情商、兴趣、好奇心等非智力因素为主，反而会给少年时期的功课学习增强巨大的灵性、活力和动力。否则，与其让孩子身心、情商残缺地进出重点大学或名校，不如让孩子身心健康、情志强健地进出适合自己的大学。或者说，在学习成绩和非智力因素上以最佳"性价比"的状态进出适合自己的大学，从而能够在更具实质意义的、人生职场的"起跑线上"去进行强有力的竞争。要知道，各行各业的领军人物绝大部分都不是出自名校，更不是状元生。

毛泽东，一个出自农村的普通青年，一个省城里的师范生，能够在与名牌大学生、归国留学生和有着"共产国际"背景的"钦差大臣"等种种人物的逐鹿、竞争中，最后确立自己的领导地位，并且能够战胜留学日本的军事本科生蒋介石，成为中华人民共和国的缔造者，他强健的身心和过人的胆略、谋略与早年的玩耍没有关系吗？

从比较可信的资料——毛泽东诗词《沁园春·长沙》中，我们可以寻找到他早年心灵成长的蛛丝马迹："恰同学少年，风华正茂"的毛泽东，他的"指点江山，激扬文字，粪土当年万户侯"的豪情，和敢"问苍茫大地谁主沉浮"的勇气出自何处？就出自当年"携来百侣曾游"中，出自在"独立寒秋"中遥望"湘江北去，橘子洲头"，"看万山红遍，层林尽染；漫江碧透，百舸争流。鹰击长空，鱼翔浅底"而触发的"万类霜天竞自由"的联想。

正是如此宏伟的、荡涤一切的大自然，陶冶和激发了毛泽东"书生意气，挥斥方遒"的灵感、豪情和"到中流击水，浪遏飞舟"的勇气。到了七十三岁，他还"万里长江横渡，极目楚天舒，不管风吹浪打，胜似闲庭信步"，并号召"青少年应该到大风大浪中去锻炼"。

如果不是早年嬉戏于江河，浪迹于山川，在雨中爬岳麓山，在闹市中读书，不带分文长途旅行以挑战生存能力——勇气、胆略、意志力的极限，毛泽东后来会有如此豪情、气魄、智慧，写出如此振奋人心的诗句，干出如此惊天动地的业绩吗？

2. 各种偏好的玩耍是培养专长人才的摇篮。

如果你的孩子喜欢与街头巷尾的孩子们拉帮结伙，打闹玩耍，让我们看一看在这样的玩耍中，孩子会受到哪些品质的锻炼，会得到哪些宝贵的精神财富。

据普京的《回忆录》说："我的教育很大部分是在街头完成的。"普京这句话一针见血地指出了学校正规教育致命的不足之处。人的勇气、胆识、魄力以及人际上的抱团、协调、组织能力等等，往往是童年、少年时期在街头巷尾交朋结友的玩耍中，或在拉帮结派的打斗中锻炼出来的。这些能力素养，学校老师既不可能开课讲，也是课堂上教不出来的，并且过了这个年龄，其能力的进步是非常可怜的。有的家长认为，让孩子当上学校里的"×长""×委员"等"官职"可以培养孩子的领导能力和自信心。其实，那些由功利诱惑和被老师撑着的学生"官"，与在社会实践和群众中产生的领袖人物、独当一面的核心人物的心胸、气度、人格魅力、领导力、抗压力等等能力是不能相提并论的。

据《来自第一人物——普京访谈录》中普京自述："我和我的小朋友们常常用棍子驱赶老鼠。在这楼梯上发生的一次惊心动魄的'人鼠大战'迄今还刀刻斧镂般地烙在我的记忆深处……我不大愿意上学，我更喜欢跟小朋友们整天在我们大院里玩，但又不得不走进校门。

"我是个不听话的孩子。不用说，学校制定的那些规章制度我是不怎么遵守的……这样'爱自由'、不安分，理所当然地要引起老师们的干预，调皮的学生不喜欢老师们这么做，便常常要做点什么反抗的表示；这样'爱自由'、不安分，调皮的学生之间也不免要发生冲突，于是，打架斗殴的事便接连不断。

"第一次挨人揍，我感到很委屈。打我的那小子看上去是个瘦猴。不过，我很快便明白，他年龄比我大，力气也比我大得多。对我来说，这件事不啻是街头'大学校'，这'大学校'第一堂课就给我上了很重要的一课，由此使我得到一次重要的、很好的教训……"

据《一个人的振兴——直面普京》一书介绍："普京小学时就喜欢上体育课，他曾经学习拳击，不过因为鼻子被打坏，治好之后就放弃了这一爱好。在男孩子中，普京个子不高，无法进入篮球队，甚至一般男孩子最喜欢的足球，他也没有机会练习。普京的体育活动是在胡同的后院里开始的，在那里他学会了格斗，这为他后来学习摔跤和柔道创造了条件。

"从十岁起，普京就开始学柔道，教练是拉夫林。中学时代，在和女友逛街、幽会时如遇到酒鬼的挑衅，普京总是挺身而出，保护自己的女伴，从没有让她有过不安全的感觉。二十世纪七十年代中期，普京就在苏联柔道界崭露头角，不仅多次在苏联大学生运动会柔道项目上获奖，还一度成为圣彼得堡市的桑勃式摔跤和柔道冠军，并因此获得桑勃式摔跤和柔道大师称号。"

显然，普京强健的体格、勇敢的性格、坚忍不拔的意志等品质，都是从小在与孩子们的玩耍、打斗和激烈对抗的体育运动中锤炼出来的。

如果你的孩子喜爱听故事，那么让我们看一看卢梭的父亲是如何培养他的阅读兴趣的。这种兴趣的培养为只受过小学正规教育的卢梭成为十八世纪启蒙运动的先驱和法国伟大的启蒙思想家、哲学家、教育家、文学家奠定了坚实的基础。

据卢梭《忏悔录》自述："起初，父亲不过是想利用有趣的读物叫我（五六岁后）练习阅读，但是不久以后，我们就兴致勃勃地两人轮流读，没完没了，往往通宵达旦。一本书到手，不一气读完决不罢休。有时父亲听到早晨的燕子叫了，才很难为情地说：'我们去睡吧；我简直比你还孩子气呢。'"

到了1719年夏季末，七岁的卢梭读完了家里所有的藏书，就到一位博学有鉴赏力、有才能的牧师家里去借来大量有品位有价值的书，如"勒苏厄尔著的《教会与帝国历史》、包许埃的《世界通史讲话》、普鲁塔的《名人传》、那尼的《威尼斯历史》、奥维德的《变形记》、封得奈尔的《宇宙万象解说》……由于这些书所引起的我和父亲之间的谈话，我爱自由爱共和的思想便形成了；倔强高傲以及不肯受束缚和奴役的性格也形成了……每逢读到一位英雄的传记，我就变为那个传记中的人物。读到那些使我深受感动的忠贞不二、威武不屈的形象，就使我两眼闪光，声高气壮。有一天，我在吃饭时讲起了西伏拉的壮烈事迹，为了表演他的行动，我就伸出手放到火盆上，当时可把大家吓坏了。……我对这些书有一种罕有的兴趣。在我这个年纪便有这样一种兴趣，恐怕只我一人。"

　　显然，卢梭对人类卓越的贡献与他"罕有的兴趣"和"恐怕只我一人"的自信是分不开的。而卢梭所以能够产生如此的兴趣和自信，是因为：第一，离不开他父亲高品味、非功利的阅读引导；第二，离不开他们父子俩狂热的、激动人心的、废寝忘食的兴趣阅读。

3. 由"杂七杂八"的兴趣爱好造就的才华和能力

　　如果你的孩子这也喜爱那也喜爱，但这也玩不长那也玩不精，这并不重要。只要身心得到舒展，灵性——情趣、悟性、想象力等等——得到启迪、焕发，目的就达到了。

　　据搜狐创始人张朝阳《我童年的故事》自述："小学时期五花八门的兴趣都没有坚持下来……练了半年武术，学画画，练了一年二胡，四年级时迷上《水浒传》，羡慕里面的'没羽箭张清'打石子的绝技，每天苦练飞刀，用石子儿砍树，打得还挺准。"

　　据百度网介绍，百度创始人李彦宏小时候"一度喜欢集邮……一度对下棋着了迷……又一度迷上了戏曲，因此被山西阳泉晋剧团招收为学员……但对戏曲的兴趣很快就淡了。"

　　这些广泛的兴趣爱好不仅有利于童年身心、志趣的成长与发展，也使孩子获得了对自身才能、特长、偏好的感觉和判断力。成功的人才正是靠这种感觉和判断力才把握住了人生的方向和转瞬即逝的机遇。

　　但有一些家长不认可孩子的这些"乱七八糟"的兴趣爱好，认为兴趣是可以培养的。于是将孩子本身的兴趣爱好和才能特长抛到一边，一厢情愿地培养孩子的种种"兴趣爱好"，结果往往事与愿违。

　　这些家长没有看到，孩子内在的兴趣与人为培养的兴趣，是"内因"与"外因"两种不同品质特征的"兴趣爱好"。如在应试教育的学习中，老师的兴趣教学无疑可以提高学生的学习效率和考试成绩，但如果打算把数学高考只得一分的马云培养成像爱因斯坦那样对数学和物理具有浓厚兴趣爱好的人才，或把害怕背书的爱因斯坦培养成像马云那样对英语和人际关系有强烈兴趣爱好的人才，这样的"兴趣"培养只会毁掉这两种人才。只有出自本身的兴趣爱好和才能特长才是产生天才智慧和创造性人才的内在因素。

玩耍与情商、人际能力的关系

据《阿里巴巴神话》一书中马云回忆："我现在有很多国际上的朋友，就是当年交的。比如我有一个澳大利亚朋友，现在我把他当义父看待，他把我当孩子。1979年他们一家到杭州来，那时我十五岁，早上在香格里拉门口念英文，他们就出来了。然后就跟他们认识，跟他儿子认识。他儿子比我小两岁。他们回去以后，我跟他们至少每个礼拜一次信，成了笔友。

"1985年之后，他们几乎每一年都要到杭州来玩，在我们家里住上一到两个月。今年这老头已七十八岁了，我跟他好像是忘年交一样，这是个一辈子的朋友。我念大学最苦的时候，他资助过我，现在他也挺为我感到骄傲的……"

何等了得的交际才能！被马云说得轻飘了。

我们要问：一个十二岁的孩子学了几句英语就敢跑到大街上主动去与老外搭讪，做老外的义务导游。到了十五岁时就在老外出入的宾馆门口拿着英语书，一边读着英语，一边瞅着过往的人头，一心两用地"学英语"；与其中的一对老外父子俩交上了终身的朋友，还作跨越国境的相互拜访，并在读大学时受到资助。

我们在马云那么大时，敢像他那样做吗？我问了我老婆，问了我自己，回答都是不敢，肯定不敢。老外会割你的舌头吗？老外会唾你两口涎吗？当然不会。细一想确实没有什么好怕的。但是，我们大多数孩子即使知道没什么可怕的，但仍是不敢。这种不可名状的"不敢"往往伴随我们许多人终身。

为什么"仍是不敢"？我们甚至说不出所以然来。因为让一个孩童主动去与陌生的大人结交，直至成为终生朋友，这对我们许多孩子来说是想都不曾想、也不敢想的事。从小对陌生人的怯避、拘谨、矜持的心理习惯，长大后不是用道理，用理智分析就能改过来的。

在现实生活中，在公园里，我们可以看到无数这样的例子，那些从零至三岁整天被老人抱在身上见了陌生人就怕的孩子，与那些出生几个月一有机会就让人抱，与陌生的小孩、大人广泛接触、玩耍的孩子相比，两三年以后，两种孩子，性格就大不相同了。前者见了陌生的孩子和大人就拘谨、退却、害怕、拒绝、呆若木鸡，后者则大胆、主动，热情地上前打招呼、问好、握手、一下子和对方混成熟人和好朋友。像马云那样过人的交际能力、领导能力、处事能力和情商只有从小在与伙伴们的玩耍中才能培养出来。

但是，有些家长以为只要我的孩子智商高，学习成绩好，人际关系不好没有多大关系，因此将孩子关在家里拒绝与人交往。这种教育会得到怎样的结果？

想必很多人都记得"伤熊事件"。2002年，清华大学学生刘××为了验证狗熊是否真笨，来到北京动物园熊山，向熊身上和嘴里倾倒掺有火碱、硫酸的溶液，致使五只熊受到伤害。此事一度引起社会的巨大反响和一片道德上的谴责。其实，当时社会和媒体谴责该生道德品质有问题是"挠痒挠错了大腿"。因为除了幼儿，或情商低到幼儿程度的人，一个道德品质再差的成年人也不会为了所谓好奇心，会在大庭广众中去干这种伤天害理，激怒公愤，而又吃力不讨好的事。

当记者听说伤熊者被暂时留校工作后，前往清华大学采访。伤熊者的班主任证实："单从专业水平来看，刘××的确具备了较强的科研能力。"他是个遵规守纪的学生，"有课上课，没课自习。学习成绩虽然不是第一，但一直都不错。一般都会拿到学校的奖学金，在大二时还获得全国数学建模二等奖，并因此获得'林家翘奖学金'。我们一直认为他是一个学习不错的学生。"

可是当谈到伤熊者的人际关系时，班主任认为："刘××个性内向，不擅长跟别人打交道。他的学习能力培养得很好，但社交能力却可能只有中小学生的水平。"这显然是太"保守"的说法。以笔者看来，为了满足好奇心，将火碱、硫酸溶液倒到熊身上进行现场实验，其情商的缺失恐怕连小学生的水平也不够。这无疑与他从小只顾读书不顾人际、只顾智商不顾情商的家庭教育有关。

像伤熊者这种在学习成绩上优秀，却因情商和人际能力等极低而导致工作失败、受挫、被边缘化的例子不计其数。

六、糊涂大胆的天性与学习成绩的高低

童年的盲目乐观、糊涂胆大是自信的元气，而这种元气如同人的干细胞，具有自我更新复制的能力。当人受到重大挫折和心理创伤时，只要糊涂大胆的性格还没有被磨灭、改变，其自信心就会起死回生、卷土重来。

上世纪九十年代，为了让儿子读一所离家近一点的好学校，同时又能够让他有一群孩子玩耍的环境，我们从宿舍公寓调换到闹市区一个老胡同巷子里一间又小又阴暗潮湿的统间公房。儿子的学习和许多家务事都得在这个统间屋子里进行。

由于儿子生性好动，即使先让他玩够了坐下来做作业也不安分，注意力很难集中。人坐到书桌前屁股就像长了疮似的，写不了几个字就会在沙发上翻滚一番，难得能够连续安静地把作业做完。

尽管这样，家里还是要给儿子营造一个安静的学习环境。儿子做作业时，家里的电视机是不能打开的。有时遇到儿子妈喜欢看的电视连续剧，只能插上耳塞，其他人要看也只能在一旁看"哑巴"电视。家里人要说话也都习惯压低嗓音对着耳朵低语。因为儿子虽然人在做作业，心却是散的，耳朵极灵敏。有几个词他特敏感，如听到谁说了个"吃"

字，儿子马上会追问："吃什么？我要吃。"如果谁说了个"去"字，儿子会马上接茬："去哪儿？我要去。"因此，类似"玩""外面""街上""出去""走"等等词汇都是我们要避讳的。

儿子除了在学校课堂上表现不咋样外，学习成绩也让人不敢恭维。

在儿子妈保留的儿子的学生手册上，三年级的学年总评分为：语文六十四分，数学九十四分；四年级学年总评分为：语文七十七分，数学七十六分。由于低年级班上满分、高分的同学较多，所以儿子在班上的成绩排位在四十几名到五十几名，勉强算个中下游。

三年级班主任给他写的学期鉴定如下：

"该生学习有进步，作业能做一点，能参加劳动，坚持做两操。望今后专心用功地学习，不要光贪玩，争当文明少年。"

面对儿子如此的表现，一想到我儿时的经历，就使我丧失了生气的资本。我儿时课堂表现糊里糊涂，学习成绩也好不到哪，可父母亲却从不责问我，使我每天能够心情舒畅地上学、放学，自由自在地学习和玩乐，对自己始终抱有良好的自我感觉和盲目的乐观自信。直到临近初中毕业考试时，我才一夜之间产生了强烈的读书愿望。虽然没能上成高中，但由于早年形成的盲目乐观自信，使我遇到困难时，总能怀着一厢情愿的热情与大胆，去挑战人生。

记得在我早年人生的路上，曾遭遇几次失败的打击，我就痛心地怀疑自己："我是不是胆子太大了点？太冒进了点，太自以为是了点？"由于糊涂胆大的本性难改，遭到失败打击的次数多了，就产生了一种很深的疑虑：我的办事能力、思维方式是不是有问题？有一次甚至惶恐地问自己"我这个人天生是不是有点志大才疏？"然而经过冷静地分析，得出的结论是：大胆进取还是必要的，否则无法生存下去。正是由于保持了大胆的元气，再加上从小养成吃苦踏实的作风，使得我在工作中有失败，也有得手的时候。这就使我自信的元气——盲目的乐观自信没有崩溃掉，而是被打磨得既有所收敛——变得谨慎、仔细，同时又敢于果断出手。我终于逐渐自信自己是个胆大心细的人。

经历告诉我，生命赋予我们每个人初生牛犊不怕虎的糊涂胆大，一旦长硬了翅膀，就会有敢于挑战人生、敢冒风险的精神。相反，一个孩童如果在没有抓到任何自信的东西时，其内心是非常空虚脆弱的，一旦遭遇老师很平常的批评或成绩明显下降，很容易产生种种自卑心理，从而形成谨小慎微和抱残守缺的性格。因此，"首战必胜"是任何军事家都非常注重的战略原则。也如心理教育家强调的，良好的开端是成功的一半。一旦养成阳光的性格，将终生获得积极、开朗的心态。

面对儿子的懵懂、迷糊、淘气和令人不敢恭维的成绩，我明白，一定要保护好他糊涂胆大的自信心和良好的自我感觉。我时时提醒自己：要平视中国的应试教育，不要被老师的"圣旨"吓得六神无主；不要让分数标准窒息孩子的灵性、活力，使孩子懵懂的自信受到摧残；要相信没有最好的教育，只有最适合的教育；没有最好、最标准的学生，只有不同特点、特长的学生；孩子的身心健康、作风踏实、自信、勇气等才是教育的首要标准和目标。否则，我的"不是读书料"的儿子是很难不被"分数排队"所淘汰，不被具有中国特色的校规校纪所窒息直至成为应试教育的"垫脚石"的。当然，保护孩子良好的自我感觉和糊涂胆大的同时，还要做到不袒护孩子的错误，否则孩子就容易走向放肆、任性等另一个极端。

七、儿子的精神伴侣和良师益友

一次，我发现当从邻居家传来《小虎队》的歌声时，正在做作业的儿子突然举止变得沉稳、神情变得安详起来。这使我记起曾经看到的一篇文章，说列宁喜爱边工作边听音乐。我相信列宁工作时听音乐绝不会是让自己的思想去开小差，而只会是为了更高效地工作。看来音乐对学习是有促进作用的。于是我买来《小虎队》磁带，一盘一盘地放给难以安心做作业的儿子听。果然在书桌前动个不停的儿子，在《小虎队》的歌声中，屁股不再长疮似的难受了，情绪也能够静下来。至于是进入到书本里还是歌声里，我一时难下结论，但起码他不再左顾右盼、东张西望，作业能够不间断地做下去。

好多次我在一旁观察，发现在歌声中儿子的目光能够落在书本上，不再四处扫动，看上去心情愉悦、举止从容，伴随着音乐的节奏不慌不忙地做着作业，一改过去那种要么人虽摸着书，却神不守舍，要么三把两下，急急忙忙、草草了事地速战速决的状况。

我曾担心儿子会沉迷到歌声里而忘了做作业。但很快发现，我的担心是多余的，虽然儿子离我理想的一动不动、如痴如醉、如入无人之境的学习状态还有明显的差距，但总的来说还是喜大于忧。儿子完成作业的状况有了明显进步，作业拖拉和敷衍了事的现象明显减少。

儿子的奶奶发现这一现象后，对我的举措大为不解："这像什么话，做作业还要听音乐！"但我仍坚持"白猫黑猫"的原则。没想到这一招儿子还一直坚持到了进大学。

儿子高三复读那一年，已废寝忘食，全身心地投入到学习中。我一次试探地问儿子："现在你学习时还听音乐吗？"儿子说："有时候不听。""什么时候不听？""背英语单词的时候不听。""那你现在学习起来还觉得苦不苦？""哪有不苦的哟！"看到真正发奋起来的儿子，本以为他会说出学习有乐趣的话来。这使我想起媒体和教育专家们说的，那些成绩优秀的状元生是因为对学习产生了兴趣。是相信他们的话？还是相信广大学生包括我儿子的痛苦呻吟？

如果对应试教育会产生兴趣，为什么每个学生高考后会产生"终于熬出了头""获得了自由、解放"的感觉？包括那些状元生，从此也再不摸那些"考八股"的书本。有的考生甚至烧掉书本以发泄多年压抑的苦闷。所以，如果家长把孩子对应试教育感到头痛当成不爱读书学习，则会对孩子真正的学习——对各种兴趣爱好的学习和自信产生极大的伤害和误导。

做家庭作业时听音乐这办法，是否适合所有不喜爱、不适应学习的孩子，家长要试着看。只要能够"混过"、熬过应试教育——"考八股"这道"鬼门关"，保护好孩子天真烂漫的心灵、糊涂大胆的自信和真正的求知心态——课内课外有益的兴趣爱好，就保护了学生真正的学习灵魂和学习动力。这个灵魂和动力迟早会开花结果。

哦！小虎队的歌声！

你最近为什么忧愁

请你不要将眼泪都往心里藏

没有阳光的地方还是有梦想

当你心里有一丝的忧伤

请记得我在你身旁

……

那一首首遒劲、酣畅，浸透着少年淡淡的忧伤与烦恼，充满着少年惆怅情怀的歌——烦恼的惆怅、郁闷的惆怅、委屈的惆怅；惆怅的宣泄、惆怅的幻想、惆怅的超越、惆怅的欢乐……

惆怅是思绪情怀的酿房，是情感升华的翅膀。就像黄土高原上那一首首发自农民心灵的民歌，虽然它是那样的高亢、忧伤、苍凉……余音袅袅，情思幽幽，九曲回肠，但抒发出来的却是那贫瘠荒凉土地上的农民宽广淳朴的情怀和乐天从容的意志。

每每在小虎队的歌声中，看着伏案做作业的儿子，那带着淡淡忧伤的、遒劲优美的旋律也会深深打动我，让我和儿子一同沐浴在那充满快乐的梦想，又浸透着委屈、孤寂、惆怅的歌声里。

有些话不可不说

有些话一定要说——

有一天我要大声宣布我的骄傲那是我还在风里的结果

叫你一声my love亲爱的是否你也关心着我

能不能叫你一声my love该不该把眼泪许成弯弯的小河流把爱情常做客

能不能叫你一声my love亲爱的是否你在思念着我

……

听到这一曲曲充满感怀、思念，含着泪水的歌，使我想起儿子曾经无限眷恋地对我说"还是幼儿园好"。此时我深深地理解到，表面看似无忧无虑、懵懵懂懂、糊里糊涂的儿子，却有着做人的艰难与无奈：头痛的作业、课堂纪律的折磨、令人心碎的成绩单、绝望的排名、同学的欺侮、朋友的反目、老师的批评处罚、家长的唠叨和问责。这一切烦恼、忧伤、孤独向谁倾泻，向谁诉说？

哦！小虎队的歌声是你知心的朋友，是你心灵的歌喉；小虎队的歌声可以与你一起诉说衷肠。

让我送你回家
说出你的想法和感觉
让我送你回家
解开心中矛盾的情结
让我送你
度过寂寞的黑夜
让我送你
陪伴孤单的世界
不要拒绝
不要拒绝

儿子，在你寂寞孤单的时候，在你陷入没完没了、无聊透顶的作业里的时候，在你愁结难解的时候，让歌声舒缓你的烦恼，让歌声倾听你的想法和感觉，让歌声陪伴你度过寂寞的"黑夜"，让歌声送你回家。

海风在我耳边倾诉着老船长的梦想
白云越过那山岗目的在寻找它的家
小雨吵醒梦中的睡荷张开微笑的脸庞

贝壳爬上沙滩看一看世界有多么大

毛毛虫期待着明天有一双美丽的翅膀

蝴蝶飞呀飞向未来的城堡……

　　儿子，我们大人们一旦当上了家长就戴上了正儿八经的面罩，没时间和心情跟你们去挖贝壳和捉毛毛虫，更没兴趣去倾听"海风诉说的梦想"。我们儿时在江滩上挖战壕、打泥巴仗，在大江大湖里嬉戏，兴风作浪，在草丛里捉蟋蟀，在花丛中扑蜻蜓，和一群伙伴捉迷藏，过家家，跳八关，干那些屙尿和泥巴的事，在你们这一代已一去不返了。

　　你们再不可能有我儿时的那个工夫和闲心，躺在夏夜里的竹床上和公园的草地上去数天上的星星；去探寻北斗星的指向，去丈量扫帚星的尾巴有多长，去寻找那浅浅无边的银河里的牛郎星、织女星和他们身边的两个孩子；去打探那金灿灿的明月里寂寞的嫦娥和砍树的吴刚。我们儿时自由、散漫、快乐和无限遐想的幸福时光，再也落不到你们头上。

　　如今只有歌声伴随你们去奇思遐想，只有歌声随着你们的心去遨游无尽的天宇苍穹。

从前有个传说传说里有你有我

我们在阳光海岸生活

让梦想尽情飞扬

自由地飞放

……

向那天空大声的呼唤一声我爱你

向那流浪的白云说一声我想你

让那天空听得见、让那白云看得见

谁也擦不掉我们许下的诺言

……

听听大海的誓言、看看执著的蓝天

让我们自由自在的

……

　　哦！儿子，在你几年甚至十几年的漫长日子里将没有阳光、海岸、沙滩和自由自在的生活。除了面对冷冰冰的、无穷压力的黑板和囚室般的教室，就是老师的说教和家长的冷面孔。你的梦想和渴望只有随着歌声去尽情地遨游、畅想。让歌声伴随着你一起冲破"囚室"去自由飞翔，让歌声伴随着你度过苦恼难熬的日子，度过你脆弱、稚嫩的童年。

欢迎流浪的小孩

不要在一旁发呆

……

烦恼忧愁都与我无关

这是我们的舞台

散发魅力趁现在

……

跟着我尽情摇摆

跟着我不要伤怀

啦啦啦啦

尽情摇摆

……

八、面对老师的虐待

家长的态度决定孩子的一切

进入四年级，儿子的数学老师换成了一个五十多岁的女老师。这位老师对学生是个纪律至上主义者，对自己的行为却十分粗野和放任，这下儿子可遭殃了。

一次，儿子放学回家坐在桌前吃饭时，儿子妈忽然发现儿子的嘴角有一道青紫的伤痕。

"谁打的？"儿子妈问。

儿子不吭声。

"问你，到底是谁打的？"儿子妈急切地问。

"数学老师打的。"儿子木讷地回答。

"她拿什么打的？"儿子妈抚摸着儿子的脸问。

"拿黑板擦扔的。"

"老师为什么拿黑板擦扔你？"儿子妈问。

"说我上课讲话。"

儿子妈无言了。

"你以后上课要注意一点，再不要讲话了。"我低声地叮嘱儿子，在心里却对这个可憎的数学老师气得发抖，而孩子妈则在一旁暗自流泪。

我和儿子妈都清楚地意识到，如果我们到学校去反映和讨说法，除了出出气以外，不会得到什么实际效果，儿子反而可能会得到学校老师更"特殊的待遇"，甚至会给儿子带来比肉体痛苦更糟的精神伤害。对于平时与玩伴和同学打打闹闹受点皮肉之苦不大在乎的儿子来说，如果家长到学校去大做文章，反而给本来就懵懵懂懂、糊里糊涂的儿子留下一些不好的记忆，心理上也会留下阴影和伤痕。我们知道，儿子本身在学校就是个不大"循规蹈矩"、"小毛病"多多的学生！而且今后的"小毛病"仍然会多多。如果去讨说法，很可能会讨出更多的麻烦来。

与我们不一样，曾有家长因自己的孩子遇到类似的事情，跑去找校长发泄情绪，结果孩子得到的是更"特殊"的"软"待遇，反而使孩子精神上受到更深的伤害。最后，该学生在班上呆不下去，只得转学走人。可见家长这样处理孩子的问题，只能给孩子带来消极影响。孩子的一生可以有几次转学？这种被动转学能够解决根本问题吗？

一个理想与现实脱节的家长

在《洛阳晚报》看到一则报道：洛阳十一岁女孩辍学意欲自杀。

"人不能没有朋友，我就没有，我就是非常孤单的一个人，没有一个知心朋友……我吃安眠药算了，死了总比活着好受，比活着舒服……"

市民陆女士偶尔翻阅十一岁女儿蔡傲（化名）的笔记时，意外发现了女儿的一段"内心独白"，吓得陆女士和丈夫蔡先生顿时出了一头冷汗。

　　陆女士发现，自上年以来，女儿突然变了：很少出去玩，总是一个人低头想事；好长时间没有小朋友到家里找她玩，女儿天天嚷着让父母买只小狗陪她；女儿好像很怕上学，每天早上听到闹钟响，总是赖在床上。陆女士还想起这段时间女儿天天和她商量辍学的事儿。她开玩笑地对女儿说："你不上学，那干什么？"蔡傲回答："我在家做饭、洗衣服、看电视，都比上学有意思。"陆女士又想起女儿还曾向她询问安眠药的事，还若有所思地说："听说吃安眠药自杀，死的时候不痛苦！"

　　过去，陆女士和丈夫认为女儿的异常表现只是"小孩子喜欢胡闹"，没有重视。看到女儿的笔记后，陆女士才恍然大悟：真正困扰女儿的，是孤独，可怕的孤独！

　　小小年纪的蔡傲，怎么会有如此浓重的孤独感，甚至感到"生不如死"呢？

　　蔡傲在笔记中自述了原因："我本来有（朋友），可是我的母亲不（想）让我早读，就告了状，告到了教育局，老师知道了，就让全班同学不和我玩，放学我总是第一个走……"

　　陆女士说，上年十一月，蔡傲所在的小学违规让学生早读，要求孩子们每天七点钟到校，为此，女儿六点钟就得起床。她心疼女儿，就给市教育行政部门打电话投诉，后来该小学的早读被取消。

　　"早读事件"的真相，很快被学校和班主任苗红霞（化名）得知。小蔡傲在学校的处境逐渐变得微妙起来。

　　"和同学们做游戏，是我最喜欢的。可我逐渐发现，同学对我疏远起来，个别同学和我玩时一旦被苗老师发现，就立即跑开。

　　"我私下问过几名同学，几名同学都说：苗老师不准我们跟你玩！

　　"上体育课，大家分组玩'砸沙包'的游戏时，没人愿意和我一组，我只好孤单地坐在操场边，等待下课铃声响起……"

　　面对日益被孤立的处境，小蔡傲不敢埋怨老师，更不敢告诉家长，她只能默默忍受，哪怕委屈得眼泪涟涟。她总是做恶梦。小蔡傲越来越难以承受，她恳求父母给她买一只小狗陪她玩，甚至一度产生过自杀的念头。

记者以陆女士公司客户的身份，来到蔡傲所在的小学，找到蔡傲的班主任苗红霞进行暗访。我们问起蔡傲被孤立的事，苗老师连连否认。她反问说："你相信吗？"苗老师说："我从来没有说过不让大家和蔡傲玩，蔡傲虽然成绩不好，但她性格内向，从不影响别人，对班级没有大的负面影响，所以我没有必要孤立她……"

"现在，我真想回到课堂，安安静静上课；课余时间，能轻松地、无障碍地和同学们做游戏。"蔡傲哭着说，"我也想回校上课，但一想起老师不让同学们和我玩，我就浑身打战。我宁愿辍学或转学，绝对不敢回去上课，我怕，我真的好怕！"

最后，蔡傲被母亲转学到一所民办小学。

九、儿子在外"偷拿"了东西

　　四年级的暑假，我们让儿子每天去溜一场旱冰。一天下午，溜冰回来的儿子拿回了一双旱冰鞋。儿子妈很敏感地拿过来一看，发现四个轮子已磨损近半，就猜到了它的来历。儿子妈严肃地问这双旱冰鞋哪来的。儿子一五一十地说出了事情的经过："滑冰快到点的时候，小龙（儿子的一个同学）说，'哎，你敢不敢拿一双回去滑？'我说，敢啦，于是我就要小龙到溜冰场（栅栏墙）外面去，我就将滑冰鞋从墙内递给了他。我们拿回来后，小龙说把它放在我家里，我就把它拿回来了。"

　　这当然是一个非常严重的事件。在我看来，问题的严重性不仅在于偷拿东西本身，更在于这件事处理得好与坏对孩子一生将产生重要的影响。一个人，儿时干一两件"偷拿"自家和别人家东西的事儿，与一个成人不顾道德伦理，敢于践踏法律，抱着堕落心态去偷窃，有着本质的区别。

　　未成年孩子由于处在从"本我"到"自我"意识的成长阶段，当他"偷拿"东西时，虽然他可能模糊感觉到这是不对的，会遭到大人们的反对，但出于本能的欲望，脑子里想的是去"拿"而不是去偷。"偷拿"——"偷偷地拿"这词非常准确地反映了孩子们干这种事的心理状态。当孩子长大后，自我意识成熟了，对偷有了道德上、法律上的认识以及犯罪感、羞耻感以后，如果父母对自己儿时的糊涂行为给予的是理解和宽恕，他就会产生深深的感激之情，从而增强巨大的人格力量——这是抵抗一切不良诱惑最根本的力量。

相反，如家长在处理孩子偷偷地拿自家或别人的东西时，把这种行为指定为偷窃，甚至公开地咒骂和暴打，就会造成孩子逆反和堕落，甚至发生种种意想不到的悲剧。

据央视《心理访谈》"管不住自己的手"专题报道：一个十四岁的女孩成了惯偷。她开始从家里偷（拿），受到父亲的打骂后反而更加大胆，继而在外面偷，偷到全村，从偷钱到偷自行车、电动车。在学校从偷同学的到偷老师的。父亲打她，她就逃出家门在外偷。她因偷窃辍学，她的偷在学校和村里闻名。父亲曾用拴狗的链子拴她。记者问她：为什么要这样？她回答："我要报复我爸爸……他打我，他骂我，我要他赔钱。"

另据央视《今日说法》"我不是小偷"专题报道：海口市一对不满十二岁的双胞胎在书店偷拿了两张光盘，被书店保安抓住关在店的储藏室数小时。保安扬言要将两人送到监狱，要到学校调查两人一贯的品行，并且还要到派出所备案、罚款等等，进行恐吓。在其母亲被罚款而放人时，气急的母亲对两个孩子说了一句："回家后要打你们。"没想到，惶恐至极的两个孩子匆匆跑回家锁上卧室门，等随后赶回的母亲好不容易打开被锁的房门时，两个孩子已相继从十楼跳楼身亡。

另一种处理方法得到的却是截然不同的结果。

《甘地自传》讲述了甘地这样一个故事：甘地在少年时偷拿了家里的金子等东西，其父亲却没有因此对孩子进行兴师动众的追查、责问和打骂，而是不动声色。甘地父亲是一个地方邦政府的首相，显然不是一个没有原则的阿弥陀佛的和事佬。他的不动声色只是表明他智慧的深刻、行为的稳重。

当甘地"痛下决心打算向父亲坦白一切，向他承认过错，请求受罚……把悔过书递给父亲"时，父亲不是感到惊奇、震怒，而是被感动得一塌糊涂，"眼泪禁不住像断了线的珠子一样往下流，把悔过书都给打湿了。"——人只有在久久的期盼终于到来时才会流出这么激动的泪水。显然，甘地的父亲对甘地的偷拿行为早有察觉或怀疑，他不动声色只是怕伤了孩子的人格自尊、自信和做人的勇气，只是想等待孩子自己醒悟的那一天到来。显然，甘地的父亲深知孩子的"偷"是怎么一回事，深知孩子在成长中犯这种错误的容易和觉悟的珍贵，深知孩子的人格自尊得到了保护和尊重将会产生不可估量的力量。

"父亲饱含亲慈之爱而潸然落下的泪水涤荡了我的心灵，也冲刷了一切罪恶。"甘地没有辜负父亲的良苦用心和崇高期望最后成了一位伟人。

当我质问儿子："你知不知道这种行为是属于什么行为？"儿子一下子愣住了，仿佛如梦初醒，眼睛里露出惶惑不安的神情。我明白，此时对儿子的任何批评都是多余的，都有可能使他的人格自尊遭受重创，稚嫩的心灵受到践踏。因为任何人处于如此境地，其心理都是弱如薄纸、嫩如豆腐，稍微尖刻、糟鄙的语言都会使孩子的人格自尊受到难以弥合的创伤。那些偷窃的成人，没有一个不是因为儿时稚嫩的人格自尊受到伤害而自甘堕落的。

但我想进一步给儿子压力。我问："你说这件事怎么办？"儿子直愣愣地回答："我拿去还他。"到底儿子还是一个孩童，把问题看得太简单了。我想这个溜冰场的管理也太松懈了，一个孩童随便就可以将溜冰鞋拿回家。他们的溜冰鞋肯定丢失不少。儿子去还鞋有可能把问题搞得更复杂，甚至没完没了地脱不了干系。当然这种可能性一般很小。但由于经历过"文化大革命"那个人性泯灭，是非颠倒的年代，而且当时被"四人帮"搞乱了的中国法制还不完善，我不怕一万就怕万一。我问儿子："这种事以后还干不干得？"儿子赶紧摇头。我说："这样吧，这溜冰鞋让我帮你去还给溜冰场。"为了保护儿子，也有利于儿子更好地成长，我将这双溜冰鞋暗自扔进了一个垃圾桶。

　　从此以后，儿子再没有偷拿过别人的东西。我想这件事不仅增强了儿子对于偷拿东西的免疫力，而且对他的人格意识也是一次洗礼。

十、吃苦能力是人的核心竞争力

　　我留恋大城市的物质文化生活。可是当我以返城青年的身份回到久别七年的大城市后，却习惯用一个农民的眼光来看城市的一切。我发现，当年"农村包围城市"的"战争"如今在继续发生。

　　在大城市里，那些大大小小的私营公司、个体企业里的重要位置，很大一部分都是由农村和小地方来的人领导和管理着。在他们之中，许多是从泥瓦工、厨师、小商、小贩、熟练工等被城里人不屑一顾的"干苦活"的人群中走出来的。他们靠着起早贪黑，风餐露宿，没有节假日——把赚钱当成最开心的节假日，常年省吃俭用地积攒每一分钱，终于使他们从"站住脚跟"，到"把握住商机"，到"时来运转"，成为大城市里虎虎有生气的个体老板、包工头、公司经理、企业主，成为当今大城市里最有活力的有钱阶级之一。

　　有的农村孩子靠勤奋读书，考进国家一流大学，毕业后进入企业机关和技术部门，并且因勤奋踏实的作风和扎实的专业技能，成为别人无法替代的顶梁柱。如我所在的城市里几个人满为患的省直三甲医院和一些掌控着国家重要经济命脉的优质企业里，那些年富力强的主治大夫和身负重任的掌权人物大多是来自农村和小地方的大学生。

在九省通衢的武汉市"汉正街小商品市场",这个有名的小商品集散地,汇集了全国二千多个品牌、十万多个品种的产品。每年的交易额达二百亿左右。在1979年恢复"汉正街小商品市场"最初的几年里,由于天时、地利的有利条件,开户的老板几乎都是武汉的市民。他们之中曾经产生过中国最早的"万元户"。

可是到了改革开放三十多年后的今天,这里一万九千多户的个体老板中,已难找到几个武汉市本地人的身影,而绝大多数是来自农村的农民和乡镇的青年。本地的个体老板在竞争中被无情地淘汰。他们有的将自己的商铺出租给外地人做生意,然后拿着那点租金到公园里或麻将桌上去颐养天年,有的挥霍掉自己当年赚来的钱财甚至连同自己的房产,然后被迫去给别人打工。

为什么他们被无情地淘汰?一个小小的生活现象足以窥见他们被淘汰的重要原因。如当今那些已是身价百万、千万的外地个体老板们,为了节省每一个人工、每一分钱,他们几乎个个又当小工又当司机。可是城里的人一旦做起了老板,即使借债、亏本也要坐在老板椅上,不沾小工、搬运工的活儿,不让自己降低身价,不让自己混同到打工仔的行列。他们放不下那个身价,丢不起那个人,同时也吃不了那个苦。

我曾遇到一个货车司机,将接到手的一笔生意飞了单(让给了一个朋友)。我问:"到手的生意你竟然自己不做?"这位司机说:"我太气我的老板了。""为什么?""他太不把人当数了。有一次因为一个客户装的货太多,又要抢时间。我一个人卸货忙不过来,看他站在旁边闲着没事,要他帮个忙,搭个手。他恼着脸说:'我帮你做?我要你来干什么的?'你说气不气人,我下个月就不打算给他干了。"我想,这个货车司机的老板也许永远不明白自己生意做不好、做不大的原因。

这种"农村包围城市"的"战争"也是一个世界现象。当今西方世界陷入了严重的金融危机，其本质上不是金融债务问题，而是竞争力问题。如一年发十四个月工资，每天下午三点下班的高福利国希腊，由于经济衰退，政府提出要减少福利待遇、延长工作时间、提高工作效率，全国国民竟纷纷上街游行、罢工。他们既不愿减工资，降福利，又不愿延长工作时间和退休年龄。

这些"农村包围城市"的"战争"现象使我总结出几个无情的规律。

一、吃苦能力是人最基本的核心竞争力，离开了吃苦能力谈什么智商、情商、意志力等等都是无米之炊。

二、人的吃苦能力是早年在不知不觉的吃苦环境中形成的习惯，是超意志力的，想要靠说教来改变，其作用微乎其微。

三、人的吃苦能力一代不如一代，犹如物质文明的发展只能前进不能后退一样。要一个过惯了打工生活的农村青年，再回乡去靠种田养家糊口那就很难了。可想而知，当年下乡的知识青年在农村过了十年八年，最后还是跑得一个不剩。即使个别嫁给了当地农民的女知青，一旦有可能回城，也毫不犹豫地丢子别夫，回到城里。

在我眼里，城里孩子的吃苦能力不及农村的孩子。如今我回到了城市，有了自己的孩子，他将来怎样面对一批批进入城市的农村孩子的竞争？这给我教育儿子提出了一个严峻的问题。

不做"时髦""时尚"的潮奴

我有了儿子以后，就敏感地注意到：城里的孩子看上去似乎比农村孩子的脑瓜子聪明，但是比起农村的孩子来，则大多显得作风懒散，物欲强烈，精神萎靡，意志软弱。这种差距一方面受城市物质生活"富营养化"的影响，另一方面家长也起到了推波助澜的作用。

　　一些同事和朋友不仅对孩子的物质欲望毫无节制地放任迁就，甚至有意无意地引导孩子追求时尚、时髦的高消费享受。他们带孩子出门时，有事无事一招手就上的士，高兴时和不高兴时就带孩子上餐馆，进餐馆如同进自家的餐厅一样自如。对孩子的要求百依百顺，要什么就买什么，新的东西还没有用旧，不时髦了、不喜欢了就换，不是名牌的衣服鞋子就不穿。由于衣兜里总揣着零花钱，诱使他们成天满脑子想的是买什么好吃的、好玩的。时髦的家长与孩子进出商场、酒店等娱乐场所，出手阔绰大方。虽然对于有钱的家庭来说，这些钱算不了什么。但从培养孩子良好的生活作风和习惯上看，就不是你钱多钱少的问题了。

　　在许多人看来，追求高消费的物质享受是人类物质文明发展的必然，这没错。可是，如果你让你的孩子走在这种"物质文明发展"的前列，成为时尚、时髦的赶潮儿，那么，无数事例证明，你的孩子最容易沦为"物质文明车轮"下的垫脚石，成为追求"时尚""时髦"的潮奴。

　　要看到，那些引领或不断搅起时尚、时髦风潮的商家、名模、明星、媒体等等，他们是实打实的既得利益者。他们从中捞到了大把大把的银子，而那些受到时尚、时髦风潮"潮弄"的粉丝和赶潮儿，却在金钱和精神上被"潮弄"了后一无所获。

　　有句格言："越是成熟的稻子，越垂下稻穗。"任何时代，越是优秀的成功人士，越是低调、稳健、踏实，不会沦为"时尚""时髦"浪潮的泡沫。

　　教育点评网曾有一篇题为《上了班以后》的文章，讲一个女孩的事儿：马××的母亲对记者说起宝贝女儿来，真是有苦难言。"我们家的时髦小丫头，大学毕业两年了，在一个剧团当剧务，每月有两三千元收入。可她和我们签了个三年君子协定，每月支付其各项费用三千元，不然，就住在外面不回家。打她的手机也不接。这不，前几天，我刚把这月的三千元打进她的银行卡里，她还没回电话呢!"

"她每月的花销怎么要这么多呀？"记者表示惊讶。

"你想想，一瓶化妆品有多贵！她在剧团工作，跟女演员学，一天中的不同时段用不同的化妆品，什么早霜、晚霜，这水、那水的，这笔开销每月就不是小数。再说时髦的衣服也不能少。吃饭也是以下馆子为主，她那点儿工资连一个星期的花销都不够。大家都是一个孩子，从小娇惯坏了，年轻人比吃比穿，当家长的能有什么办法呢？"

"邻居家的女孩子也这样吗？"记者问。

"都差不多吧！不可能有艰苦朴素的。有个二十六岁的女孩子被家长说了几句'花钱太冲'，她就搬到男朋友家住，不搭理父母了。"

在物质文明高度发达的今天，那些铺天盖地、绚丽夺目的巨型海报和霓虹灯闪烁的"时尚"广告，如同精神海洛因。如，"高贵的×××（某消费品）是一种品质""××××（某奢侈品）是高贵的象征"……要知道，任何成熟的优秀分子既不需要象征，也不在乎象征。当然，越是"草包"和"绣花枕头"越在乎外表的象征。如果我们的家长在这个充满物质诱惑的时代不提高警惕，我们的孩子就难免不被诱入歧途，不被高度发达的"物质文明"毁掉。

为了让儿子不被"物质文明的潮流"所诱惑，在吃苦能力上与农村孩子相差不太远，我对儿子的生活习惯和意识形态进行了背离时尚时髦"潮流"的种种"培养"。

做一个"吝啬"的家长

从儿子上小学到上大学，除了急诊、赶火车等抢时间的事以外，只要与儿子一同出门，无论远近，我们一律只乘公汽。甚至在儿子上大学和大学毕业时，需要将行李搬进搬出校园，都是我们一家三口将行李在公汽上反复倒腾，然后用行李车拖进拖出学校，而不是坐的士。我们有意识地让儿子习惯这种简朴的生活方式。

儿子上高中以前，我们对他一直采取"供给制"，不给儿子一分零花钱。为了堵住所有可能的漏洞，春节亲戚们给儿子压岁钱，我对儿子说，这压岁钱不能算给你的，因为我们也给了亲戚的孩子压岁钱。这种压岁钱只是过年时大人们一种交往的礼节。父母帮你把这笔钱存起来，以后给你缴学费。由于儿子从小就没用过钱，也就不在乎父母这些"有根有据"的理由。再说，平时儿子需要什么，只要是合理的，我们都会给予满足。当然，对于过分的或不合理的要求，我们就坚守底线原则——说到做到，从不动摇，儿子也就难以产生侥幸心理和非分之想了。

每次到公园玩之前，儿子妈事前就"约法三章"："到公园玩花钱的东西只能选三样。"进了公园后，儿子于是就先挑那些不花钱的"东西"玩。将不花钱的玩得差不多了再去挑选花钱的"东西"玩。于是在这种边盘算边玩的过程中，他玩得既开心又留有余味。这种余味未尽的玩法对培养儿子精打细算、细水长流的生活作风是有帮助的。

我们一系列"吝啬"的措施自然也收到了好的效果。有一次儿子学校组织春游，在给儿子准备了吃的喝的以后，我们又给了儿子十元钱作为备用金（在1990年代，十元钱不算太少）。当儿子拿到十元备用金时，不由得惊叹一声："哇！好多钱啦！"可是后来知道班上同学大多是带五十元，带一百元的，并且大都花得干干净净。春游回来，儿子却将十元"备用金"如数奉还，这给了我一个特别意外的高兴。我高兴的不是钱，而是儿子节约、简朴的生活习惯。

这与其说是儿子听话，倒不如说是儿子已习惯了"供给制"，或被"供给制"管制得在花钱上缺乏"主动性"，用起钱来反而不习惯了。对于那些用钱"大手大脚"的孩子来说，由于经常有钱花，对花钱的感觉不仅麻木，而且花钱的眼界和手脚越来越大。这两种用钱的习惯对培养物质生活的满足感，对形成俭朴严谨的作风将产生重要影响。而俭朴严谨的作风是事业成功最基本的保证。当然，对于那些从小温顺、听话、早熟、懂事的孩子，实行"供给制"也许就不太适合了。

培养俭朴严谨的作风是多方面的。比较费神的是儿子提出的一些介于合理与不合理、必要与不必要之间的要求。如，日常吃果脯、蛋糕、雪糕、冷饮等乱七八糟的零食，多少为必要、合理？多少为过分、不合理？特别是看到别的伙伴吃零食，儿子就心痒起来。如何把握孩子吃零食这个"度"？有些家长正是在"度"的多少上忽视了或失控了，结果不仅影响了孩子一日三餐的正常饮食习惯和身体健康，更重要的是从根本上毁掉了孩子俭朴严谨的生活作风和养成良好习惯的可能性。

与环境的争夺战

我发现周围的社会环境对儿子的不良影响无处不在。儿子有几个玩伴的父母整天泡在麻将中，不仅对孩子的教育放任自流，并且对自己的这种行为给孩子造成的不良影响也毫不在意。有一个餐馆老板的儿子，大家都叫他"小老板"。他虽然没有大的恶习和道德品质问题，但平常和儿子在一起玩时，总是零食不断，花钱如流水，进游戏机房、食品店、小吃店、餐馆如同自家的菜园门，买起东西来好像不要钱似的。一次儿子回来惊奇地说，他买东西，五分硬币掉在地上都懒得去捡，就不要了！

我意识到，在这样的环境中，要儿子不受影响是非常困难的。可是如果因怕受到坏影响就将儿子与邻居的孩子隔绝起来，这对儿子身心成长和人际能力的培养也是不利的。况且，一旦将儿子关在家里，不让他与伙伴们一起玩耍，他恐怕也要闹翻天。唯一的办法是，为了在这场与环境的争夺战中牢牢掌握主动权，我只有对儿子进行常备不懈的宣传教育，并以主动出击的方式防患于未然。

　　这场无形的"争夺战"，当然是从"舆论宣传战"开始，即对儿子进行不断"洗脑"和"打预防针"。我对儿子说，像"小老板"这样花钱如流水、好吃好喝的孩子，将来肯定是个废料。他将来比斌斌强不了几个钱（斌斌是邻居一个因盗窃被抓去劳教的少年，三年出来后因重犯又进了监狱），你不要受他的影响。他给东西你吃，你千万不能要，你只要接了一次，就会慢慢被拖下水。你如果受了他的影响，我是不让你跟他玩的。叮嘱的次数多了，儿子就不耐烦地回答："知——道！"实践证明，多次打这种预防针是行之有效的。以后每当"小老板"大手大脚地买吃的、喝的、玩的时，儿子则是在一旁静静地、若有所思地观望着他而不动声色。

　　一次，儿子参加班上一个同学的生日聚会后回来说："我们在歌舞厅里开的生日聚会。"

　　"什么！你们怎么去歌舞厅开生日聚会？"我听了一惊。"他爸爸是歌舞厅的老板。"儿子回答。我马上对儿子说："以后不要跟那个同学来往了，而且以后再也不要去歌舞厅！"儿子不解地望着我。"歌舞厅里各种人都有，一些罪犯和坏人都喜欢到那里去。如果坏人和罪犯看中了你，往你身上抹点迷魂药，你就会不知不觉跟着他们跑，去干坏事。到时候你想跑都跑不脱了。"说得儿子瞪大了眼珠。"迷魂药"这个耸人听闻的说法，曾被人传得有声有色，用在七八岁孩子的头上自然有相当的效果。

　　当然，随着儿子年龄的增加，我让儿子感觉到歌舞厅是个藏污纳垢的地方，对自己有高要求的人，是不会去那些场所的。儿子至今再也没有踏进歌舞厅这样的娱乐场所。可见，与歌舞厅格格不入感是从小形成的，这对追求俭朴的生活方式，不为光鲜华丽的生活方式所动，有举足轻重的影响力。

虽然我自认为对不良的环境影响防范得比较严密，但还是发生了一件令我震惊的事。

由于我们平时给儿子采取"供给制"，让儿子的姥姥感觉，每家的孩子都有零花钱，自己的外孙常常看着别家的孩子有钱买吃的喝的玩的，显得寒碜，于是私下每天给儿子一角零花钱。这事不久被我知道了，我让儿子妈告知姥姥，以后一分钱也不要给外孙。

结果引发了一次"地震"。

一天傍晚我下班回家，儿子妈告诉我，当天下午家里发生了一件事。儿子在下午上学前，像往常一样到姥姥那儿拿零花钱。可是这次任儿子怎么讨要，姥姥也不给了。儿子便趁姥姥到门外的机会将姥姥关在了门外，转头回家的姥姥喊门近一个小时，直到叫来邻居的阿姨解危。可气头上的儿子却将沙发垫子扔在地上一个劲地踩踏，以发泄怒气。邻居阿姨在防盗窗外对儿子好说歹说，劝了近半个小时。直到气消得差不多了，儿子才将房门打开。这天下午儿子自然没上学。

当天，儿子妈下班回家知道此事后，心平气和地与儿子进行了对话："是我们要姥姥不给你零花钱的。小孩用零花钱的害处早已给你讲过，你要买什么，只要是合理要求，爸爸妈妈都会给你买……"

儿子妈让儿子认识到，这次他犯了两个错误：第一，向姥姥要不到钱竟然将姥姥关在门外；第二，因要不到钱不上学。她要求儿子向姥姥赔礼道歉。

这次儿子的行为固然令人震惊，但我认识到，主要的责任在我们大人。姥姥迎合儿子的心理，吊起了儿子的胃口，可我又突然地剥夺了他。这种突然的"剥夺"对没有思想准备的成人来说，都是一时难以接受的，都会犯急，何况一个孩童。幸亏这件事处理及时，花零用钱还没有成为他的习惯，才使局势得到控制。

对儿子实行的"供给制"，我们一直坚持到他上高中。这种措施对养成儿子不乱花零用钱的习惯起到了决定性作用。儿子结婚后将家里财政大权交老婆掌管，甚至连自己的衣服、裤子等都要老婆买回来。对这种习惯我是赞赏的。

吃零食消磨人的意志

在儿子的童年、少年时期，我常跟儿子妈说："吃零食消磨人的意志。"以此提醒她少买零食给儿子吃。在我看来，吃零食主要是心理上的需要，是一种胃口和情趣上的消遣、享受。是的，生活中人人都需要适当的消遣、放松、享受一下，包括吃点零食。但是一旦过度，将吃零食作为日常的习惯，它就必然侵蚀人的俭朴严谨的生活作风，转移人的趣味追求和在工作时高度的专注精神，以至涣散和软化人的意志。

要看到，在现实生活中，对于那些需要投入全部精力才有可能把事情做好、做成的人，他们大都不会有吃零食的习惯。正如鲁迅说："哪里有天才！我是把别人喝咖啡的工夫都用在工作上。"想必鲁迅一生不会没有喝过咖啡，他所说的"喝咖啡"大抵是指一心一意地坐喝咖啡，并成为一种习惯。显然他清楚，经常喝咖啡与专注、高效的工作作风是很难"和谐"共存的。那些经常爱吃零食和边吃零食边工作的人，会有高度专注的工作精神和高效的工作效率吗？

当然，对那些只要在八小时内认真工作，就能够把事情办好的人来说，时常去坐喝咖啡或吃吃零食是无大碍的，而且也大有人在。特别是那种把工作当日子混的人，常去咖啡馆里喝咖啡，或时不时地将零食往嘴里扔就更无所谓了。

一位"美食家"朋友明知自己有胃病，看见好吃的东西就不管胃病的禁忌，买来就吃，吃了后胃不舒服，他捂住肚子哀叹："唉！我后悔不该吃的。"事后，遇上好吃的忌食，照常又买来吃，吃了又捂住肚子哀叹："唉！我后悔不该吃的"。如看见油炸兰花豆、油炸花生米和酒，明知吃了胃非痛不可，但还是情不自禁地叫道："管不了那么多，吃了再说。"

他每天吃早餐，要变换着餐馆吃，今天吃某某馆的汤包，明天吃某某小吃店的牛肉面，后天吃某某店的油条、豆浆等等。如果每天餐桌上的花样品种没有变化，他就会觉得单调乏味，再重要的事也要放下来，先把吃的喝的搞好。吃喝丧志在这位朋友身上非常显灵，几十年来换了不少行业、生意，但总是新开张的茅厕三天香，没有一个不是虎头蛇尾不了了之的。

在我看来，这一切都是源于从小养成了过分讲究吃喝的习惯。其最初的突破口，或多半是缘于爱吃零食。起码可以说，如果当年其家长要是在"吃零食"上严格把关，他就不可能发展到见了好吃的就"管不了那么多了"的地步。因此，要养成孩子俭朴严谨的生活习惯，把住"吃零食"这一关，是一个非常有效的切入点。

一个三岁多的孩子平时吃惯了零食，每到吃饭时就令父母头痛。"贝贝，再吃两口。"孩子的奶奶端着饭碗，跟在孩子的屁股后面追。"我不吃了。"还没吃上几口的孩子就跑开去。做奶奶的又呵又哄，好不容易给孩子又喂了两口饭就再也喂不进去了。可是，过不了一时半会儿，孩子就叫着："要吃火腿肠。"吃过火腿肠后，又要吃旺旺（一种饼干），再过一会儿又要吃酸奶……一天下来，孩子正餐吃不了几口，乱七八糟的零食却成了主食。孩子的父母和奶奶为此伤透脑筋，在吃饭时也曾决心将饭喂到孩子肚子里去，可孩子死活不张嘴。经过多次较量失败后，家人就再没有决心去挑战孩子爱吃零食的习惯了。

可想而知，在吃喝上养成了随心所欲的习惯的人，要想培养出严谨、俭朴的生活作风等良好习惯是不可想象的。当然，很可能贝贝的父母觉得，把爱吃零食这点小事情与俭朴、严谨的习惯作风联系起来有点小题大做了。

　　当然，对孩子来说，偶尔吃一点零食不仅是生理上的需要，更是一种心理上的需要。特别是看到别的孩子吃着可口的零食，不仅嘴馋，更主要是心里馋。此时如果家长完全不给孩子零食吃，不仅使孩子产生更加强烈的欲望，而且会产生失落感和自卑心理。但是"偶尔吃一点"，"偶尔"到什么程度？很多家长往往因对这个"度"的忽视和不知如何把握而失控，从而为不良习惯的形成开了一个缺口。

　　如何控制好儿子"吃零食"的"度"，以此作为培养孩子良好习惯的切入点，我和儿子妈达成了几点共识：

　　1. 给儿子"吃零食"设定种种限制。

　　我们给儿子建立了一些吃零食的规矩，即儿子每天吃零食的次数不超过两次，如吃一次雪糕或一次果脯等杂食，而且只能在饭后吃，饭前一个小时之内绝对不能吃零食。这样一来，吃零食既影响不了正常吃饭，而且饭后即使想吃也吃不多了。由于这些限制造成孩子想吃零食比较麻烦，因此吃零食就很难形成习惯。进入初中后，零食对儿子的诱惑就渐渐淡了。成人后的儿子不仅不爱吃零食，而且"没有不良嗜好"（儿媳妇对儿子的评价）。在我看来，这都源于成功地抓住了儿子早年在"吃零食"上"度"的控制。

　　2. 用选择代替拒绝。

　　当然，家长给孩子建立一些良好的规矩，在开始的时候，就得跟孩子进行种种讨价还价、斗智斗勇的较量。孩子的要求一旦遭到拒绝，往往会闹情绪。而人的欲望、情绪是生命最基本的体现，特别是当孩子的欲望、情绪非常强烈时，一旦遭到正面的打压、拒绝，就如同拦截一辆飞驰的列车。不给欲望、情绪出路的政策，必将造成不可预料的灾难性后果。好多家庭教育的失控和失败都是在处理孩子的欲望、情绪的方法上有问题。比如，家长不断迁就孩子欲望，养成孩子种种不良习惯，以至发生泡网吧、夜不归宿、逃学等严重后果后，又突然拒绝给零花钱，采取"紧急刹车"的办法，结果是没有不"翻车"的。

回想起来，当年儿子因零花钱将姥姥关在门外并旷课半天。如果当初我能够预计到对儿子突然的拒绝会产生后果，我就会将这个拒绝改为给孩子一个选择。如只能给最后一次零花钱了，否则这一次也不给，以让儿子从中作出选择。可以想象儿子会作出怎样的决定。起码心理上不会被那种突如其来的拒绝所激怒，并引发情绪失控的反应。

家长的"一口拒绝"和"轻易答应"都会对孩子的教育产生不良后果。如果将拒绝孩子改为让孩子作出选择，受到尊重的孩子其人格意志，即理性的力量就会上升到主导地位，过分欲望就会在理智的作用下被疏导——进行理智的权衡和有利的选择。因此，让孩子接受哪怕是最难受的（但不是做不到的）选择也不会出现"拦截火车的危险"。

注意，给孩子选择时，最好只给一个选择，特殊情况也"事不过三"；否则，就会失去选择的严肃性、权威性，容易让孩子"挑花了眼"。如果家长给出一个选择后，孩子仍不满意，此时家长只要坚定不移地坚持原则，任其吵闹，几经吵闹无望的孩子就会退一步想，"多得不如少得，少得不如现得"，从而接受选择。任何人在努力无望时，都会不自禁地退一步去想，当然是在有选择的诱惑时才会去"退一步想"。实践证明，我们用这种办法制约和挤压儿子过分的欲望、不合理的要求，屡试不爽。更重要的是，这种办法既不会挫伤孩子的人格意志，又不会损伤孩子与父母的亲情关系，从而为培养和矫正孩子良好的习惯找到一条卓有成效的办法。

"笑贫不笑娼"与"笑破不笑补"

在上世纪八十年代初，发生了一起震惊全国的情急杀人案。一个刚刚考入名校、才华出众的高材生，因看见一些同学和一对对情侣拿着照相机在校园里拍照留影，好不羡慕。出于极度的虚荣心，不自禁地偷了寝室里一个同学的照相机。不巧被同学发觉，该高材生想到自己美好的前途即将毁于一旦，情急之下杀死了同学。

被抓进监狱的高材生后悔莫及，用法语写了厚厚的悔过书，要求保留自己一条性命，表示愿在监狱里为国家服务一辈子。当时全班同学也写了联名信，希望保留他一条性命给国家作一些贡献。在停滞了十年正规教育，急缺人才的中国，杀掉这种人才确实可惜。但人们的种种努力还是没有保住他的性命。这个高材生的激情杀人案令人唏嘘不已。

这件事给初为人父的我一个强烈的震撼，孩子的成绩、才华再高，但是虚荣心却会使一切毁于一旦。虚荣心对人的不良影响，可以说除好吃懒做以外应算是最可怕的致命弱点之一。由于虚荣心对人的审美观、价值观具有举足轻重的影响，一旦形成将终身难以改变。

如"笑贫不笑娼"与"笑破不笑补"，这两种价值观永远谁也说服不了谁，并且对人的婚姻、家庭、事业的成败起着决定性的影响。

记得在我五六岁的时候，母亲一面补着我们的破衣服，一面念念有词地说："笑破不笑补。"儿时的我还不知其意，当我成人后对生活中的许多"小事"作出选择时，如是先吃好点顾肚子，还是先穿好点顾面子，是先买房，还是先买车，是买名牌车还是实用车，是搞简约式家装还是豪华式家装，是风风光光显摆还是实实在在地生活等等，都毫不犹豫地按照"笑破不笑补"的原则办事。我发觉人们对这两种原则的选择不是根据什么道理，而是根据榜样的力量和精神的传承。正如人们说的，爱还需要道理吗？

在实际生活中，我也用"笑破不笑补"的原则对儿子进行潜移默化的影响，对儿子的审美观、价值观进行不断的"洗脑"和打"预防针"。

如邻居的那个好吃懒做又大把花钱的餐馆老板的儿子，每次来邀儿子玩时，我不时地叮嘱儿子一两句，说他是个纨绔公子，花钱如流水，将来肯定是个废人，你将来是要有出息的，不能受他影响。

有时与儿子一起看央视的《大家》栏目。当主持人采访那些杰出人物的时候，我就趁机指着电视里那些老先生老奶奶对儿子说，你看他们的穿戴打扮像居委会的婆婆爹爹。他们为什么那样朴素，不注重外表打扮？因为他们肚子里有货。相反，越是一肚子草包的人越是注重穿名牌、讲排场。因为他们肚子里没有自信的东西……

当然，我这种以貌取人的看法难免有主观臆断和表面化的偏向。但我知道，我这是在对儿子进行人生审美观、价值观的争夺战、洗脑战呀！

从儿子读小学以来，我有意将我穿过的旧衣服让儿子妈改后再给儿子穿，以便使他从小对此习以为常，这要比千言万语的说教有效万倍。当儿子进入高中后，个子长高了，我就让儿子直接穿着我的旧衣裤上学。儿子妈几次说："儿子都这么大了，还穿你的旧衣服。"我说："就是要让儿子有一点'我行我素'的精神，不要去在意别人、不要去赶社会时髦，要有一点超然的品格。"

在一次高中家长会上，儿子妈听到年纪较大的数学老师饶有兴致谈起儿子："他穿一条发黄的旧裤子倒不说，而且一个裤脚长，一个裤脚短，他是我遇到的第一个这么不讲穿戴的学生……"听到老师对儿子的这番评价，一种自豪的成就感在我心中油然而生。

没想到，儿子成家立业后，对自己的穿戴仍然不讲究。他的四季衣服都是他妻子提出说该添了，他同意后，妻子帮他买回来的。他只管往身上穿，妻子说好就行。当然与农村贫穷的孩子相比，儿子的不讲究并不出于节约，仅仅是不讲究罢了。如儿子初中时，一次过生日，同事送了一双阿迪达斯的篮球鞋，尝到甜头的儿子从此再也不穿除"耐克"和"阿迪达斯"以外其他品牌的篮球鞋、旅游鞋了，理由是打篮球很舒服，不伤脚。

人的穿戴本是生活小事，但从中可以看出人的注意力、眼光和精神气度等方面的差异：是在意于时尚、时髦的风潮，还是潜心于兴趣、理想的追求；是关注事物的外表还是把握事物的实质；是局限于鸡毛蒜皮的琐事还是超然于人们的评头论足、说三道四。

现今一些家长明知道给中学时期的孩子买手机会因小失大，但往往以"别人的孩子买了"和"孩子要"为理由而迁就孩子，结果使孩子沉溺其中，成为"手机控"，直到引起了严重后果，才后悔莫及或拼命去收拾残局。不仅覆水难收，而且也贻误了孩子养成良好习惯的最宝贵时机。

《中国新闻周刊》刊登的《上海少年"援交"风波》一文中提到，二十多位在校中学生从事卖淫，这些未成年少年都是上海本地人，家庭条件不差，出卖青春只是因为爱慕虚荣，喜欢购物、享乐，而手头缺少零花钱。另据凤凰台《援交调查》报道，一个十七岁叫娜娜的学生，因为极爱吃零食和化妆，家里每周给的一二拾元零花钱不够而走上了"援交"的路。

日常生活"小事"对人的审美观和价值观——对人生的走向和命运前途有着决定性影响。俭朴的生活习惯对增强物质需求的满足感和精神理想的饥渴感有极大的促进作用。相反，物质生活的富营养化使人对物质的贪欲、对精神理想的沙漠化有很大的影响。

十一、解读"优秀是一种习惯"

希腊哲学家亚里士多德说："优秀是一种习惯。"看来他把人的一切优秀的行为品质都归结到习惯，如人的处事心态、思维方式、生活作风、意志力等的好坏优劣都是习惯的使然。这无疑对我们培养孩子全面优秀的品质，在着力点上有"一语点醒梦中人"的启示。

优秀决定于习惯而不是意志力

一些家长常常责备自己的孩子没记性、意志力差等等，指望孩子凭意志力去克服种种不良行为和坏习惯。这些家长不知道，人的习惯先于意识、意志而形成。人从出生就开始形成各种习惯，到了五至七岁，各种习惯已基本形成，可是到了少年时期，人的自我意识才开始觉醒——意志力才开始逐渐形成。如果要求那些连意识都不清楚的孩子，去克服自己的欲望、情绪和种种习惯，这无异于拿鸡蛋去碰石头。其结果是，除了使孩子萌芽的意识、意志受到严重挫伤，使孩子对提高意志力丧失自信心以外，不会有任何有效的结果。

要知道，人的意志力，有百分之九十九点九九以上是习惯的力量，或者说是建立在习惯之上的。如任何一个成年的刑事犯不会是因为不知道法律后果而犯罪的，只是因为他们的意志力克服和战胜不了自己的不良习惯而不得不触法犯罪。又如，一个农民能够靠种田而养家糊口，主要不是因为他的意志力，而是因为早年形成的习惯。而不少出生于农村的孩子，从小没有从事过农活，成人后大都干不了农活，更难以此养家糊口。

即使是意志力中的那百分之零点零一的纯意志力部分，即纯意识和理性力量的部分，也是靠从小的个人主张能够得到表达，自主意志受到尊重，久而久之成为习惯。因此，责任心的强弱和意志力的大小与儿时的个人意愿能否受到充分的表达和尊重，以至成为生活的习惯有极大关系。

有一种习惯叫伪习惯

据《云南教育》报道：一个曾先后考入北京大学和清华大学的同学安××，因为迷恋网络相继遭学校退学……

据新华网快讯报道：华中科技大学2006级新生周×的"传奇"一点都不比安××逊色：五年四次考入名校却三次退学；四川考生张×，四年时间，一次清华，一次北大，先后退学或被开除。前不久，又再次考上清华，也创造了一个"传奇"。因网瘾而产生的群体性退学事件屡见不鲜。2006年，西安邮电学院劝退三百三十六名学生，徐州工程学院对一百一十五名学生作退学处理，一百五十六人作留级处理……他们中的大多数人均是因为迷恋网络游戏，导致荒废学业，多门功课都亮红灯。

据中国教育网报道：合肥工业大学组织对该校附近二十五家网吧的一次巡查发现，大学生沉溺网络的状况令人担忧。该校学工处宋××

介绍说，当天巡查虽然已经是晚上十一点多了，但各家网吧的上网人数却有增无减，粗略统计二十五家网吧共有约八百多人上网，其中绝大多数是工大、安徽大学、安徽医科大学、安徽财贸职业学院等周边高校的大学生，甚至还包括周围私立学校的未成年中学生。"这些学生百分之九十五以上在玩游戏、聊天。有的精神恍惚疲惫，有的痴迷亢奋，目光呆滞，对身旁事漠不关心。"巡查中，各网吧的经营者坦言，夜间十二点以后照常通宵营业，主要是给学生提供包夜上网服务。

大学生沉迷网吧现象说明了一个问题：他们当年能够考入大学无疑都曾经有一个看似良好或比较良好的学习习惯，否则进不了大学，尤其进不了那些竞争惨烈的重点大学。可是，为什么一旦考进了大学，在自由学习的环境里却经不起种种诱惑？显然，他们早年良好的学习习惯是在家长的逼迫、严管下形成的。而这只能是一种伪习惯。这种习惯一旦失去了逼迫、严管的压力，恢复到独立自由的状态，自然也就随之消失。

也许一些家长会质疑，良好习惯的建立难道不需要给孩子必要的压力和进行严格要求吗？自由放任能够养成良好的习惯吗？质疑得对。但良好习惯与伪习惯的区别就在于：

1. 当家长要孩子执行种种要求和规矩时，应该是在尊重孩子个人意志的前提下，与孩子摆事实讲道理，或进行平等的讨价还价、斗智斗勇，哪怕这个过程很漫长。这一过程的长短往往决定于孩子的因素多，而决定于家长意志的少。只有这样，孩子形成的良好习惯才能体现其个人意志和个人成长。相反，如果遇事强迫孩子像奴隶一样屈辱地、无条件地执行种种规矩，这样形成的习惯对孩子来说是没有人格地位和自主意志可言的。失去人格意志的习惯只能是一种伪习惯。

2. 更为重要的是，随着孩子逐渐长大，家长应该不断地放手，让孩子有更加独立自由的个人意志。到了少年时期，对孩子的行为、意志就不宜进行强行干预了。如果再进行"讨价还价、斗智斗勇"，不仅难以奏效，而且往往适得其反。孩子三至七岁是培养一切良好习惯的关键时期。在这个时期，家长的教育越是宽松，对孩子的自主意志的成长越有利。到了八九岁，如果家长对孩子的管教还不逐渐放手，让其有充分的独立自主空间，孩子要形成具有个人意志的好习惯就比较困难。

有比学习习惯更重要的种种习惯

我们的一些家长往往只注意抓孩子的学习习惯，而忽视在心理健康、思维方式、为人处世等方面更为重要的行为习惯。如果仅有良好的学习习惯，即使考进了名牌大学，也很有可能去"卖肉"，去"当陪聊"，去"拾垃圾"……干一些令自己和家长都失望的事。更谈不上很好地融入集体，成为骨干或核心人物，或独立地领导一个小组、一个团队进行更高层次的工作，在残酷的社会竞争中，会被排挤到边缘人才和被淘汰人才的队伍中。

初中年代

十二、面对"永远正确"的老师

刚进中学，也许是在新环境里，儿子在学校很长一段时间比较平安无事。我的心萌生了新的希望，儿子到底进中学了，该懂事了，该好好学习了。没想到，初一下学期情况有了变化。

"老师拿书打我的头。"一次儿子在吃晚饭时说。

"头不能被打的，打头会被打傻的。以后老师再打你，你要赶快把头抱着。"我当即给儿子支招，我知道儿子在课堂上又犯老毛病了。

我清楚，教儿子这个应急之招，要比教导儿子遵守课堂纪律以避免挨老师的打既来得快，且有效。否则，指望儿子遵规守纪而不挨打，那就不知是哪年哪月的事了。

不久，一次家长会散会后，老师很不高兴地对我说："你的儿子不知什么原因，每次我一走到他面前，他就把头抱着。"

我听了只能苦涩地一笑，心想：儿子对"要好好学习"，"遵守课堂纪律"之类的话总难以见效，一说"抱头"他竟这样灵。

不久，儿子吃饭时又诉起苦来："老师拿书敲我的胳膊肘。"

我说："你把脑袋抱着，老师当然只有敲你的胳膊肘了。你上课不讲话不就得了吗？"

"敲得好疼的啦，她是这样敲，用书角敲。"儿子比划着说，"我恨L老师。"

"老师也是为你好，谁叫你上课不守纪律……"我只能宽慰儿子。

"哼！她坏得很……"儿子愤愤地说。

我意识到问题的严重性，儿子的这些负面情绪对他的学习和心理成长都是非常不利的。我和儿子妈虽然反复跟儿子做工作："班主任肯定是为你好，将来你长大了就会感觉到。"但收效甚微。

"哼！她是为我好……"儿子总是忿忿难平。

我意识到，老师体罚儿子，儿子因受体罚对老师产生不满甚至对抗情绪，这种对抗情绪发展下去后果不妙。我做家长的不得不去拜访老师，跟老师交流交流，顺顺老师的气。

我记得一位朋友的经验之谈，家长在孩子的老师面前，老师永远是正确的。对此我深有感触。儿时，我的弟弟因在学校犯规，老师家访。母亲觉得老师教训人的口气难以接受，就回敬老师说，"孩子在学校犯错误应该由老师来管。"老师碰了一鼻子灰，结果这一年弟弟留级。

我利用一次儿子晚自习的时间与督班的班主任L老师在教室走廊上交流起来："L老师，夏阳这个孩子太让你劳神了。"我的歉意引发了班主任大泻怨气，大倒起苦水来："你儿子也是太费神了，我对付他一个比对付班上几十个学生都费力，我花在他身上的精力比花在全班同学身上的还要多……"

"是的，是的……他这么不听话，这么费神，真是亏得你。以后他再不听话，你就把他当自己的孩子一样只管打，我们家长没有一点意见。"我狠着心说。

班主任L老师听我提起"打……没有一点意见"，敏感地瞧了我一眼。显然她猜到被体罚的儿子肯定向家长告了"状"，她怀疑我话中带有不满情绪。世界上有哪个父母不心疼自己的孩子的？

她疑惑地看着我，不说话。

我赶紧竭力表达我的真心实意："对他进行严厉管教，我们的确没有意见，我这个孩子必须有要求严格的老师管教才行，要不然，他就会无法无天。他幸亏遇到您这样的老师。我小时候就没有遇到像您这样严格的老师，我小时候的老师根本不管我，结果对我没有好处……"

我的真诚终于消除了班主任的疑虑。"其实我也不愿打学生，打是无能的表现，问题是你儿子软硬不吃，有些学生态度狠一下就吓唬住了，你儿子不晓得怕人……"班主任说。

我婉转地向班主任解释道："这个孩子大概有点遗传吧，他属于迟熟的那一种孩子。我记得，我的整个初中阶段都是糊里糊涂读完的。他现在懵懵懂懂不醒事，我估计要到初三才会醒事，因为我到了初三快期末考试时，才突然像睡醒了似的，明白要好好读书遵守纪律了。"

班主任老师望着我笑了起来。我想，我用真诚打动了班主任老师。在接下来的两年多时间里，儿子没少给班主任老师添麻烦，造乱子。尽管她采取了种种严厉的处罚手段，却再也没有体罚我儿子。

家长无可奈何时也可以找到有效办法，只要你愿意

读初一年级的儿子一度迷上了金庸的武侠小说。对见了语文就头痛的儿子来说，他这一爱好不禁使我暗自高兴。在我看来，这些有益于心智的优秀小说对孩子的情趣、价值观、想象力等都有着巨大的陶冶和启蒙作用。即使从生词、语法、写作等基本能力的训练方面看，其学习效果也丝毫不低于课堂上的教学。因此，只要儿子要哪一集我就买哪一集，于是儿子将《射雕英雄传》《神雕侠女》《书剑恩仇录》等等一部一部地看下去。他业余时间不够用，自然上课时也偷着看起来。

我知道后提醒他，上课最好不要看小说，当心老师把书没收了。

儿子得意地告诉我，他有许多办法躲过老师的法眼。如他将小说书放在课本下面，当他看小说时老师还以为他在看课文。后来他发现一个同学的课桌面板上有个树结孔，于是他将那张课桌调换了过来。这样，他上任何课都可以通过树结孔看小说而风险更小了，即使老师发现他表现异常，也难抓到他的把柄。

对于他的如此做法，我采取睁只眼闭只眼的态度。在我看来，人生真正有益的学习是不分课内与课外的。与其让他在课堂上讲话、打瞌睡，屡受老师批评、整治，不如让他看一些有益于心智的小说来得划算。

令人没想到的是，他看小说入迷的程度远超出我的想象。他不仅上课看，连每天在家的晚自习时间也常常不摸书本，一头埋在小说里。我和儿子妈偶尔提醒他一下，他才不慌不忙拿出作业做将起来。不久我发现，儿子在学校有迟交、缺交作业的现象，各科成绩明显地下降。

期中考试拿回的成绩单上，语文成绩竟然是二十七分，这下让我感到问题严重了。往常他的语文考试成绩总在五十多分至六十分这个及格线的边子上波动。那是他的正常水平。但二十七分就显然不是他学习能力的问题了。看来儿子看小说已走火入魔，到了完全无法控制自己的地步。

我和儿子妈从不拿儿子的考试成绩说事。当儿子拿回的成绩单是高分时，我就轻微地点点头，哼哼鼻子，表示一种含蓄的肯定，有时也鼓励一下，说："不错，继续努力。"当拿回过低的考试成绩时，如果有时间，我就和儿子一起查找问题出在哪儿，以引起重视，总结教训。如果没有时间，我就干脆不闻不问，让儿子自行处理，使儿子尽可能在一种自由、宽松、自主、快乐的状态中学习、生活。

在我们看来，孩子的学习成绩是他做事、做人态度的结果。在学习成绩与学习态度上，是抓学习态度还是抓学习成绩？两字之差，反映的却是两种截然不同的教育理念。虽然两种抓法都有可能抓出高分来，但抓出的做事、做人的心态，眼光、境界的高低，人生的走向是截然不同的。

如果家长把眼睛盯着孩子的成绩，孩子则长年累月地斤斤计较、患得患失于多几分少几分、前几名后几名，往往容易沦为分数的奴隶，容易被分数这个目标"一叶障目"——把分数和名校当成学习的最高目标。分数虽然可以增强人的一种自信，和急功近利的欲望，却会使人变得眼光短浅，做人做事就难以突破分数的束缚，难有从容豁达的心胸，难以产生纯朴的理想主义情怀、深刻的情趣和执着的精神追求。

在家长看来，狠抓学习成绩，对成绩永远不满足，自以为是在促进孩子不断进步。其实这种短浅眼光、贪婪心态对孩子造成了巨大心理压力和错误导向。孩子一旦陷入到为分数学习的被动、肤浅、急功近利的陷阱中，其个人情趣、理想情怀、创造活力等都将被分数绞杀得奄奄一息。

纵观历史上的卓越人物不难发现，无论是钱学森、李政道、钱伟长等这些当年的成绩优秀生也好，还是爱因斯坦、张亚勤、马云等这些当年的差生、偏科生也好，他们在学习上都有着一个共同的心态和境界，那就是，都具有淡看分数、超越分数的眼光和自信。他们眼里盯着的不是分数、名校，而是使他们兴趣盎然的学习内容和激动人心的探索、发现。这也正是他们为什么在职场生涯上能够走得更远，做得更优秀更成功的重要原因。而这一切都是源于他们早年的学习眼光、胸襟、兴致没有受到分数的束缚和污染，都是源于他们当年是分数的主宰者而不是分数的奴隶。对于不喜欢、不感兴趣、不重要的学习科目，他们敢于逃课、抄别人的笔记以应付考试。他们都具有钱学森当年"只考八十分就满足"的学习心态。反之，他们在学习的深度和广度上又大大超过课本的内容和分数的要求。

而这种学习心态，对那些分数挂帅的状元生、唯分数型尖子生及其家长来说，是不敢想象也难以理解的。

少年时期，是人的心胸、气度、志向、眼光、激情等处于井喷式的迸发、成长、定型时期。在这个宝贵时期，如果家长把握好孩子在这些非智力因素方面的成长，将来就能成为一个可塑之才。要知道，淡看分数与养成认真踏实的学习作风、获得优秀的成绩并不矛盾。正如不将赚钱放在第一位，不仅与成为一个优质企业不矛盾，反而是成为优质企业不可或缺的重要因素。

为什么有的孩子进入大学就去泡网吧，早早丧失了学习的动力？为什么有的却能够像钱学森、陈省身、吴文俊、师昌绪……那样潜心地勤奋终生，甚至到了八九十岁还能为国家作出杰出的贡献？家长是抓孩子的非智力因素为主，还是仅仅抓孩子的智商和学习方法，或者干脆只把眼睛盯着孩子的成绩？抓法不同，得到的结果当然不同。

儿子考出了二十七分，我清楚地意识到，如果对儿子这种走火入魔的状态不及时采取果断有效措施，对他的学习态度、学习作风和今后的学业都将产生严重影响。对儿子采取怎样的行之有效的措施呢？婆婆妈妈地说"要用心读书呀，少壮不努力老大徒伤悲……"，这些大道理的"经"念多了只会麻木他的神经。即使有用，也远水救不了近火。对一个十几岁的少年进行打骂？这对我来说已是不可能做的事了。经过一番左右为难的考虑之后，我想出了一招。

到了星期日，我严肃地要儿子把书包里的小说书拿出来交给我。接过书后，我故作气愤地将金庸的一本小说书撕了起来。我低着头，紧绷嘴唇，闷不吭声，"气愤"地使劲撕书……儿子被我突如其来的动作给惊呆了。在他看来平时慢条斯理、和和气气、摆事实讲道理的父亲，今天竟然变得如此地粗野、失控。他惊异地瞪着双眼，一动不动、一声不吭地盯着我。他一定怀疑他的老子是不是发疯了。

我将一本书撕得残缺不全后扔到地上，然后坐在一旁做出生闷气状。儿子也呆在一边，时而瞅一瞅地上被撕烂了的书和一地碎纸片，时而斜眼瞟一瞟"生着闷气"的老子……

儿子对我一阵疯狂的撕书，然后又转入发呆的木鸡状，陷入了迷惑的猜测之中。想必，他会不太困难地联想到自己最近看小说到了疯狂的地步，也不难联想到自己最近考出二十七分成绩的原因。但我一言不发又使他不能肯定，即使肯定我就是因为这个问题发飙，但以前从未在考试分数上发态度的父亲，今天对自己会怎样呢？因此他不好作出准确的判断和回应，或者说要等我最后表了态才好作出回应。我们父子俩面对面地呆坐着……

正在这时，儿子妈下班回家了。发现父子俩默默无声地呆坐着，又看见地上被撕得残缺不全的小说书和一地的碎纸片。她猜到了事情的大致缘由，但还是惊异地问了句："怎么了？"这时候我想，我的"哑剧"到了该"落幕"的时候。我阴沉着脸不容置疑地说："把他所有的小说书都收起来放到爷爷家里去。现在他管不住自己，只有等他将来进了高中，有了克制能力才能再看。"

我的话使紧张不安又摸不着头脑的儿子似乎一下子放下心来，不就是暂时不让看小说了吗？于是他不声不响地把书柜里所有的小说书清理出来拿到了爷爷家。从此他步入了正常的学习轨道。

我明白，在事情发展到该出手的时候，如果不采取突然的"惊人"之举，仍然对儿子讲一些大道理，不仅苍白无力，而且显得做父亲的处事无能。如果大声呵斥咒骂甚至动武，对于已进入少年逆反年龄的儿子，必然使他产生强烈的屈辱感，会严重地伤害到他的人格自尊，激起他的反感、愤慨，甚至形成父子对立的局面。这是我不愿看到的。急迫之下我才想出了"愤怒"的撕书表演。

我采用这种突然的不可思议的哑剧表演，让儿子还没有回过神来，我又恢复到常态。这一招确实让儿子吃了一惊，阻住了他继续执迷于小说的疯狂行为，同时也避免伤到他的面子和父子间的感情。我知道我的这种表演是以我平时对儿子和风细雨，从不动怒为本钱的。如果我平时经常对他粗声大气、恶语相向，这次是很难让沉迷于武侠小说中的儿子惊醒过来的。

然而，从武侠小说中惊醒过来的儿子却远没有从"睡梦"中醒悟过来。

让老师失望的家长

一天上午，接到儿子班主任L老师的电话："你是……马上到学校来。"语气不容置疑，我知道不会是什么好事，于是迅速放下手里的活儿赶往学校。一进偌大的教研室，果然看见儿子像受训的犯人微低着头，笔直地站立在墙角边。有几个老师在伏案忙活着，不时有老师和抱着一摞摞作业本的学生科代表进进出出。他们看见我这个既非老师也非学生的陌生人和旁边站着一个犯人似的学生，朝我们父子俩冷眼一瞥，又仿佛什么也没看见似的匆匆走过。

我太熟悉这样的场景了。受到这种另类眼光的待遇，我感到很难堪，我的脸火辣辣起来。这种久违的感觉使我回想起儿时的自己，而眼前的儿子正"演"着当年我曾经的角色啊！一种同病相怜感顿时冲淡了我做父亲的难堪，过来人的感觉使我对儿子的表现产生一种淡然的情绪，泛起一阵五味混杂的苦笑：父与子的历史怎么惊人地相似！我走向一位伏案工作的老师桌边，打听L老师在哪。得到的答复是，L老师在班上上课。我只好找个凳子坐下来，等L老师下课。

下课铃终于响了。不一会儿，L老师走了进来，见到我迎了上去，还没有坐下，话闸子就像泄洪闸似的放开了："你这个儿子太难教了，每天上课要他不要讲话，不要思想开小差，别的学生说一遍就听进去了，对他讲五遍十遍都没有用。每次下课铃还没有响，老师还在讲课，他就慌慌忙忙把课本、作业本、笔都收了起来，在教室里东张西望地等下课，魂早已飞到教室外面去了。下课铃响了，不等我'下课'的话落音，他就抱着篮球第一个冲出教室。如果是在第四节课的时候，他就抱着饭盒第一个冲出教室。在他的脑子里，玩和吃饭是第一位。每次上课铃响第一遍，别的同学都进了教室，他总是踩着第二遍铃声冲进教室。有几次第一遍铃声过后，我看见操场上的学生都走光了，就他一个人还在篮框下投篮，他在班上造成的影响极坏。每次的课堂作业，同学不催他他就不交，有时候催他几次，他都难得交上来，这样难教的学生是我遇到的第一个……"L老师越说情绪越激昂，越说越气愤。老师的话使我想起，儿子曾经在家里得意地说，他总能在课间抢到篮球场，原来他有如此"高招"。

　　我不由得朝儿子看去，这时的儿子站得毕恭毕敬，双手僵直，中指紧贴裤边的中缝线，全身紧绷，目光直勾勾地凝聚在脚前约三米处的地面。此时儿子站立的姿态、神情和力度完全像一个出操的士兵，但盯着地面的神情和脑袋向下的角度又像监狱里受训的犯人。我的目光不断从儿子的头扫到脚，又从脚扫到头，我还真的挑不出儿子站姿的"毛病"来。我感觉到儿子此时内心极度紧张。许多家长遇到此情此景，大都会当众对自己的孩子发怒甚至动粗，想必儿子也担心这种可怕的局面发生。因为这样的例子，儿子不仅见过，而且有过终生难忘的印象。当年读小学的儿子与一个同学因犯错，在一起罚站。那位同学的父亲一巴掌打自己孩子时却使儿子沾了火星，儿子的一只眼球被"那一巴掌"划伤而进了医院。后来我到一税务所办公事，才知道这位"一巴掌"父亲原来是这个区税务所的所长，当我与这位所长父亲在税务所的大厅顶头一碰时，他一副气宇轩昂的样子，看见我像看见空气一样。与当初提着水果罐头上门点头哈腰地赔礼道歉，其神情形成鲜明的对比。我从儿子努力的站姿可以看出，他极度担心这种不堪想象的局面会落到他头上。他努力用站姿表示出一种诚恳认错的态度以减轻班主任老师不断煽给我的怒火。

"你不要看他现在站着这么规规矩矩、老老实实的样子，他这个人捉到是死的，放了是活的。"L老师对儿子的故作诚恳老实状当场揭露。

此刻我意会到L老师通知我来学校的意图：就是想要我对儿子采取相应的配合行动，以取得理想的效果。

我不断地打量着儿子，脑子里盘算着，我对儿子说些什么呢？平时在家里，儿子犯再大的错我都是心平气和地与他摆事实讲道理，而且不需要他当面口头认错。在我看来，孩子最宝贵的认错态度就是，表现出尴尬难堪的沉默状。此时的家长只需用沉默向孩子表示：你的认错我知道了。要这么大的孩子口头认错，并作出保证，不仅把孩子看蠢看低了，其保证显得苍白无力，而且连同家长一起都掉价了。因此，与其粗暴地责骂、殴打孩子，把孩子当奴才，不如留给孩子一点面子，让孩子保持高贵的人格自尊感。而孩子早期自我人格感的高低，将决定其一生人格品质的高低和人格力量的大小。但现在L老师已经怒火冲天，我能对儿子说什么？轻言细语地说，不解老师的气；把儿子大骂一顿，或者掌掴儿子两耳光？老师当然解气，但这对我来说是不可能的。为了让老师心里好受一些，我只有不断地应和着L老师说："是的，他太不像话了，实在是太——不像话了……"以此来安慰老师。

L老师多次"示意"却不见我对儿子采取她所希望的言行。发了一通火后，肚子里的气也消了大半。见我连一点生气的迹象都没有，她疑惑地打量了我几次，最后严肃地对我说："他今天该背的课文没有过关，你让他在外面读熟了再到我这里背，什么时候背熟了什么时候去上课。"

于是我领着儿子来到教研室外的走廊上，儿子小声默读着课文，我默默地站在一旁扮演着一个公证员的角色，督促、监视着他。不出五分钟，儿子就将那段课文背熟了。

"你看，要不了几分钟就背熟了的事情，早点背了多好。"我一边给儿子计算着他的得失，一边领着儿子到班主任那儿去过关。

过关之后，L老师抱怨地说："他就是这样的人，要不了一下子的事，每次不催他他就挨着、拖着、不动，他就是这样让人费神……"

"是的，他的确太让老师费神了……"我一边诚恳地应和着老师，消着老师的怨气，一边退了出来。

儿子过了关，与我一同来到教研室的走廊上……在回教室的楼梯口，我淡然地与儿子道别："好唻，拜！"此时，我感觉对儿子什么也不说的态度胜于任何说教。

班主任L老师教育儿子感到费力时希望借助我这个家长"敲打"一下他，而我却在一旁态度暧昧，装聋作傻，"和稀泥"。这是因为我认为，父母在儿子已低头认错时，不应该落井下石，而是要给予理解、宽容的爱心。这爱心像一颗种子，会埋藏在他懵懵懂懂的心底，到时候，一旦他从浑沌中醒悟过来，他会感激父母在他"犯糊涂"的时候给予的尊重、信任和执著的期望，而这一切会成为激发他永远上进的人格力量。

每当我回想起父亲在我儿时犯错误时给予的信任和宽容态度，我心里就有一种永不辜负父亲心意的动力。

我永远忘不了我小学三年级开学第一天的情景：我突然被通知从三年级三班转到三年级五班。我背起书包，惴惴不安地来到五班的教室门口。正在上课的班主任老师扭着头板起面孔对我说："你回家拿一个凳子来，班上没有多的凳子。"我只得掉头回家。回到家里，看见父亲正伏案写着什么，我就将班主任老师的话向父亲重复了一遍。父亲二话没说，在家里找了一把木靠椅，扛起来就和我一起来到五班教室门口，并按班主任老师的旨意，将那把木靠椅放在讲台靠窗子的一角，然后转身离开学校。于是，我就在众目睽睽下坐在讲台上的一角，双膝顶着黑板墙，书包搁在大腿上，扭着六十度的脖颈，斜望着黑板上课。

记得父亲在事情的整个过程中，从我回家要凳子，到他扛着木靠椅到学校、离开学校，始终没说一句话。现在回想起来，那天真是碰巧和幸运，如果那天碰到的是母亲在家，其结果估计会完全不同，甚至对我一辈子都会产生完全不同的影响。记得母亲为这件事曾奚落父亲"一点用都没有"。这学期结束后，母亲要父亲到学校扛回了那把木靠椅。

现在看来，当时父亲什么话都不说，比说什么话都好。因此，当孩子在学校犯了错并对自己的错误很在意很愧疚时，家长最好是"此时无声胜有声"。

一个多月后，儿子在学校又犯事了，儿子妈被召到学校。L老师问儿子妈："他在家怕哪个些？他在家里怕不怕个人？"

儿子妈犹豫了一下说："……相对来说，还是怕他爸爸些。"

"他好像并不怕他爸爸。"L老师不解地说。

儿子妈本想如实回答，在我们家里父母与儿子之间没有谁怕谁的。

从那以后，儿子在学校犯了什么事，L老师就只通知儿子他妈，再也没有召见我了。

家长是老师与孩子之间的"润滑剂""双面胶"

进入初二，儿子妈接到班主任老师召见的电话逐渐多起来，几乎一个月被召见一次。刚开始接到电话，儿子妈还担心儿子在学校发生了什么严重的事，紧急向单位领导请假，然后慌慌张张地坐的士赶往学校。

次数多了，再接到召见电话，就不慌不忙地乘公汽到学校。班主任L老师每次召见家长，也干脆将儿子赶出教室门外，丢下一句话："等你家长来。"

儿子妈到校后只得与儿子一同站在教室外的走廊上，等下课后一同接受老师的召见。每次陪着儿子站在教室外，一站至少半堂课。又气又难堪的儿子妈难免责备儿子两句："你怎么这么不听话，你太淘神了！"

班主任每次的控诉大同小异：上课讲话、做小动作、打瞌睡、上课间操时躲在教室里与"那几个同学"疯疯打打、作业没有交、课文没有背、生词不会写、上自习课溜去打蓝球，等等。

被赶出教室的次数多了，儿子也产生了一种应对自如的常态心理。一次母子俩站在教室的走廊上等下课，儿子发现不远处的教研室门外有把椅子，赶忙跑过去对门口的一位老师说："老师，借把椅子让我妈妈坐一下。"那位老师感动地说："好孝顺的儿子啦！可以可以。"这件事让儿子妈事后有说不出的欣慰。这个时期的儿子真是又懂事又不懂事啊。

对于屡教难改的儿子，班主任老师有时将他叫到讲台前罚站。罚站的次数多了，儿子在讲台前就做些怪相，引起同学们发笑。气愤之极的老师干脆将儿子赶出教室。被赶出教室的儿子不甘寂寞，在教室外站不了一会儿就敲起了教室的窗子，向老师提出，要求在窗外听课，于是教室的窗子被打开。不一会儿，当同学们读课文时，儿子在窗外提出要到座位上拿课本。到了做作业时，儿子又提出要到抽屉里拿自己的练习本和笔。对于这种进进出出的处罚，教室门简直成了儿子的"菜园门"，在L老师看来，这样的处罚效果显然不理想。

班主任老师对犯规的儿子采取了更有力的措施，将儿子赶出教室的同时，将他的书包也掷出了教室，接着关上教室大门。被关在教室外的儿子却不甘"无所作为"，不时地敲教室的门，表示要认真听课。被搞得无法正常上课的老师，有时在儿子作出若干保证后，让他站在教室的一角背着书包上课。

由于经常受到处罚，儿子在应对处罚上也作出了一些相应的调整。如在中午放学后，当被老师列入留校背课文或听写生词的名单中，儿子就在下了第三节课后，提前吃完中饭，以免中午饿着肚子在老师的监督下背课文。

在班主任的语文课堂上，儿子不时干出一些"合法"的"自由主义"行为，以引起同学们的注意，达到出风头的目的。一次，班主任给儿子妈诉苦：儿子在一次上公开课时，L班主任提问，《阿Q正传》的中心思想是什么？举手发言的儿子却不按标准答案回答，而是别出心裁地回答说："阿Q精神在我身上也有。"他这一说不打紧，他的一个篮球玩伴汪××也跟着附和："我也觉得是的"。你说，他这一搞，老师的公开课怎么上？

儿子在学校的如此表现，引起我的一些担心。对于家长，一方面要注意保护好孩子的身心不受到中国式应试教育的摧残和抑制，另一方面，如果保护不当或保护过度，对孩子的身心成长也有害无益。

从儿子对班主任L老师偶尔的不满，发展到有意抵触，并且对自己违规犯纪行为也越来越不在乎，这是一个危险的迹象。如果儿子这种抵触情绪发展到一种对抗心理，那将对他的性格和思想都会产生负面影响。在我脑子里不时掠过那些性格叛逆、思想僵化、行为放浪不羁、被学校和社会抛弃了的"问题生"，以及那些堕入犯罪行列的"坏学生"。决不能让处在逆反年龄段的儿子滑到更危险的地步！而且，这个时期的父亲在儿子眼里是"最无用的爸爸"的时期，因此做父亲的对儿子要特别小心和耐心。

少年时期是偏激的思想、方刚的血气、冲动的意气，但"脸面"却是成年人的感觉了。如果家长还是把孩子当成耳提面命的童年娃，不顾忌他"成年人"的面子，随意训斥、打骂，结果只会与孩子形成隔阂，甚至渐行渐远形同陌路人。这样的例子比比皆是。

"你们的班主任老师的确是一个好老师，她经常晚自习都到班上来和你们一起熬到九点多钟，有几个班主任老师能够做到这样……是的，你认为她整你太狠了。你想一下，如果全班同学都像你，上自习课跑出去打球，上课时讲话，打瞌睡，那会成什么样？你恼火老师每天放学留你背课文、听写生词，以为总是跟你过不去。其实，你们老师完全可以不管你，叫你全不会背，到了期末考试不及格是你自己的事。你留不留级，将来考不考得取大学与她毫不相干……"

在我和儿子妈一再开导下，儿子的行为虽然难有多大改进，但总算对我们的这些唠叨能够默默地听着，不再进行反驳了。这种舆论风吹多了，儿子对老师的抵触情绪也就有了一些减弱。在我们看来，儿子反感老师的情绪哪怕有一点点减弱，对维持与老师的正常关系，使儿子能够步入正常的学习状态，并理智地看待自己的种种问题，都将产生重要影响。

儿子说，我难道再进一所"集中营"？

初三下学期，又一次接到班主任L老师电话的儿子妈来到教室门口，这次L老师不是将儿子妈晾在教室走廊上等下课，而是拿起放在讲台上的书包，一把扔给了儿子妈，用不容置疑的口气对儿子妈说："你把他带回去，他再不要来上课了，我教不了他。"说完将教室门砰地一声关上。受到屈辱的母亲顿时气得眼泪直流，大骂儿子："你怎么这么淘神啦！"儿子铁青着脸，犟着脖子一声不吭地站在那儿，怒气难消。

母子俩在教室外冷冷地站了好一会儿……"还是先回去吧，老师不要你上课了。"情绪平静下来的儿子妈无可奈何地对儿子说。

"不回去！等下节课我再回教室去。"儿子倔强地说。

"那不太好，现在L老师在气头上，你跟她对着来，关系只会越闹越僵，这对你没有好处。"儿子妈说，"你现在先回去，让L老师消个气，我们再想想办法。"

在母亲的劝导下，儿子极不情愿地背起书包和母亲回到家里。正巧这天儿子的爷爷到家来。儿子妈对爷爷讲了刚发生的事情后说："……L老师已经不给我面子了。"爷爷说："那让我去一趟，我这是第一次，老师应该会给我一个面子。"爷孙俩即刻出门，儿子为了让年纪大的爷爷少走路，特地叫了一辆出租的电动三轮车，和爷爷一起来到学校。事后据说，L老师见儿子带着爷爷来了，态度和缓下来："爷爷这么大年纪，他来了，我这次一定要给面子。"

自从搬爷爷向老师求情后，直到儿子毕业的两个多月的时间里，儿子妈再没有接到L老师召见的电话。看来，儿子在老师的整治下，碰了不少"钉子"，加上家长的耐心疏导，其倔强、随意的个性算是有了一定的收敛。同时面临毕业和中考的压力，儿子大概也感觉到了再也不能忘乎所以，为所欲为了。

平时，儿子的学习成绩在班上一直排在三四十名之间。由于学习上一直处在玩玩打打的状态中，对自己保有良好的自我感觉。在备战中考的近三个月时间里，算是认真地努力了一把，使考试成绩升到了班上的第十八名，刚刚踩到了市重点高中的录取线。所谓"踩线生"，是指距离重点高中录取分数线差十分之内，需要交赞助费才能入学的学生。不过，在进了重点校后，每个班有一大半都是交"赞助费"的"踩线生"，这是学校圈钱的一种手段。当时，我和儿子妈建议儿子选择市内一所大学录取率最高、教学上要求最严的重点高中，儿子说："我进了一所'集中营'，难道还要再进一所'集中营'？"最后按照儿子的志愿，填报了据称以提倡素质教育为主，对学生的要求相对宽松些的一所市重点高中。

也许一些家长认为，儿子如此任性、散漫、不守规矩、不尊重老师、难以管教，与我做家长的不严格要求，甚至放任儿子不无关系。但在我看来，虽然儿子在老师的眼里是一个问题多多，令人头痛的捣蛋生，但在家里，面对家规家纪，虽然儿子爱"讨价还价"，可一旦达成协议，却从不爽约，从没有出现过犟头劣颈的现象，干什么事也从不背着、瞒着父母，可以说是个遵家规，守家纪，通情达理的孩子。虽然在"七八九嫌死狗"的年龄，挨过我的几次戒尺和受过我们不少唠叨，但从十几年与父母相处的关系看，应该算是和谐和充满亲情的。

那么问题出在哪儿？今天当我用人性化的观念回头看当年儿子在学校发生的种种事情，我清楚地认识到，问题的主要方面不是出在儿子身上，而是出在我们学校的教育观念和教育标准上。

十三、为错误不断的儿子找"客观原因"

在我二十几岁做光棍的年头，一次与几个年轻的朋友在一起聚会，他们是几个中学老师。当他们谈起班上的捣蛋生时，几乎个个一肚子火："我班上的那个家伙哪像个学生吵，是个油子，死脸……""这样的学生像一颗老鼠屎，你不采取严厉的措施，他就影响全班的课堂纪律。""对这种害群之马，我毫不留情地把他赶出教室。"朋友们列数捣蛋生的种种可恶行为，使我对捣蛋生也产生厌恶之心，并且对这几位老师的愤然情绪和有力的课堂措施很是理解和赞同。

记得在我读小学五年级的时候，教我们数学的是一位很有杀气的中年男老师。一次在课堂上讲着讲着，他突然将后排的一个男同学叫到讲台前罚站，也许是他在后面讲话，也许是他做了什么小动作。对这位威严的老师来说，课堂上任何小动作都是不能容忍的。当这个被罚站的男同学在讲台上歪头斜肩，满不在乎地没个站相时，数学老师走过去突然给他一个扫堂腿，扫得他一个趔趄，还没等他站稳，抓住他的头发狠狠一拽。这个同学顿时被拽成了立正的姿势，眼眶里含满了泪水。看着他的泪水，当时我高兴地想，看你还油皮笑脸不？可是，一旦老师走开去，他又强装出满不在乎的油皮笑脸来。我当时的心情完全站在数学老师一边，心想，你还油皮搭脸不在乎，整得好。

但如今，当儿子被老师定性为头痛的捣蛋生并受到严厉整治时，我就完全不是这么看我儿子了。

在我看来，捣蛋生的种种行为是一部分孩子发育时期，在生理、性格、心理等方面的个性表现。这种个性的学生不仅在每个班都有，而且在世界各国的学校里都有。在他们当中有成才成器的，也有令人失望和不堪一提的。他们当年的捣蛋行为与他们成人后或好或坏的表现没有必然的联系。但是，一旦他们能够走上正轨，做出令人称道的业绩，其业绩的特色则往往与他们当年调皮捣蛋的性格有关。如当年的捣蛋生马云、普京、牛根生，他们在职场上表现出的大胆、执着、抗压、抗挫的优良品质，显然与他们倔强的性格和当年因捣蛋受到老师种种的整治不无相关。

在中国老师眼里，学生要被教育得像听话的奴仆、士兵、乖乖儿，或像流水线上的产品那样才令人满意；相反，有个性、有棱有角的学生是不被任何老师所喜欢和容忍的，是要受到不同程度的处罚和整治的。"有个性"这个词在中国大多数老师眼里是一个贬义词。

当然，任何一种个性都有其好与坏的两面性，一些家长却将两者混为一谈，难以区分。如在倔强的性格中就有任性与执着、肆意妄为与有主见果敢等两种不同表现。几年前，著名歌唱家×××接受采访时说"有个性，有棱有角那才叫孩子"。结果他"有棱有角"的儿子因无证驾驶和暴力伤人被劳教一年，接着又因轮奸案被追究刑事责任。

如何对待孩子某一性格的好与坏两个方面的表现，使不良方面受到严格治理和疏导，使好的方面得到充分自由的健康成长？从无数成功人士的成长经历中我们可以看到，在孩子的个人志趣、人格自尊受到保护或尊重，和在以理服人的前提下，对孩子的不良行为、过分要求进行有原则底线的据理力争、"讨价还价"或斗智斗勇，就不会伤及孩子个性和意志的健康成长。人们常比喻说，不能将澡盆里的脏水连同盆里的孩子一起倒掉，但如今的家长面临的问题要复杂得多：怎么去掉孩子个性的不良方面时又不伤到个性的良好一面？

　　首先，得对儿子的种种捣蛋行为在个性上有一个正确的认识和区分。

从儿子的生理和智力特征看其课堂表现

　　当我从儿子的生理和智力特征等因素看其课堂表现，我就发现：由于儿子是个典型的偏科生，他的文字思维能力和机械记忆力比一般同学都要差，勉强算个中等生。他特怕背课文、生词和记一切东西。一旦背诵、朗读语文和英语课文，就如同我当年的感受一样，仿佛置身于和尚庙里，被那不紧不慢、有气无力的嗡嗡声带入到十里云雾中，脑瓜子就昏昏欲睡地膨胀起来，上眼皮像铅一样沉重，不由自主地往下落，再怎么往上撑也撑不起来。此时，如果让脑袋不像鸡子啄米似的点头打晃——不找点感兴趣的事做，不找点话说，不开点小差，以转移注意力，那简直比受刑还难受。但是，在课堂上能够体谅这种学生的老师不多。

　　可以想象，如果让一个很有自控力的成年人每天连续干坐几个四十五分钟，或成年累月地去听毫不感兴趣的课，而且要一动不动地挺直腰板，目不斜视地端坐着，也没有几个成人能够坚持下来。而中国填鸭式、灌输式、和尚念经式的应试教育，要这些偏科的学生，每天一点也不触犯中国式的课堂纪律，简直是奇迹。

　　在上数学课的时候，由于儿子擅长于逻辑思维和理解记忆，数学思维能力和反应速度比一般同学快，老师讲解例题，儿子往往还没等老师讲一半就明白了，有的题甚至不需要老师讲解，看一眼就明白。所以在数学课的大部分时间里，儿子也是感觉百无聊赖、无所事事，就难免不去"无事生非"。如今，回头看儿子在学校十几年的学习，效率是非常非常低的。而且这种极低的学习效率并不只表现在儿子一个人身上，只不过每个学生反映的方式不同罢了。

多年以后，我发现有一些偏科生的家长根据自己孩子的学习特点进行因材施教，找到了种种突破口，不仅提高了学习效率，而且促进了孩子兴趣特长的发展，为孩子人生的发展方向奠定了良好的基础和自信心。因此，家庭教育比起学校教育来，往往对孩子的学习方向、心态和学习实效更具有的放矢的效果。当然，这样的家长毕竟不多。如果大多数家长都能够意识到应试教育的种种问题，能够像这些家长一样，在因材施教上发挥有力的影响，中国的教育将会发生根本的改变。

作为家长，我当时没有找到提高儿子学习效率的具体办法，这与其说是缺乏教学方面的实际经验，不如说是缺乏"只有家长才是因材施教的实施者"的认识和使命感。因为，中国的应试教育和学校老师是不可能做到这一点的。一旦有了这种认识和历史责任感，做家长的就会进行各种"因材施教"的尝试了。

从儿子的性格、心理特征看其课堂纪律的表现

由于儿子的性格属于那种糊涂胆大、倔强、好动类型，在课堂上如果不被老师的讲课所吸引，就很难长时间一动不动地管住自己。而且儿子说话、做事的特征是，首先从主观出发，不看别人脸色，我行我素，属于"投射型"思维方式，并且受到处罚后忘性大于记性。

这样的孩子虽然莽莽撞撞，犯错多，受处罚多，教育起来劳神费力，但一旦走上正轨，往往能表现出大胆、抗挫、抗压的优势。因此，家长看到了孩子身上的这一特点，就要沉得住气，对孩子错误的行为既

要有严格要求的底气和耐心，同时又要有保护孩子自信心和人格自尊的分寸感。在这样的教育下，才能将孩子性格中的负面因素转变成积极的性格力量。家长看不到孩子缺点中的优点，只会抱着灰心丧气、恨铁不成钢的心态去"教育"孩子，这样的"教育"是出不了优秀人才的。

那些性格敏感胆小，善于察言观色，属于"反应型"思维方式的孩子，与其说他们是遵规守矩的好学生，有较强的自控能力，不如说是出于对事物的敏感——察言观色的心理反应所致，老师的一次批评，甚至对别的同学进行批评处罚就会造成他们心理上强烈的威慑力和冲击力。他们对各种事情的后果充满顾忌、担心，甚至忧虑重重、纠结不安，因而表现出听话和循规蹈矩的处事心态。

实践证明，那些童年、少年时"听话"、遵规守纪的"好学生"，成人后并不一定都有很强的自控性和意志力。这样的学生在顺风顺水的情况下，往往能够表现得优秀，受老师喜爱。可一旦遭遇逆境和几经挫折，则往往容易出现难以料想的糟糕情况。那些跳楼自杀和患抑郁症的，大都是出自遵规守纪和"品学兼优"的好学生。相反，那些一旦能够走上正轨的"捣蛋生"，往往在人生的道路上表现出大胆顽强的执着精神。如果说是由于他们有很强的意志力，不如说，更多的是当年经常受到老师的批评处罚，从而增强了他们抗挫折的心理承受力。

可以说，孩子在课堂纪律上表现好与差，与意志力、自控能力没有太多的关系。除了性格是否倔强、糊涂胆大，是否神经敏感——谨慎、胆小外，与老师的表扬、批评、处罚是否得当，以及与上课时对学习内容是否感兴趣有极大关系。

好学生（"成绩好+听话"）的利弊得失

对于初中阶段还是迷迷糊糊，既不太在乎自己的成绩排名，也不太在乎老师的批评与表扬的儿子，在我看来，这是他懵懂迟熟未开醒的原因。如果从积极方面看，这也是孩子天真烂漫性格的率真表现。这种无忧无虑毫不操心着急的心态是有利于人的情趣、境界、心志等方面自由健康地成长的。况且，孩子的成熟懂事，即出于自觉地遵规守纪和因高度责任心而遵规守纪，犹如"瓜熟蒂落"。过早地人为"催熟"，只会摧残孩子的身心、意志，甚至"催"出胆小如鼠的奴仆性格来，这是得不偿失的。

像一些患得患失的家长，每天战战兢兢、寝食难安地关注着孩子是否得到一个表扬、一个奖状、一个"官位"，是否受到一句批评、一个处罚等，把学校老师使用的这些教育"手段"当成学习的头等大事和教育的主要目的，反而把孩子的兴趣爱好、理想追求，以及胆识、勇气等等做人做学问的本质内容抛之脑后。孩子一旦得奖或"当官"，家长则喜出望外，仿佛中了头榜，感觉前途无量；一旦受到批评、处罚，则怨天尤人，怒火中烧。在这种舍本逐末的"教育"下，孩子很难不变得谨小慎微、目光短浅、鼠头鼠脑，遇到一点关于荣誉、功利的事则趋之若鹜，邀功争宠；遇到一点与风险、犯错可能沾边的事，则表现出躲灾避祸、退避三舍的心态。这种患得患失、斤斤计较于事物的皮毛和鸡零狗碎的孩子，很难有纯朴的奇思异想和大胆的理想追求等品格特征。因此，家长只有对孩子的分数排名和遵规守纪的好坏表现抱着淡然、豁达的心态，孩子才能在兴趣爱好、激情、勇气、自主意志等方面得到健康成长。

要看到，那些仅仅以高分+听话而受到老师宠爱的学生，虽然获得了诸多的表扬、奖状、"官位"等光环，而在这些光环背后，往往掩盖着它的另一面。

一位母亲曾讲述女儿班上发生的一起令人匪夷所思的事件："……周四晚的自习课前，团支部书记在自习铃响后作为班干部值日维持教室秩序。当他大声让同学们安静时，可能因为一句不太妥当的话遭到了一些同学的'嘘'声。女儿说，有时同学们'嘘'一下并无恶意，只是表达一种不同意或不屑，以前这个团支部书记也曾'嘘'过别人。本来一件算不得什么的小事，但这个团支部书记竟因此气得跑回了学校边的出租屋，把这件事告诉了他妈妈。而他的妈妈又以儿子被同学们耻笑欺负，就以班上纪律不好影响孩子学习为由，向班主任告了一状。因为这个团支部书记是班上的尖子生，是××老师最得意的学生，而××老师只管学习不管其他的。所以第二天××老师就在班上大发脾气，把班干部都叫出教室，逼迫他们说出是哪些学生'嘘'了的。班干部被迫交出……于是十二个同学被叫到教室外，在××老师的逼问下，有两个学生承认了。但老师并不满足，要他们揭发在教室里'嘘'过还没有被抓出来的学生。同时又回到教室，逼迫每个学生用纸条写出当时或以前'嘘'过班干部的学生名单，每个同学必须写。女儿说，最恶心的是，××老师竟然跟外面的同学说教室里的同学已经交代了谁谁谁，跟教室的同学说外面的同学揭发了几个几个。这不是两面三刀、挑拨离间吗？搞得同学互相猜疑不团结。班长听到被揭发的同学非议班干部后气得大哭一场，再说为这点事大动干戈，让大家对那个团支部书记侧目而视，连出操都不愿跟他站在一起，让他怎么样再在班上待下去呀？"

像这样一些仅仅靠高分+听话而被老师护着和撑着的"优秀"学生和学生"官"，一旦进入社会，是难以与人合作共事的，更谈不上去领导别人。

纵观那些勇于开拓创新的优秀人物，不难发现，他们独立不羁、不随波逐流的执着个性是他们取得成功的不可或缺的条件。由于他们儿时的懵懂和倔强，或为了出风头，或不屈服于大人的强权，或出于无名的压抑，而干出种种捣蛋的事和恶作剧。有幸的是，他们的人格意志、身心、个性没有因此而遭到老师、家长的摧残和扭曲。或者说，由于幸运，他们的种种"不轨"行为受到了家长、老师的理解、宽容和人性化的调教，使他们能够健康成长，以至成功地施展出个人的天赋和创造性的才华来。

据《乔布斯自传》自述，乔布斯在童年时期，"我遭遇到的是自己从未遇到过的另一种形式的权威，而且我不喜欢它。他们几乎要制服了我。差一点儿他们就把我身上所有的好奇心都驱赶走了……在学校的最初几年我觉得很无聊，所以我就不断惹麻烦……我们会惹上各种各样的麻烦，比如我们会制作小海报，上面写着'带宠物上学日'。那太疯狂了，到处都能看到狗撵猫。老师都气疯了。"还有一次，乔布斯和他的一个玩伴设法让别的孩子说出了自己自行车锁的密码。"然后我们跑出去把所有的锁都调换了位置，没人能骑走自己的自行车。他们直到那天晚上才解决了问题。"到了三年级的时候，恶作剧开始有了一点儿危险的成分。"有一次，我们在老师瑟曼夫人的椅子下面点燃了炸药。她吓得都抽搐了。"

如果说，童年乔布斯的顽皮捣蛋达到了"肆无忌惮"的程度，一点不过分。可是比起当年我的一个小学同学，因一次在语文课堂上公然掀翻课桌，而被抓去劳教，其处罚的程度就严厉多了。因此，如果在中国，乔布斯的如此行为即使不被劳教，多半也是要被开除学籍的。

值得我们注意的是，乔布斯在读完三年级之前，只是被送回家两三次。乔布斯回忆当时的父亲是这么对老师说的："这不是他的错，如果你提不起他的兴趣，那是你的错。"四年级时乔布斯被学校换到另一个班，教他的是一名干劲十足的女教师伊莫金·希尔，这位老师对乔布斯采用了以棒棒糖作奖励等种种关爱、鼓励的办法。但几个月后他就不想再要奖励了。用乔布斯的话说："我只想学习和让她高兴。""她成了我生命中的圣人之一"，"我从她身上学到的东西比从其他任何老师那儿学到的都要多。如果没有她的话，我一定会坐牢的。"

　　显然，对捣蛋生的错误行为，除了给予适度的处罚外，必要的关爱、鼓励等人性化的教育也是不可缺少的，那样才能温暖和感化孩子的心灵，使孩子的倔强性格、叛逆精神、自我表现欲能够走向正道，走向成熟。

　　当年因"常打架"而转学的马云，在创业时，能够慷慨地将股份分给大家，以巨大的创业激情和凝聚力白手起家，带领自己的团队最终战胜多家具有国际背景的巨型网站，创建出阿里巴巴、淘宝、支付宝这样强大的国际企业。牛根生这个当年因讲义气打群架，被抓进局子里坐牢的小青年，创建了闻名全国的蒙牛企业后，却捐出全部个人股份设立"老牛专项基金"。这种裸捐的气魄是令人震撼的。相反，至今在"好学生"中却少有如此仗义疏财的豪情壮举。

　　因此，面对中国学校的规范化有余，灵活性不足，共性有余，个性不足，考八股有余，实践性、创新性不足的教育特色，我只得站在中间立场，既要保护好儿子不受应试教育的种种伤害，同时又要维护学校老师的正面形象。在儿子与学校老师的矛盾中，一方面对儿子犯的"错误"睁只眼闭只眼，同时对儿子进行耐心的思想开导。另一方面必要时做做老师的"出气筒"，由此化解和减轻老师与儿子之间的不满与抵触情绪。一切都是为了儿子能够自信地、身心健康地度过他"懵懂的年代"。

　　不过，也有些家长为了怕孩子身心和自信心受到伤害，而过度保护和放任孩子。如孩子因受到老师严厉的处罚和整治，一旦感到委屈，则避而不谈孩子的错，一味找老师的错，甚至为孩子鸣冤叫屈，以为如此可以长孩子的志气和自信心。这样的"教育"其实抑制了孩子自我反省、自我调适的能力。那种刚愎自用又色厉内荏，任性放肆又一触即溃性格的人，往往就是被这样培养出来的。

十四、批评不是教育的"家常菜"

批评首先是把伤人的"剑"

那些经常受到老师和家长批评的学生和孩子，不仅批评在他们身上效果不大，常被当作耳边风，而且他们往往情绪抵触、反应麻木、作风涣散、意志消沉、缺乏自信，甚至破罐子破摔，自甘堕落。学生或孩子一旦堕入这种心态，就很难成长为那种满怀抱负和自信心，积极进取、勇于开拓的优秀人才。

批评会给孩子造成什么样的心理影响？让我们先从一个普通的例子谈起吧。

据央视《心理访谈》栏目"九十九封家书唤醒迷途少女"讲述：

孙颖是一个初三的学生，学习成绩原来一直很好，但是母亲突然得知女儿受到学校开除的警告。原来女儿因上网旷课已有一段时间了，学习成绩也一落千丈。于是母亲对女儿进行了严厉的指责、打骂。结果，女儿不仅继续上网，并且干脆夜不归宿。母亲将女儿找回后锁在家里，可是女儿像仇人一样对待母亲，不跟母亲说话。母亲的批评和打骂使女儿几次与父亲抱头痛哭。可是一看见母亲回来，女儿就把头一扬，马上不哭地梗起脖子。母亲如此的批评教育，使女儿反而越来越强硬，挨打时连哼都不哼一声。

一次遭母亲暴打后，女儿用打碎的玻璃杯割腕自杀（未遂）。女儿的自杀对母亲的心理产生了极大震慑。走投无路之下，母亲怀着试一下的心情，写了一张字条塞进女儿卧室的门缝里。内容是："妈妈错了，妈妈再也不打你了。"女儿看到字条后，怨气未消地回了一张字条："哈哈，你还知道自己错了？真错了？"女儿的回条让绝望中的母亲看到了一线希望。她继续书写字条向女儿作诚恳的道歉。一来二去地几次以后，女儿的心软了，母女的关系得到了缓解。

不久女儿终于提出："妈妈，我要上学。"母亲听后欣喜地哭了……重新走进另一所学校的女儿，在一个多月后的一次考试中，成绩排在全年级一百个同学的倒数第二名。改变了教育方法的母亲却高兴地说："你真行，你半年没有上学还撵上了一个。"在女儿住校期间，母亲不断写信给女儿。不多久，女儿的考试排名前进了二十多名。女儿在母亲的鼓励下更加努力学习，同时也用书信的方式与母亲交流。学期末女儿终于考进了一所重点高中。高考时，女儿以全班第九名的成绩考进了哈尔滨学院音乐教育本科专业。在中学时期形成的母女书信交流的习惯却继续着。

女儿在访谈节目上念了给母亲的一封信："……一个伟大的母亲拉着一个不懂事的女儿讲述人生的真谛。我难过，我是那个让母亲操心的女孩；我骄傲，因为那个伟大的母亲就是我的妈妈。对不起妈妈，我为了过去的无知和任性向你道歉，女儿不会忘记过去那一封封摆在桌子上的信，每一封信都像一盆清凉的雨水，冲刷着女儿的心灵。"念完信后女儿深有感触地说："我觉得我妈给我写信都符合我们俩的性格。如果当初我妈还是找我谈判（教训、批评），我觉得我俩都不可能走到今天。"

　　上述事例告诉我们，批评首先是把伤人的"剑"。一旦触及到任何人，就会让对方难堪、没面子，自尊心受到伤害，引起本能的反感和抗拒心理。因此，批评这个"武器"不太适于用在教育上，起码不适合作为主要的、家常便饭式的教育手段。

　　是的，有的家长将孩子"批评"进了大学，甚至名牌大学。例如，被中科院辞退后，多次离家出走的魏××，拾垃圾的北大生江×，和大批沉迷网吧、混日子的大学生。当他们回忆起父母对他们事无巨细的唠叨、指责、训斥等批评式教育时，自主意志被致残或被剥夺了的他们，没有一个不抱怨，不大吐苦水。

　　当然，也有将孩子批评得比较优秀的，但要注意，世界上没有绝对的事情，即使是吗啡、毒蛇液在"一定的条件下"也可以成为对人有用的药品。同样，批评这把伤人的"剑"在"一定条件下"也可以用来剔除人体上的肿瘤。

　　但要知道，"在一定条件下"能够起到积极作用的批评，与我们理解的不讲场合，不讲方式，不管对方情绪、面子，被当作家常菜式的肆意批评，是不能相提并论的，它已不是同一层面、同一质量水平的"批评"了。如同普通的毒蛇液和鸦片与处理后成为除病治痛的药品已不是一个功能和概念。

那些缺少批评的好学生、乖孩子

　　虽然批评不宜成为教育的"家常菜"。但是，如果教育孩子完全没有了批评，如同"家常菜"中缺少了含有铁、铜、锌……碘等微量元素，人是很难活下去的，起码不会健康地活下去。

据中国青年网报道：安徽省某中学，一名懂事、自信并且成绩优秀的初中生，因偶然的一次罚站，突然跳入池塘中自杀了。事情起因于政治课上，班主任兼政治老师对小含的一次罚站。课上，班主任让几个同学起来回答"什么是可持续发展"，同学回答后，老师对同学的答案不满意，其中包括小含。"随后我忘了提醒他们坐下就进入了讲课，直到下课。"班主任解释，同时站着的还有另外两个同学。

懂事是亲属对小含最多的评价。在小含生前的房间墙上贴着一张奖状，是成绩优秀的奖状，此前小含在班上成绩排第九名。

"他很自信，多次跟我说过，他一定能升入重点高中，他认为自己学得很轻松。"小含的姨妈告诉记者。

这样一名懂事、自信、刻苦、上进并且成绩优秀的初中生，却因为偶然的一次罚站，突然自杀。

据央视《心理访谈》"呵护如花生命"讲述：

袁×是一个被保送升入北京一所重点中学的优秀学生。但在1994年9月的一个夜晚，袁从自己家六层高的窗口跳楼自杀，造成下身瘫痪。事情的起因是，1994年9月一个星期六下午，上初三的袁×和同学在操场等待家长会结束。一个老师从他们身边走过，袁×随口说了一句对老师不太礼貌的评论。班主任老师很快知道了这件事，他指责不该对老师不尊重。家长会结束，班主任通知袁×妈妈，星期一袁×要在家长的带领下，向那位老师道歉。如果老师仍不满意，就要给袁×一个处分。离开学校，一路上妈妈没有再提这件事，袁×也始终没说话。回到家已经是晚上十一点了。袁×回到自己房间，却怎么也睡不着。她反复回想着白天的事。深夜三点，在所有人都熟睡的时候，袁×从自己屋子的窗口跳了下去。晨练的人们发现了昏迷许久的她。经医院抢救，她的生命被保住了，但她的下半身却永远失去了知觉。

以上跳楼、自杀事件虽然是极端案例，但批评对成绩越是优秀，越是听话的好学生来说，越具有强烈的心理冲击力和杀伤力，这是不争的事实。造成这部分学生心理脆弱的原因有二：

1. 从小听话、懂事——大多因性格敏感、心细、胆小。这样的孩子比较洁身自好，在各方面都做得兢兢业业，自然容易成为学校的好学生，自然很少受到老师的批评。可一旦受到批评，由于猝不及防，感觉自己突然从光荣的优秀生行列连续跌落了两级，其失落感往往是难以承受的。平时，当别的同学受到表扬，而自己得不到表扬，就已经很有失落感了。

2. 造成这类学生对批评缺乏"免疫力"，其家长也起到了推波助澜的作用。当孩子取得种种荣誉和奖状后，家长感到光荣和骄傲本可以理解。但喜形于色，向左邻右舍炫耀，对孩子好了还要更好，只能进不能退，并进行变本加厉的要求。这对于那些表现一贯优秀，对奖状非常看重的孩子来说，无疑更加重了对荣誉的迫切感和心理包袱，自然削弱了对批评的心理承受力。

实践证明，杜绝一切批评的教育——只夸奖不批评，使孩子不知批评是何滋味，这种方式也容易造成教育的失败。但是，如果对批评仅仅只作数量上的增减，也并不能改变批评对人的心理挫伤和在教育上的消极作用。

那么，怎样才能对孩子进行积极有效的批评式教育呢？

十五、批评的艺术和艺术的批评

批评的艺术是一门情商艺术

在现实生活中，有些家长自己很优秀，甚至事业有成，但他们的孩子却往往萎靡不振，不思进取，或毛病缺点多多，有的甚至自甘堕落。其原因既出在家长教育孩子时的心态和情绪上，同时也出在批评孩子的方式方法上。如一些家长对孩子怀着"恨铁不成钢"的情绪进行批评。这既反映了家长的浮躁心态，同时也说明家长的批评方式是消极被动的。

如果将消极被动、直言不讳的批评比作教育的下策，那么，上策的批评应该是对孩子进行批评的同时，也让孩子感受到家长的鼓励、宽容和大胆的信任。而"批评的艺术和艺术的批评"的核心内容就是，在批评时如何贯彻和实施这个"上策"的艺术技巧。

现谈谈在批评儿子时，我贯彻这个"上策"精神的一些具体体会。

用讲故事代替批评

任何人都反感听枯燥乏味的大道理和板起面孔的说教、批评，但愿意听栩栩如生的故事，并不知不觉地从中受到感染与教育。

对于进入小学后只知道贪玩，经常触犯课堂纪律又不认真读书的儿子来说，老师、家长的说教常被当着耳边风。对这个顽童的教育我当然不想放弃，可是大道理说多了如同对牛弹琴。于是我采用了讲故事的办法。

邻居的一个孩子，因偷盗被劳教三年后放回家，不到半年时间因重犯又被抓进去给判了六年刑。在这个孩子第二次被抓走不久，一次我装着随意地对儿子叹息道："唉，斌斌这个孩子年纪轻轻，这一辈子就完了。他这一辈子恐怕要在监牢里坐过去了。你晓得为什么吗？"儿子莫明所以地望着我……我自问自答："因为，在他小的时候父母工作忙，管不了他，爷爷奶奶又把他宠惯坏了，养成好吃懒做的习惯。不用心读书，整天只想着吃好的，玩好的，跟一些坏孩子学会了偷东西。长大了，爸爸妈妈到外地去了，爷爷奶奶不久也都去世了。他爸爸妈妈寄给他的钱远不够他大手大脚地用，他又好吃懒做。钱不够用了他只有去偷，捉住了自然就得坐牢。坐牢回来，他爸爸妈妈给他的钱更少了。因为他成人了，得靠做事自己养活自己。可是好一点的工作他做不了，去拉板车、扫街等做一些脏活累活，他又吃不了这个苦。但他每天得要吃要喝呀，所以他只有再去偷。偷的结果是再一次被抓进去。这样进进出出搞几次，这一辈子不就在牢里坐过去了？"

儿子聚精会神地听完了我讲的这段故事和对邻居斌斌这个孩子一辈子可悲的预测。我相信这个故事在儿子的脑海里一定留下了深刻的印象。儿子读高三时，我有一次将"好吃懒做"这一词用到了儿子头上，激起了他强烈的反感和对我的反击。这也是他自小学以后唯——次对我犯急，可见儿子气愤之极。说明我讲邻居斌斌的故事时，将其犯罪行为与"好吃懒做"之间画上等号，作为因果必然联系，他对这一点的感觉是强烈的，多年后仍记忆犹新。

把握"反面教员"的时机

虽然"榜样的力量是无穷的"，包括反面的"榜样力量"，不过讲这种反面教员的故事，如果讲得不分场合，不是时候，或语言不含蓄、不谨慎，往往不但于事无补，甚至会起反作用。因为，谁都不愿别人将自己与坏榜样进行联系和对照。

儿子读初二的那年，我们家搬到了一个酒鬼家的隔壁，两家的厨房仅一窗之隔。每天下午那个酒鬼就叫他七岁的儿子到街对面买一瓶低价白酒。酒鬼餐餐离不得酒，喝了酒后几乎三五天就要与老婆大吵大闹一场。他老婆也不是一个省油的灯，每次与醉酒的老公吵闹起来毫不示弱。一旦双方大叫大骂起来，就闹得左邻右舍都不得安宁，有时吵着吵着，突然响起乒乒乓乓的摔碗砸盆声，听得人心惊肉跳。有时闹到深更半夜让我们一家无法睡眠，有时碰上星期日，儿子万般无奈只得戴上耳机做作业。经常发酒疯的酒鬼闹得我们一家苦不堪言。

这个酒鬼是一个扫沟的清洁工。据说他当年一直找不到工作，其父没办法只得提前退休，让他顶职上班。对于这样一个难得的、活生生的、让我们深受其苦的反面教员，我当然不会放过。

一天，待酒鬼与妻子大闹一场后，我们一家人还未从其痛苦的阴影中摆脱出来时，我对儿子说："如果你现在不用心读书，将来只能做像他这样的工作，而且还不一定能找到他这样的'铁饭碗'。他是顶他老子的职才有这份工作的，你如果不行，连这份差事都找不到。"

我注意到，当我发表这一通感慨时，儿子神情凝滞而庄重，一声不吭地坐在书桌边沉思良久，与平时稍感父母啰嗦就起反感的态度截然不同。多年后，儿子终于有了缓慢而坚实的进步，虽然这种进步在我们家长看来是那么姗姗来迟。成年后儿子不沾酒，我想与厌恶这个活生生的反面教员不能说没有一点关系。也许读者会想，你儿子大概是属于那种先天就不爱喝酒的人吧。不！工作后的儿子除了平时偶尔喝一杯啤酒外，在三年创业过程中，为了应酬客户而喝过三次白酒、一次葡萄酒，但每次都是浅尝辄止。可以说儿子是受到了当年那个酒鬼"榜样力量"的影响，对喝酒产生了戒备心理。

反面教员的力量真有那么大吗？

值得注意的是，表扬孩子可以及时即兴地进行，但批评孩子不仅要注意方式方法，还要注意时机和场合。讲这种"反面教员"的故事须把握恰当的时机，谨慎行事，要让孩子觉得家长是在闲聊，只是随意地，没有针对性地讲了一个小故事，或因事而偶然发发感慨。否则，如果讲得不是时候，或者感慨发得不当，是非常有害的。

当孩子犯错误时，或情绪不好时，或家长生气时，拿这些反面教员与孩子对照和预警，把反面教员当成批评的炮弹射向孩子的短处、痛处，那样只会把孩子推向那些反面教员一边。如家长生气时对孩子说："像你这样，你只会跟×××那个没出息的家伙一样，你跟他有什么区别。"受到贬损、糟蹋的孩子就会气恼地说，"等我去，我就要，让我跟他一样。"孩子一旦突破了与反面教员格格不入的情感界线，行为上与他们同流合污就是很容易的事了。

一个唱"黑脸"，一个唱"白脸"

对儿子的错误行为需要进行说教、批评，或对儿子的过分要求需要进行"讨价还价"时，我和儿子妈有个分工：由我唱"黑脸"，儿子妈唱"白脸"。一旦儿子对我的反对意见和"苛刻"条件不满或闹情绪，儿子妈就从中进行解释、安抚、调解。这样使我们既能够把守住底线原则，又不至于闹僵，从而能够与儿子在"斗智斗勇"中保持斗而不破，斗而能和的关系。可以说，这种冷暖兼顾、软硬兼施、进退自如的"黑脸+白脸"的教育方式既有效，又无后遗症。

然而，这种"黑脸+白脸"的教育方式，并不是父母简单地分一下工就万事大吉、一切问题就迎刃而解了。

一个家长在网上发出"一个无助爸爸的求助"的哀叹："我太太的口头语，'一个唱红脸，一个唱白脸。'可是我打了一下儿子，太太立刻抱着儿子边摸边说：'你打他干什么呀？'这样的行为产生的效果适得其反。"

这一对夫妇的问题出在哪儿？是出在"黑脸"的老公，还是"白脸"的太太身上？还是两者都有问题？

第一，从配合的效果看，双方在教育原则和方式方法上，缺乏统一的共识与默契的配合。正如一个家长说："如果是孩子的错，老公打孩子我从来不劝。如果平时动不动就打两巴掌，不痛不痒地，孩子也不哭，愣一下就继续，我当时不说，事后就会告诉老公不能这样。"

显然这对夫妇配合默契的关键是，"白脸"当时不说，"事后……告诉"黑脸，这种维护"黑脸"权威的做法，实际上是维护了父母在原则上的威性。

第二，这个哀叹的"黑脸"老公说"打了一下儿子"，如果是一巴掌把孩子的脸打肿了或打冤枉了，使孩子的身心受了伤害和委屈，大哭大闹起来，怎么能让做"白脸"的太太站在原则的立场上从中劝和、调解？这还有劝和与调解的余地吗？此时，出于安抚孩子情绪的需要，做"白脸"的太太往往不得不做得"过右"一点。不管"黑脸"当初"打了一下"是出于什么原则，哪怕再正确，也会抛到一边，去尽量安抚孩子。这时天生会避重就轻的孩子就会钻空子，将"黑脸"的原则要求置于脑后，去享受"白脸"的安抚。如是，这出"黑脸＋白脸"的"戏"，因"黑脸"的简单粗暴而被搞砸了。

如果父母之间把"一个唱黑脸，一个唱白脸"理解为各自为政，各行其是，或相互拆台地"唱对台戏"，那么，与相互配合地"同唱一台戏"的"黑脸＋白脸"就完全是两码事了。

一个在技术业务上颇有刻苦钻研精神而受到业内尊重的专业人士，每每提起自己的儿子就哀叹："……书，书读不进，技术，技术没有学到手，怕苦怕累，好吃懒做。如今二十五岁的人了，只能做一做卖水饺、米粉早点之类的事，而且还经常懒得早起床。这都是他妈从小惯坏的。他小的时候爱花零用钱，我不给，儿子一要，他妈就暗地塞钱给他。平时我要求严一点，要他早点起床锻炼，儿子一叫苦，他妈就当着儿子的面对我又是劝，又是说。他妈这一护，再好的教育也搞不下去了。"

听了这位父亲的诉苦，我想，无论他教育孩子的愿望和原则多么正确，从他们夫妻之间"一个做好人，一个做恶人"的效果看，我敢肯定：一、这位父亲首先缺乏与妻子沟通，以达成共识，从而结成"统一战线"的能力。因为，一旦一个"喂补药"，一个"喂泻药"，这个教育是搞不好的。二、从这位父亲扮演一个严父（"黑脸"）的角色看，如果只讲原则，不讲方式，或简单粗暴，这样的严父往往容易被边缘化。因为，这时只要慈母（"白脸"）置严父的意见于不顾，去呵护、安慰一下孩子，孩子就会有恃无恐。严父再良好的教育愿望也会落空。这种各行其是的父严、母慈的失败教育的例子比比皆是。

在一次朋友的宴席上，一对爷爷奶奶在宾客们开吃了好一会儿才带着一个六七岁的孙女姗姗来迟。在宾客们热情的应酬和寒暄中，爷爷迅速地动筷子吃起来。然而，孙女却靠在奶奶身边，嘟着嘴，生着闷气，奶奶则双手抚摸着孙女，慈祥着脸，陪着孙女一动不动地干坐着。从孙女红红的眼圈不难看出，爷爷奶奶能够把她带到酒席上来已费了好一番周折。宾客们吃了老大一会儿，发现孙女、奶奶仍然一动不动地呆坐在那儿。酒席上的客人便纷纷劝和："爷爷劝一劝孙女唻。"爷爷仍严肃着脸一个劲地吃，好不容易蹦出一句话："我不劝。"其短促而坚定的语气，显示出爷爷与奶奶截然相反的态度，大家也就不好继续相劝了。直到酒席接近扫尾，宾客们提议给孙女带些吃的回去。于是在宾客们的掺和下，奶奶慈祥着脸，给孙女装了几袋子吃的。让我惊叹的是，孙女在一个多小时的酒席中，一直嘟着嘴站在那儿，直到席散人离，然后嘟着嘴被奶奶牵手走出宴席大厅。

看着在一旁踽踽独行，神情决绝的爷爷，我想，由于他缺乏与奶奶结成统一战线的能力，他坚持原则的决绝神情只能显得可怜可笑。走出酒店老远，我还在想，一个六七岁的孩子能够嘟嘴一个多小时。出门后，凭什么还能够继续嘟嘴下去……爷爷奶奶却束手无策。可以想象，到了十六七岁，她嘟嘴的功夫会十分了得！

将批评改成建议和提醒

一次过春节，我们几家亲戚在儿子的姑妈家吃完年饭，围坐在电视机前看起了新闻节目。在家里习惯掌控遥控器的儿子忽然不知从哪儿蹿到了电视机前，拿起遥控器就将新闻频道调到了动画频道。顿时，一屋子里老、中、青都盯着少儿节目，哑然了。我本可以马上严厉地批评教训儿子一顿，并将遥控器从儿子手中夺过来。但我想，在大庭广众中如此对待儿子，对他的面子将是一种伤害。看着儿子津津有味地看动画片，我贴近儿子的耳朵，低声耳语了一句……读二年级的儿子顿时像从睡梦中醒来，愣了一下，马上将动画频道调回到新闻频道，然后知趣地走开去。事后，儿子的大姑父为此大大地称赞儿子说："别看阳阳在学校与同学扯皮打架，上课不守纪律，让老师头痛。嗨，真还看不出来唉！在外面懂规矩，懂礼貌，真不错唉！"其实，我知道儿子并没有他姑父说的那么懂事，儿子本是一个大大咧咧，遇事不先考虑一下别人和后果的孩子，同时也有独生子女所具有的"以我为中心"的弱点。

为什么我的一句话能够使他幡然醒悟，立马改错？不是我说了什么神奇的话语，也不是儿子有什么神奇的感悟能力，我只是半嗔怪半玩笑地说："喂，你怎么一个人看啦！你应该让我们大人看哟。"可以说，当我贴着他耳朵私密地提醒他的那几秒钟，他就感受到了我的暗示：一屋子里的大人跟着你看少儿节目，这个场面你不觉得有点不像样子吗？同时，我这种耳语的提醒也使他感受到他的人格受到了家长的尊重和爱护，于是被点醒的高贵人格感促使他迅速作出了相应的反应。

也许，有家长会认为，当众严厉地批评一下孩子，同样可以让他懂得礼貌和遵守规矩，需要这样小题大做吗？但是在我看来，批评、训斥永远培养不出主动谦恭礼貌的良好品行。

这种品行只有从小在受到别人，特别是家长、老师等成年人的尊重的感受、感动中才会产生。相反，在逼迫和训斥下产生的彬彬有礼和礼貌待人，那只是一种奴仆型的对上、对权势者的唯唯诺诺、奴颜婢膝的礼貌，一旦对下、对不相干的陌生人则往往举止傲慢放肆、粗野无礼。

能够这样断言吗？确实如此。大陆的游客到香港后，种种不文明的行为受到香港市民的诟病，如果说这些行为与礼貌还不太有关，那么，让我们先看几个典型的实例。

《谁认识马云》一书中，马云有一段感言："……我就赶到北京，参加'世界经济论坛北京峰会'，我从来没有那么丢脸，那次丢脸真是一塌糊涂。我们那次会议，台上四五个人在讲，下面有一半的人在听，另一半不是打电话，就是抽烟的、聊天的，上面讲上面的，下面讲下面的。我觉得特别尴尬，为什么中国企业会出现这样的问题？有一个国家的部长请了十二个中国企业家进行交流座谈，这个部长讲话只有十五分钟，这十五分钟你知道发生了什么事，我们一大半的企业家在打电话。部长显得特别尴尬，我看了都不知道该怎么说。这不是文化的差异，是礼貌、尊重的差距。如果中国企业是这样的话，谁还跟中国企业交流，谁还愿意跟中国企业做生意？"——中国企业家在国际性的会议上竟然会出现如此现象，这是值得中国人深思的！

据《E路领先》报道："横滨世乒赛中国队员不尊重人还没礼貌"。"2009年5月8日前，中国兵乓球在世乒赛场上传来喜讯，又是一个'大满贯'，国人无不兴奋，国乒队就是神啊。但是随后的一些报道让人感觉很不舒服，如赛后记者会上'×××和××就双双低下了头，眼睛一直盯着手机在发短信。轮到××被邀请发表比赛感想时，刚说了三四句话，兜里的手机就振动起来，××的发言便戛然而止，掏出手机重新低下头。'横滨世乒赛新闻官轩斯女士在新闻发布会结束后发出感慨：'为什么中国队队员那么不尊重人那么没礼貌。'

"在此次世乒赛之前，国际乒联主席沙拉拉曾向中国乒协发出一封'投诉信'，信中批评中国球员'职业素质与球队的成绩并不相称'。为此，中国乒乓球队内还专门开展了整风运动。"——靠人格力量和自觉自愿产生的礼貌能够靠整风整出来吗？整出来的只能还是那种奴仆型的礼貌。

照说，这些参加国际会议的企业家和出入国际场合的国家运动员，起码都是受过国家正规教育，都是有头有脸的人物。他们难道不懂这些基本的礼貌和尊重吗？那么他们为什么知道而不做呢？这是埋藏在我们民族心底一个很深的心理阴影的问题。因为中国的学生、孩子从小受到老师和家长居高临下的训斥和责骂，而不曾受到老师和家长平等相待的礼貌及平等的互尊，并以此受到感动、感染，自然也就没有那种平等待人的人格力量，去尊重不相干的陌生人。

有人说中国是个礼仪之邦，其实那是对上人、对洋人、对有权有势的人，对老师、家长的礼仪、礼貌和恭敬。反过来，你让老师、家长、上级对学生、孩子、下级施以同样礼貌、礼仪和恭敬，有可能吗？

寄批评于高尚的期望中

当家长要开口批评孩子时，不妨寄予美好、高尚的期望式批评，不管这种期望能不能达到。进入高中了，儿子对一切还是那么漫不经心。一次我对儿子说："你将来是要进入大学，接受高等教育，成为国家栋梁的人才。你得对自己有高标准的要求。一位伟人说过，'谁的标准高，谁就进步快'。"我的语气委婉、柔和而凝重，使儿子感受到我对他始终抱有不容置疑的期望和信心。其实我的"不容置疑"多少有点鼓起勇气的成分。

可以说，我对儿子这种宁可信其有的执着期望，终于感动了菩萨——儿子，使后来进入大学和职场生涯的儿子更加努力地要求自己，其精神状态比我预料的还要好。

中国微软亚洲研究院院长沈向洋，当年因高考失误很失望地被南京工学院录取。在失败的阴影下，他开始"混"，身上那种贪玩好动的本性全部爆发出来。他迷上了足球，后来还学武术、练拳击，"混"过一年级，"混"过二年级，又开始"混"第三年。

有一天，负责学生思想工作的老师把他叫到办公室，眼光集中在这个年龄特别小又特别淘气的学生身上。

"咳，你知道你自己的价值吗？"她对沈向洋说："你不应该混啊。你应该像查礼冠那样子才对啊。"

沈向洋知道这个查礼冠：她是当年的一位女教授，有非常了不起的学术成就，举国闻名，也是向洋心中的偶像。现在，老师居然把他和查礼冠相提并论，这就像是有个什么东西，把他心里的那个开关打开了。

"我从老师办公室出来的时候，胸中腾起一股豪气，真正觉得应该好好读书，做一点事业出来。"那一天沈向洋作了一个决定：考查礼冠教授的研究生。终于他以全系最优异的成绩考取了研究生。

可以说，老师的一句满怀崇高期望的批评抹去了沈向洋心头失败的阴影，重振起往日的自信，从此改变了他人生的走向，使一个世界级的优秀人才得到了拯救。

有一种批评是"言其他"

有的家长批评犯错的孩子时，先把孩子估低、估蠢，然后再进行批评，如："你怎么这么蠢！怎么这么没用啦！怎么教你都教不信……"有的甚至当众批评、责骂孩子。这种批评只会挫伤孩子的自信心和人格自尊，不会有积极作用。因此，当孩子犯了错，特别是当着众人时，我的办法是，言其他或装马虎。

一次，我在儿子的小学校门口，看见儿子与班上几个同学在一起吃冰棍，由于儿子在家里是"吃供给制"，没有零花钱的。我好奇地问，"哎，你哪来的钱吃冰棍？"

我当众一问，儿子顿时紧张起来，结结巴巴地说："我，我在抽屉里拿的十块钱买的。"这时几个同学不约而同地盯着我,显然同学们都担心儿子这下可遇到大麻烦了。我马上装着忽然记起了什么似的说:"哦!哦!但是多的钱你要交公啦!"于是,儿子马上将一把零钱塞到了我手上。事后,儿子妈郑重其事地跟儿子讲,抽屉里的钱是家里平时买菜、买米的钱。以后你要买什么,要给爸爸妈妈说一声。虽然发生了这件事,但我们仍坚持将零用钱放在抽屉里不锁。

从此以后,儿子再也没有擅自拿抽屉里的钱了。有一件事足以证明此事在儿子的心里留下了正面而深刻的影响。多年后,儿子上高中,家里不再给儿子实行供给制了,而是给钱让他在外吃早餐。一次儿子向他妈要早餐钱,正忙着家务事的儿子妈说:"你自己在抽屉里拿哟!"儿子郑重其事地说:"我要跟你说一声哟!"儿子妈赶忙说:"哦,是的,是的。"

将儿子的缺点、短处与名人的"不足之处"相提并论

一次,我发现儿子在高一期末的自我鉴定中写道:"自己的缺点是毅力不强。"显然儿子对自己的弱点是有所认识的。但是,经历过农村艰苦生活和"文革"严酷的政治运动的打磨,我早已明白,所谓的毅力是怎么回事:除了其中百分之九十九点九是早年养成的习惯外,剩下的百分之零点零一则是理性的愿望经过岁月长期的"风吹雨打",最后剩下的那部分才是毅力、意志。可见毅力、意志在人的行为力量中占多么微弱可怜的部分。对于一个只有十几岁又不断犯错和被犯错的少年,感到自己的毅力不强是太正常不过的了。但是这种"不强"感一旦过分,或被搞得垂头丧气,就会失去树立毅力的信心。这是家长应该注意的。

因此,看到儿子"自己的缺点是毅力不强"的自我鉴定后,我利用一次饭后的机会对儿子说:"人的毅力都是靠后天长期锻炼出来

的，毛泽东年轻时为了锻炼自己学习的注意力和毅力，到嘈杂的闹市去读书，下雨天去爬岳麓山，不带分文离家出走，去挑战生存的极限能力。这些都说明毛泽东年轻时，读书的抗干扰力和克服困难的毅力是不够强的，如果很强了他就不会去闹市读书，不会下雨去爬岳麓山，不会去挑战自己生存的极限能力……"我的一番话让儿子若有所思了好一阵子。

用辩证法的原则精神进行批评

儿子进入到高中，虽然在父母眼里还是一个跌跌撞撞、昏昏欲睡的毛头小子，但自我感觉却完全是个成年人了。如果我们用对待未成年人的态度教育他，往往会落得个自讨没趣。一次，我对读书不够吃苦的儿子说："在学习上，你要想到，当年红军爬雪山过草地，吃树皮草根过的那种日子……"没等我话说完，儿子就反问我："你是不是要我去吃树皮草根？当年红军吃树皮草根就是为了我们现在不再吃树皮草根。"我顿时哑口无言。我这次给儿子的"上课"以偃旗息鼓告终。

以后，当我再要开口批评教育儿子，或给儿子"上课"时，我就注意，不仅说话要更严谨，不能让儿子有空子可钻，而且说些没有新意的、被人们"嚼烂"了的大道理，还不如不说。当非得要给儿子"上课"时，我就将要说的话"辩证"一下之后再说。辩证法的批评精神是：先扬后抑，欲擒故纵，寓批评于表扬之中等等，总之用一分为二的态度去批评儿子。当我要说儿子的错误时，我就先说，在某某方面你表现不错，不过……或者先说儿子的缺点错误如何如何，然后语气一转，当然……接着对儿子的这些错误、缺点表示理解，或帮儿子分析一下犯错的客观原因。这样一来，我每次的批评都能够让儿子听起来比较顺耳，使他能够专注地听下去，起码不会出现情绪麻木或反感。

　　记得一次给儿子"上课"时，我先说：我觉得你比较有主见。听到这句话后，儿子很郑重地地盯了我一眼，看来他对这句话是很受用的。但我接着又说："不过有主见的人，往往容易犯主观主义的毛病，所以平时你要更注意虚心听取不同的，甚至是反对你的意见，这样你考虑问题就会更全面些，少出错些。譬如，前不久你……"果然，我这次的"上课"，儿子听得很是认真、专注。

　　随着儿子不断长大，用"一分为二"方式进行谈话，不仅使我们之间的交流更加畅通，并且将我和儿子的谈话纳入到一种理性、冷静、全面、中肯的交流境界。这对儿子的思维方式和心态是具有深远影响的。因为，"一分为二"——辩证思维的本身，其强大的思辨力——客观、周密、深刻的思维方式本身就能够不断将孩子的思想引向正确、成熟的轨道，而家长个人的水平如何倒在其次了。

有一种批评是正面激将法

　　进入初中后儿子玩字当头，暑期一到，就玩疯了似的，一直玩到临近开学的前几天，父母反复催促、警告："没有暑假作业缴不了学费，上不成学。"儿子才不得已打开暑假作业本，用三五天的时间，将一个暑期的作业飞快地糊弄过去。

　　第二个暑期，我想让儿子过得更有意义些。临近暑假，我就将一则报刊新闻讲给儿子听，我说："澳大利亚总理的儿子，在读大学的暑期到汽车修理厂打工。一个总理的儿子，他肯定不缺钱用。他为什么去打工？这是一种抱负，一种境界，一种了不起的精神品质。"接着我又说，"美国总统里根的儿子，失业了宁可去领失业救济金，也不肯去找他的老爸帮忙拉关系，走后门，他这个儿子真有骨气。"我边说边竖起大拇指，表示出一种赞叹不已的神情。"莫说我们国家那些高干子弟，就说我们城市里的伢，有几个暑期能够去打工？……"我边说边摇头。

没想到，到了放暑假的第一天，儿子告诉我一个决定，他邀了几个同学暑期一同去卖报，我和儿子妈听了又惊又喜。到了领取报纸的那一天，儿子很早起床与几个同学兴奋地跑到报社发行站去办理卖报手续。出人意料的是，这一天儿子却早早地回家了，很失望地对我们说，报社对短期卖报的申请不予办理，要卖报起码得是一年。

虽然是一个令人遗憾的结局，但毕竟让儿子为一种良好的愿望和憧憬作出了令人兴奋、感动的决定。这种积极上进的感动和体验是人生宝贵的精神财富，一旦有了它，迟早会使自己的生命放射出绚丽的光彩。在儿子考入大学的那年暑假，我提议儿子去打工，没有思想准备的儿子当时虽然不太情愿，但在我的动员下还是欣然而去。这当然是后话。

这件事给我一个启发，适时地采用正面激将法，往往比批评来得有效，即使无效也不会有副作用和风险。

批评犯错的态度，不批评犯错的行为

我们说直言不讳的批评是一把"伤人的剑"，但在特定的情况下也有必要进行直言不讳的批评。那么，在什么样的"特定情况下"可以对孩子进行直言不讳的甚至是严厉的批评呢？那就是当孩子"自我膨胀"时——犯了态度上的错误时。

我们说，不宜批评错误的行为本身，而应该批评错误的态度，不仅因为犯错误人人难免，而且犯错是人们取得经验教训、锤炼意志不可缺少的途径和机会。如果孩子犯错而受到批评，因怕再犯错误而变得谨小慎微、畏缩不前，自信心受挫，这种批评是得不偿失，是非常不划算的。

而当人因自我膨胀而犯错误时，其自信心处于满满的状态，此时如果受到合理、中肯的批评，其心理上一般有足够的承受力去正视和反思自己的错误，自信心一般很难受挫。更主要的是，此时"自我膨胀"的态度已成为批评的主要对象而不是犯错误的行为本身了。

记得，儿子初中高中的六年中，我对他一共进行了三次严厉的、直言不讳的批评，其中两次批评成功，一次碰了钉子。

第一次是儿子读高一时，一个同学到家里来玩，我发现儿子对那位同学说话的口气非常不逊，几次板着脸大口大气地教训他。我发现这个同学对儿子说的话，总是表现出洗耳恭听，言听计从的样子。看得出来，他对儿子很在乎，甚至有点崇拜。儿子这样对同学显然是不公平的。等这个同学离开家后，我严肃地质问儿子："你怎么搞的？怎么对同学那种态度？是不是看他老实就好欺负？越是这种同学，你越是要对别人和气一点。"当然我的语气马上又和缓下来。儿子的脸色非常难看，顿时愧疚地低下了头，一声不吭。我相信我这次先严厉而后转为温和的批评令儿子一辈子难忘。

这个同学后来与儿子一直保持非常亲密的关系。高中毕业后多年，他们俩还定时相约到往日吃烧烤的小吃店重吃当年的烧烤，重温当年的情谊，儿子对他再也没有表现出那种傲慢的态度了。

第二次批评是儿子读高二时。一次我的电脑死机了，要儿子帮我诊断一下是怎么回事。被班上同学推崇为修电脑"高手"的儿子，这时摆起了高傲的态度，拉腔拉调地质问起他的老爸来："你是怎么搞的吵！又是哪里出了问题？"我顿时板起脸厉声说："你这是什么态度？你现在只这点本事就不得了了，那将来还能够干大事？"儿子顿时收敛起轻慢的态度，老老实实、一声不吭地低头检查起黑屏的电脑……以后，我再要儿子给我维修电脑或装什么软件，儿子每次都耐心耐烦直到我满意为止。这次，我批评的语气虽然非常严厉，但我的言语里则表达出对儿子有很高的期待。

这两次批评之所以能够成功有效，让儿子口服心服，除了遵守上面提到的两点规律外，我还注意到，批评的态度要中肯、不带怒气、怨气，不说令人反感、难听的言语。因为，人们对批评的语气往往比批评的内容更为敏感。严厉的批评有震慑力，而温和的批评不仅让人心里舒服，更让人面子上好受。"重话轻说"用在孩子身上同样有无与伦比的效果。懂得"恩威并济"的家长，在教育孩子时大都能够游刃自如。

十六、"跛脚生"的另一面

儿子进入初二不久，一次班主任明确地告诉我，"你的儿子是跛脚生唻！前几天校长在教研会上就提到你儿子。"班主任的话不但没有使我不安，反而触发了我对中国应试教育酸甜苦辣的感受和对儿子未来的种种考虑……

我的学生时代也是理科好，文科差。但上世纪六七十年代没有"偏科生""跛脚生"这一说法。在我即将进入初二时，一个邻居玩伴对我说"上初二要开一门几何课"，还说："代数代数题题难做，几何几何学破脑壳。"后一句话激起了我对几何极大的好奇和挑战心理。这个同龄的玩伴就读另一所中学，他手不沾地地翻跟头翻得棒极了，可我连八叉都打不直，这令我对他佩服不已。但他自感数学不如我，遇到做不出的题目，总是来找我讨答案。所以我们的关系是既平等又相互吸引。

一次星期天休息，他问了数学作业的答案后，神秘地拿出一道稀奇古怪的几何题给我做，说要考考我。当我做出来后，他又拿出一题。这一题我一时半会儿做不出来，但又不服气，于是答应第二天给他答案。回家后我花了一下午的时间，晚饭也吃得没情绪，丢了饭碗埋头继续做也没做出来。到了晚上该睡觉的时间引起了父亲的注意，他拿过题目看了大约十分钟也没做出来。这一下我知道这个题目的难度了。因为父亲是解放前毕业于名校的大学生，而且是学理工科的。看看时间不早，父亲叮嘱了一句"注意早点休息"，就睡觉去了。我却越做越亢奋，直觉得血往脑门上涌……当我终于解出这道题时，发现已是后半夜三点多钟了，我怀着一种胜利者的心情安然入睡。第二天放学回家，当我的玩伴惊异地看完答案后，才说出了题目的来历。

这两道平面几何题是在他们学校的"揭榜栏"上抄下来的。他们学校每周出一批各年级的数学题登在学校的黑板栏上，看谁能够解出答案来，并且将第一位解出答案的学生姓名及解出的答案登在"揭榜栏"上，向全校师生展示。这真是太刺激了，我当即要玩伴将学校"揭榜栏"上每期的几何题都抄给我做。

从此，每当我从玩伴那儿拿到"揭榜栏"上的几何题，就争取尽快地做出来，并打探这题是否已被别人揭榜。同时，我也将几何题拿到班上给同学们做。这一下在班上搅起了一阵小风潮。同学们相继传做，有同学做不出就拿到教几何的班主任那儿去问。没想到班主任老师大发起脾气来，将那个同学训了一顿："课本上的知识没有学扎实，做些乱七八糟的题目！"并追查从哪儿搞来的题。接下来，班主任在课堂上进行了不点名批评，说，"有同学在外面弄一些不规范的题目来做，不仅没有必要，而且打乱了我们的教学。大家只要按照课本要求，把书本上的知识学好，学扎实就足够了。"

这次班主任老师虽然没有点我的名，但全班同学都心知肚明，使我火辣辣的脸不知往哪儿搁。从此我再也不敢将几何题拿到学校。到了初三，我搬了家，再没有机会做那位玩伴学校的几何题了。其实，初中的几何课是我最喜爱上的一门课，课堂上即席的解题发言是最激动我的时刻。但自从发生这件事后，直至初中毕业，班主任就再也不曾点我在课堂上作解题发言了，虽然我好多次地举手。

　　成年后我发现，做几何题，玩这种点、线、面"躲猫猫，捉迷藏"的游戏，对我仍然有着极大的诱惑力。一旦碰到难做的几何题，我就鬼迷心窍似的陷入到题里不能自拔，甚至几天几夜吃睡不宁，直到找出答案才解开心结。我对自己这一兴趣特长的迟来发现，使我感到一种说不出的遗憾。因为在我整个初中三年，虽然对几何充满喜爱和自信心，但毕业时，平庸的总分成绩严重地挫伤了我的自信。更重要的是，"成绩平庸"的阴影遮蔽了我对自己特长、才能的正确认识、评价，从而抑制了我兴趣爱好和特长的发展，以为自己是一个平庸的、一无所长的人。成人后的好多年，我一直对我的班主任老师有一种不满，认为当初她只要鼓励我两句，就会让我受用无穷，对我的学习热情、自信心，甚至一生的走向会产生不可估量的影响。

　　现在想来，也许当年我没有读高中是一个幸运。因为没有被又一个三年平庸的考试总成绩再一次认定自己是个平庸的、一无所长的人。初中毕业到农村后，我较早地在社会实践中发现了自己的某些特长并及时地找回了一定的自信，这是我不幸中的万幸。

　　可是直到我开始动笔写这本书的时候，才发现我对班主任老师曾经的不满和苛求是片面的。因为，当年每个中国人的脑瓜子如同被密封了的高压罐头，里面充塞的只有"教育为无产阶级政治服务"，"千万不要忘记阶级斗争"，"反对走白专道路"等思想观念。当时有几个老师能够独善其身？对中国应试教育存在的种种问题谁敢有、又能够有自己的个人想法？需要说明的是，我那个玩伴学校的校长，是一个党外的旧知识分子，她因为抓学习质量的行为，在随后的"文化大革命"中付出了政治上乃至人身肉体的惨重代价。

　　儿子被学校老师称为"跛脚生"，我当然不能让儿子重复我的命运。我决心不让学校将儿子的学习兴趣、激情、锐气和对自己特长的自信心打磨掉，被教育成一个满脑子只有分数，在总分面前感觉平庸、自卑、茫然的学生。而且在我看来，即使儿子是那种会读书的料，我也赞赏陈省身提出的"不要考一百分"的那种智慧眼光和宏大气魄，尽可能让儿子在竞争惨烈、管理严酷的应试教育中能够有一些闲情逸致，能够拿出一部分精力去干自己喜欢干的事，以拓展自己的情趣、心智、热情、个性、想象力等等。虽然这些不能换来看得见摸得着的考分，但它是生命的活力，是决定人生职场成败的核心竞争力。

鉴于当年的切身经历，我对儿子的学习有如下的认识和主张：采用"重点突破""扬长带短"的学习方式，摈弃当今学校主张的"水桶论"——"取长补短""齐头并进"的学习方式。

在我看来"重点突破""扬长带短"，即以孩子的兴趣特长作为学习动机，使孩子在某一科目或某一学科方向上获得突出表现，以建立强大的自信心和学习激情，从而带动其它科目的进步。这种以兴趣特长进行重点突破的学习方式，无疑有利于未来职业方向的确定和发展，并且有利于培养学业上的突破能力。而"水桶论"则是以考试总分和名校作为学习动机、学习目的，这无疑给学生造成了三大灾难：一、束缚学生的兴趣爱好和才能特长的发展。人的精力是有限的，要想进行"水桶论"的取长补短，实际上只能是"抑长补短"。二、窒息学生学习的灵魂，使学生像拉磨的驴，除了围着分数打转，在学习上丧失自主选择的主动权，从而丧失特长优势的发展和职业选择的能力。三、扼杀学生的实践能力。

高中年代

十七、"该生破坏性强，难以管教"

捣蛋生的另一面

　　高一第一学期结束的那天，放学回家的儿子一进门就气呼呼地将学生手册递给他妈说："你看上面写的鉴定。"儿子妈开始读班主任的鉴定："该生破坏性强、贪玩，游戏机房的常客。不尊重老师，难以管教，散漫，希望该生自觉遵守校规校纪，最好选择读文科。"这时，站在一旁的儿子一边抹去滚落的泪水，一边气愤地自语："凭什么啊，凭什么要我读文科啊！"

　　儿子是一个典型的偏科生，数学成绩的排名是在班上一至十五名之间大跨度地波动。他的语文考试成绩自进中学以来一直在及格线上下波动，英语成绩更是很少及格。儿子最怕的是英语和语文。班主任建议他"选择读文科"，显然是有意触一下儿子的痛处。

　　我接过儿子的学生手册，盯着老师的鉴定细细地揣摩起来。"该生破坏性强……"乍一看令我触目惊心：儿子有破坏性！而且很强！是坏学生？老师的评语给了我巨大的心理冲击和想象的空间……儿子在哪些方面进行了破坏呢？拿着鉴定书我左思右想……"不尊重老师，难以管教"，那肯定是指对课堂纪律的破坏。因为儿子除了课堂纪律表现差外，其他的方面并没有大问题。想到这儿我的心算是安稳了许多。

虽然在老师眼里儿子是个"破坏性强……难以管教"的学生。但十几年来，儿子在家里却不是一个肆意妄为难以管教的孩子。我心里明白这里面有个不同角度、不同标准看儿子的问题。

在我看来，老师对儿子的管教，有一半是正确的，另一半则是由于中国的师道尊严和对学生的过于苛求所导致。准确地说，由于缺乏对学生人性化的理解和教育，从而造成了师生间不和谐的局面。但我明白，作为家长，我不能对老师去说三道四，但我又不可能完全按照老师的鉴定标准来要求儿子。否则，我也会将儿子教育成一个"难以管教"的孩子，甚至会毁掉儿子。因为，在儿子种种"难以管教"的行为里面，也有他积极的一面和人性中必须受到尊重的一面。

初中上自习课时，儿子与同学溜出去打篮球，被同学汇报后，老师要他交代还有哪些同学去了？儿子却死扛着，只承认自己一人去了，拒不交代其他同学。其实，其他几个同学把去的人都交代得一清二楚了。在老师看来，儿子如此倔强、任性，认错态度很不好。但在我看来，儿子倔强、任性的行为里面也有着讲义气和敢于一人承担责任的精神。

而且儿子的倔强、大胆，在课外的一些事情上更表现出他的一些优点来。在初中时，儿子班上的一个同学在放学的路上，钱包被一个流浪街头的问题生连偷带抢地拿去了。儿子得知后，提出一起去夺回钱包，但同学认为对方岁数大，个子也高，打了退堂鼓。但儿子提出，跟踪在那小偷身后，一旦碰到警察和治安巡逻的路过时，就一个人抓住小偷，一个人马上报警。在儿子极力的主张下，他们用这个办法最终从那个问题生手里夺回了被偷去的钱包。

这件事儿子未向家里提起过，而是在初三快毕业时，这个同学的母亲与儿子妈闲谈时说出来的。同学的母亲大为赞赏地说："你们的夏阳虽然调皮，但蛮讲义气的，胆子也大，我们家的涛涛胆子小。我们先还不敢让涛涛跟你儿子玩，怕受影响，后来接触多了，发现夏阳身上还是有蛮多优点的。"

这个同学的家长显然比较认同中国教育界对儿子属于"捣蛋生"的另类看法，只不过因为"钱包"事件才发现儿子"还是有蛮多优点"。儿子的这个同学是一个被学校评为品学兼优的好学生，后来被保送到一所国家重点大学，成家立业后与儿子一直保持着深厚的友谊。

儿子"难以管教"的我行我素的行为，有时又表现出他的另一面来。初二的一次政治期末考试，我发现班上公布的成绩名单上除了儿子一个人是六十几分，其他同学最低的都在八十五分以上，而且九十分以上的占了一大半。我奇怪地问儿子，这是怎么回事？儿子不耐烦地给我扔下一句话，"政治考试时老师不管，他们就互相抄，那个成绩有什么用哟？"我哑然了。在儿子如此的学习态度后面，我看到了儿子独立不羁、不同流合污、不随大流的性格。因此，对倔强、大胆的孩子，我们可不能因为要灭掉他的缺点，连同他性格中的优点也一起灭掉。

看到儿子对"建议读文科"的极大气愤和担忧，我对儿子说："选择读理科还是文科，决定权在你，老师只有建议权，但老师为什么这样写？肯定是对你平时的一些表现非常恼火。所以，你今后要注意在学校的表现。"听我这么一说，儿子的愁眉顿时散开，神情也一下子放松下来。

发现儿子仅仅对"读文科"感到担忧，对"该生破坏性强……"这些触目惊心的鉴定却毫不在意。吃了半辈子黑档案苦头的我心有余悸地对儿子说："你不要轻视老师的鉴定。每个人都有一个档案跟着自己一辈子。你将来进入社会，参加工作，别人首先要查看你的档案。所以你以后要让老师在你的鉴定上写一些好的，起码不要让老师再写出这样的鉴定来。"

　　我的一番话让儿子在一旁听得发愣，从儿子变得柔和的眼神和默默无语的思考状，我感觉到，我的话对他有所触动，这对我来说就够了。自初中以来，我点到为止的含蓄批评，总能够使儿子默默无语，不生反感。在我看来，这是保持与儿子和谐关系的关键，同时也是使儿子在学习、生活等大节上能够保持积极向上和通情达理的重要原因。从儿子的角度看，他在家里为什么表现得与在学校大不一样，那就是他倔强的性格和人格自尊得到了父母的理解和尊重，有什么事都能够与父母进行心平气和的交流沟通。这样，他就难得有不满的情绪了。

管教≠教育

　　班主任老师对儿子"破坏性强……难以管教"的鉴定，我不太认同的另一个原因是，中国的老师往往将学生放在消极被动的对立面进行管教，把学生当成一个被管理的员工、旅客、士兵，甚至当作犯人一样去对待。学生稍有不听话或顶嘴就视为"对抗""破坏"行为。这是极不利于学生的思想教育和心理成长的。正是由于这种把教育=管教=对付的思想态度，才造成或增加了学校里种种逆反的捣蛋生。

　　当然，老师这样做也有其种种不得已的原因。一、你的孩子不遵规守纪的行为影响了老师的教学工作，甚至使老师下不来台，老师自然没有好心情，老师也是人。二、实际上，当今老师的主要任务是搞好教学而不是育人育心。上课时，教学任务繁重的老师也有自己的难处。

　　那么，谁来站在犯错误的学生角度，对学生的身心成长进行循循善诱的教育而不是简单地进行管教呢？我发现一个现象，感恩于早年父母教诲对其一生产生重要影响的杰出人物很多，但感恩于老师的却不多，即使有也远没有达到对父母那么深的程度。这说明，孩子的精神灵魂能够得到耐心的、"雨露滋润"般的教育，主要是靠父母。因此，遇到那些同样将"教育＝管教"的家长，一旦孩子遭到老师的批评、处罚时，他的孩子往往就难逃"管教+管教"造成的伤害。

我有一个亲戚是一所中等职业学校的副校长。他有两个儿子，大儿子性格活泼好动，反应机灵，一天到晚活动量大，主意多，自我表现欲望强烈，一分钟也安静不下来，在家逗惹弟弟，在学校逗惹同学，到哪里就在哪里惹是生非。过不了几天就有老师召见家长的电话或字条到家里来，这无疑让他感到非常没有面子。

二儿子性格文静、温顺、听话，是个循规蹈矩的孩子。幼年时，给他一本小人书或一个玩具可以安静地在原地一坐半天。上学后从没让家里操过心着过急。每次开家长会，其父亲都会得到老师甜蜜的笑脸和在家长会上的称赞。每学期，二儿子拿回的"三好学生""优秀班干部"等奖状不少，几年下来，各种奖状贴满了卧室的一面墙。每逢有亲戚朋友或同事到家来，当父亲的就介绍，二儿子又得了什么什么奖，客人们目不暇接地读着这满墙的一张张奖状，让做父亲的脸上添满了笑容，心里又高兴又自豪。但对大儿子在学校的表现则闭口不提。

两个儿子，一个在学校成绩拔尖，遵规守纪，奖状一个不落，被老师寄予了巨大希望；另一个在学校错误不断，老师告状的字条不断。这无疑使做父亲的对老大极为不满，认为他如此不听话，不堪教育，与弟弟的差距太大了，终于在一次气急之下，忍不住就打了大儿子。这打了一次就有二次，由于打的效果不佳，致使打的程度迅速升级。

一次，上小学四年级的大儿子放学后，拿着老师的字条不敢回家，直接跑到我家来，哆嗦地向我父亲求救，说："爷爷，我回家爸爸会狠狠打我的。"我父亲一看纸条，内容是："×××将同学的雨伞弄坏了，请家长来校处理此事。"于是我父亲带着这位亲戚的大儿子来到他家，劝其父亲说："孩子将同学的雨伞弄坏不是有意的，即使是有意的，也不能用打的办法。"我父亲从孩子的母亲那儿得知，该父亲只要得知大儿子在学校犯了错，不管是什么错，就非常生气地打，有一次把孩子打得小便失禁——这件事令我们全家震惊不已。

在我父亲的劝导下，该父亲虽然再很少打孩子，但孩子在其父亲严厉有余、灵活不足的教育下，性格发生了巨大改变。原本天真活泼，见人有说有笑的大儿子，在进入初中那年，变成了一个沉默寡言、不苟言笑、郁郁寡欢的孩子。据他母亲讲，他在家里已多年不与他父亲讲话了，有什么事非讲不可时，只给母亲说一声。

两个孩子的命运也有巨大的反差，性格温顺的二儿子顺利地考进了北京一所重点大学，并且在北京当上了国家公务员，结婚生子，有了一个美好的家庭。虽然老大的智商毫不亚于老二，但他连高中也没有读。技校毕业后，当了工人。虽然做事认真细致，一米七八的个子，相貌又帅，但由于性格过于拘谨、自我封闭，一年到头除了上班就是呆在家里，三十八九岁还没有女朋友。每次到他们家里去，我就感受到他们家里人人沉默寡言，气氛压抑，父子二十多年仍然不讲话。

已退休在家的父亲为人行事变得更是拘谨，与大儿子缺乏正面交流，倒也相安无事，但与人言谈简短，少言寡语，过去那种迎接客人时热情地又是端凳子又是倒茶，谈话时不时发出爽朗的笑声的状态没有了。看得出来，对大儿子早年教育上的失误，在他内心留有深深的创伤。该父亲是一个有教养的知识分子，他的两个孩子在做事、为人的人品上都被教育得规规矩矩、认认真真。可是对大儿子的身心、性格造成这么大的伤害，却是他没有想到的。

问题出在哪儿呢？在我看来：一、在他的理解中把教育＝管教了；二、对孩子进行必要的管教可以，但他不应该对两个不同性格的儿子用一个标准，而且是按照老师的标准进行管教。

虽然老师对不听话的学生进行适当的管教是必要的，但如今学校老师对学生的表扬奖励或批评处罚，主要是以成绩好＋听话为标准。特别是当教育市场化以后，老师的工资效益与学生的成绩挂钩，这一"挂钩"在老师的心理上必然产生微妙的变化。老师对成绩差、纪律差的学生本来就没有什么好感，一旦与经济效益"挂钩"，对学生就要求更加严厉，爱憎更加分明。差生和捣蛋生的日子，自然就更不好过了。

因此，如果你的孩子因纪律差、成绩不好，受到老师的恶评甚至糟鄙、漠视、放弃，那不完全是你的孩子不堪教育，往往是由于老师自身的利益和教育资源分配不公等原因。此时的家长在体谅老师的同时，也应站在孩子的角度，用积极的、永不放弃的态度教育孩子，以弥补学校老师因管教造成的不足。否则，如果也跟着对孩子只管教，不教育，孩子的身心将会受到难以弥合的创伤。

在被老师的管教中，让孩子进行自主教育

老师的批评处罚无论对错，家长都要尽可能地在孩子面前说老师的好话，树立老师的正面形象，以消除儿子对老师的抵触情绪。但有时对老师的要求也要"睁只眼闭只眼"地装马虎。

儿子上自习课溜出去打篮球，和总是在响第二道上课铃声时抱着篮球冲进教室。在我看来，守纪律和打篮球这两者都同样重要。正是由于儿子酷爱篮球，并分秒必争地利用课余时间，才使他能够成为班上篮球队的五个主力队员之一。虽然他只有一百六十九厘米的身高，是球队中最矮的，但却能够在高个子如林的篮球队里占得一席之地。这除了要有突出的身体素质，还要有打组织后卫的特长优势，对球场形势有清晰的判断力，能够敏捷地组织好队员之间的协调配合。从儿子的篮球运动中，我不仅看到儿子在体质上得到了锻炼，还有在人际关系的亲和力、组织力、凝聚力等方面得到了极宝贵的锻炼。多年后，正是由于儿子在

工作中能够熟练地展现出这些方面的才能，使他在职场生涯的几次角色转换中能够脱颖而出，或者说，能够适应工作上更高层次的要求。

在高二的校运会上，儿子获得了年级组二千米长跑第二名。回家后儿子兴奋地告诉父母，全班同学都为他发狂地叫喊："加油！加油！"当儿子跑到终点后，全班都欢呼起来。因为跑第一名的是学校的体育生，而获得年级组第一名的是儿子。这次校运会，儿子为全班赢得了唯一的年级组第二名。这个宝贵的荣誉，使全班同学对儿子刮目相看。特别是班上的团支书、班长等一些正统派同学，对儿子这个捣蛋生也有了一些好感和更多的交往。这些微妙的变化使儿子的自信心大增，他在班上的交际也更活跃、更广泛，朋友也更多了。

在我看来，如果没有对篮球的酷爱，儿子身体素质的锻炼和种种精神活力的产生是不可想象的。他因酷爱篮球所造成的对课堂纪律的触犯，在儿子眼里只是打一下课堂纪律的"擦边球"，这些行为在我看来也是可以理解的。对此，我和儿子妈采取"睁只眼、闭只眼"的态度——尊重和相信儿子，这有利于儿子能够不失自主意志去沉着冷静地纠正和调整自己的行为，而不是像奴才和小偷一样被迫着去遵规守纪。人只有保持一种自主、自信的心态去改正错误，去遵规守纪，成人后才会不丧失高度的人格自信、主人翁意识、社会责任感和公共意识，才能融入主流社会，大胆地担当社会责任，实打实地成为社会的主人翁。

我们的这种教育态度果然没有使儿子辜负期望。在学校不太遵规守纪的儿子，参加工作后，却能够积极关心公司的前途命运，在生产技术方面给公司献言献策，提合理化建议，举办技术讲座，组织各种业余活动……这当然是后话。

儿子在公共场所也有较强的公共意识和自律行为。举一事为例：参加工作后的儿子，家住在离一个十字路口约二十米远的住宅小区里，每次开车出门必须先右转，绕过马路中间的隔离护栏，往返二公里才能到达该十字路口。但我多次看见小区里的一些住户开车出门，为了少绕行这二公里弯路，出小区后就直接左转在辅路上逆行，将车开到十字路口然后溜之大吉。儿子这种靠自律的行为当然是人格意志在起作用，而人格意志的强弱与从小的人格自尊是否受到父母的尊重和保护有极大的关系，与儿时不遵规守纪的小毛病并无必然联系。

在如今严管和超负荷的应试教育中，中国学生大都显得身体羸弱，缺乏独立意志与个性活力。如果我们对儿子打篮球的这种"见缝插针""忙里偷闲"的精神进行过于严厉的管教和打压，那么儿子也会被教育成那种身心和意志羸弱不堪的学生。

我们对儿子在学校"打擦边球"的种种行为，虽然采取睁只眼闭只眼的态度，但同时也让儿子感觉到，我们对他的这些耍小聪明的行为是持否定态度的。我们的容忍度是有底线的。如儿子在学校犯任何错误都得由他自己承担，哪怕受到严厉的整治，他都是咎由自取，在原则上我们始终是站在学校老师一边的。否则，如果让儿子产生一种错觉，以为家长对他的这些行为是赞赏的，那就容易让儿子肆无忌惮起来，甚至发展到不可收拾的地步。一些沉迷网吧和被学校放弃的孩子，往往是由于家长毫无原则的"宽松"所致。

"游戏机房的常客"？

老师在鉴定中说儿子是"游戏机房的常客"，这有点出乎我的意料。我想，即使儿子去游戏机房，估计也不会是"常客"。因为对儿子每天的上学、放学、回家吃饭、上晚自习等活动，儿子妈是每天数着钟点注视着他的行踪。他每天的活动规律家里掌握得八九不离十。即使他要去游戏机房，也只有在中午近一个小时的休息时间和晚上放学后才有机会。但要成为"常客"，多半就会沉迷进去，造成上课迟到和放学迟

归的现象，而这种情况是瞒不住家长的。况且，儿子到游戏机房去，他
也不会瞒着父母，因为他没有必要瞒着父母去。他去了，我们从没有，
也决不会因此而责骂他。我们知道，对儿子犯的错误靠责骂、打压不仅
不能解决根本问题，还会有副作用，使儿子做什么事都背着父母，这样
一来反而会酿成大问题。当然，也许是班主任老师曾多次发现儿子在休
息时间出入游戏机房，以至把他算作常客。但在我看来，如果仅仅只是
去晃悠一下，不管去了多少次，只要遵守了作息时间，就不能够算"常
客"，至多只能算个"晃客"。而对于"晃客"的行为，父母就不好强
行干涉了，否则不仅儿子会不服，而且还有副作用。

　　在初中时期，儿子有一两次因上游戏机房没按时回家，儿子妈就到
学校附近的游戏机房将儿子找回，并叮嘱儿子："游戏机房坏人很多。
再说，不按时回家会让父母担心。以后如不按时回家一定要事先给家里
打招呼。"闭口不提儿子该不该进游戏机房。家里让他明白，要他不去
游戏机房，更多的是出于对他的关心，让儿子多一分戒备坏人的警惕之
心。并且言语中父母表达出对儿子的关心、尊重、信任，而闭口不提他
去游戏机房的对错。因此，在他可去可不去或诱惑不太强烈的情况下，
估计是不会去的，偶尔去时间久了也会在内心产生一种有违于父母信任
和关爱的负疚感。这种隐隐的负疚感随着年龄的增长必然会成长为强大
的人格力量。

　　当然，没有体验过因得到别人充分信任而产生强大人格力量的人很
难理解这种被信任所产生的力量。敢于信任孩子会给孩子带来多大的人
格力量？"士为知己者死"这句名言一针见血地指出了人被信任而产生
惊人力量的秘诀。相反，如果父母强行禁止孩子去游戏机房或把孩子当
贼似的处处盯着、管着，被剥夺了自主意志和人格自尊的孩子，一旦受
到诱惑，往往会毫无愧疚之心地放任自己。当然，对有一部分听话的乖
乖生和胆小的孩子，家长的严管也许能够起到有效的控制作用。可是，

那些进了大学却放肆地去泡网吧的学生，和进入社会后因消极被动而被边缘、被忽视的人，显然是从小自主意志被致残了的结果。

既不让儿子沉迷于电子游戏机，又不伤害到儿子的自主意志，特别是像他这样贪玩、倔强的孩子，我们考虑到被动的"堵"不是办法。在儿子上初二时，家里买回一台电脑，在买前我们与儿子就玩电子游戏的时间达成"协议"：只有在星期六可以邀同学在家里痛痛快快地玩上半天，否则他将永远不能摸电脑。有了"赏罚分明"的制度，儿子在得失利弊的权衡下，游戏机瘾得到了有序、有效的释放，游戏机房（后来是网吧）的诱惑力也就大大减弱。

事前对孩子的欲望进行"约法三章"的有序疏导，与事后再采取过犹不及的强制措施，其效果天差地别。如一位家长轻易地给孩子买了手机，结果使孩子成了"手机控"，整天沉迷在手机中，学习成绩明显下降。该家长好说歹说毫无作用，万般无奈之下，只得强行收回手机。孩子无法忍受，以至旷课、泡网吧。家长的这种事前疏忽、放任，事后又采取急刹车的办法，对孩子的教育完全失控，使自己陷入非常被动的局面。

儿子没有沉迷于网络游戏的另一个重要原因是酷爱打篮球。为什么西方的孩子沉迷网吧并引起种种严重问题的现象没有中国严重？其中一个重要原因，就是他们广泛的兴趣爱好使身心和志趣得到充分的调节和释放。

中国孩子沉迷网吧有三个主要原因：

一是在分数挂帅、分数排队的教育中，差生受到了残酷的打压和歧视。他们往往因自卑、空虚、无聊而沉迷网吧，希望在网吧里找到安慰、发泄和证实自己的能力。

二是家长对孩子玩电子游戏一味地强行堵截和打骂，造成孩子人格意志的弱化、瘫软，再加上长期紧张的学习使神经得不到放松，一旦受到网吧游戏的诱惑就不可收拾。人的情绪、欲望如同涓涓的山泉，如果得不到释放和疏导，也会成为狂放不羁的山洪。

三是沉迷网吧的学生大都没有有益的业余爱好。可以肯定地指出，我们很难找到有酷爱弹钢琴，拉二胡，打篮球、乒乓球、羽毛球以及热爱绘画、长跑、游泳、下围棋等种种爱好的学生有沉迷网吧的现象。

不同老师不同管教的标准、尺度

儿子被班主任老师鉴定为"难以管教"，这使我想起我儿时曾受到两个老师截然不同的"管教"。

上初中时，教我们化学的一位中年男老师幽默风趣，只要上他的课，教室里就充满欢声笑语。

当他在黑板上写出一个化学分子式，如硫酸的分子式H_2SO_4后，就说："硫酸是一个常用的化学物品，为了好记它的分子式，我们干脆把它记作：两个油条、一个麻花、四个欢喜坨。"话刚落音，教室里哄地发出一阵笑声。在他讲解化学方程式的演算过程时，也就干脆用几个"宝塔糖"（一种打蛔虫的糖丸）——A、几个"冰棒"——l（Al——铝的化学元素符号）加几个"油条"、几个"麻花"、几个"欢喜坨"，等于几个"宝塔糖"、几个"冰棒"加几个"麻花"、几个"欢喜坨"……之类的词，使教室里不断爆发出阵阵欢笑声。

他用镊子从一个有盖的小木盒里夹出一个银光闪闪的小圆柱体，高高举过头，问："这个铁坨坨叫什么名字？……它的学名叫砝码。"教室里又是一阵笑声。

当他在黑板上写出一组组化学方程式时，就边写边问："这是什么反应的方程式？"教室里齐声吼叫，"化合反应！""置换反应！""氧化反应！"……一旦同学们看法不一致时，教室里的齐声吼就乱成了"一锅粥"。这时候化学老师把手一扬："一个个地发言，说出为什么。"于是举手如林，性急的同学干脆将屁股从凳子上弹了起来，高举着手，猴急地叫着："老师，我来，我来。"气氛简直像过节时的猜谜会。

当他在黑板上写出几组化学方程的试题后，就要每组的同学由前到后，按次序一个个地到黑板前进行演算，在每个同学完成演算后，就要所在的各组同学判断对错。如果不对，就依次由下一个同学上黑板前去修改。修改后还是由各小组的同学再进行判断对与错。如果意见仍不统一，则继续依次上黑板前修改……一时间，争论不休的小组和川流不息上黑板前修改的同学，把教室搞得比开联欢会还热闹。

这真是一堂快乐开心的化学课！教室里说的、笑的、相互争论的，显得热火朝天，个个快乐兴奋无比。虽然在有些老师看来，这种课堂是如此闹哄哄，但可以说是"闹"而不乱，同学们的"闹"全部统一在老师有序的步调之下。同学们的意见纷争统一后，当老师需要课堂安静下来时，他扬起手向同学们示意，安静！教室里就会慢慢安静下来。有时一些兴奋过度的同学还不能马上安静，化学老师就用和气的口吻说："好了，好了，安静下来，安静下来。"不大一会儿教室就基本安静下来了。即使有个别同学小声说话，但化学老师用他生动活泼和充满幽默感的教学很快就把大家的注意力又给吸引过去了……

因此，每逢遇到上化学课时，就有同学高兴地叫起来："哇！化学课！这一堂是化学课！"上课铃响了后，同学们都翘首以盼化学老师到来。大家期盼上化学课的高兴劲头可以与每一周一次的体育课相媲美。每次的化学课就让我们沉闷、枯燥的课堂又多了一次快乐的、有说有笑的开心时刻。我永远怀念初中时那位幽默风趣的化学老师和他的化学课。

另一个老师的风格却截然相反。

初二时，班上来了一位三十多岁教语文的男老师，第二道上课铃响了好一会儿，他仍一手端着备课本站在教室门口不进来。一分多钟过去，老师还原地站着不动。感觉异样的全班同学迅速地安静下来朝门口望去，语文老师仍然纹丝不动地站在门口……好一会儿后语文老师终于说话了："教室里不够安静，有同学讲话。"顿时，教室里个别人私下的唧咕声没有了。又一分多钟过去，原地不动的老师说："教室里还有声音！"同学们顿时露出了诧异的神色。我注意地一听，确实还有个别同学挪动书本、笔盒等细微声音。

"乖乖！这点声音都不能有啊！这个老师要求好高啊！"我心头暗自一惊。

"教室里只要有一点声音我就不进来！"语文老师站在门口说……五六分钟后，语文老师终于走进了鸦雀无声的教室。班长一声令下，"起立！"顿时，全班同学起立的动作如同出操的士兵一样整齐有力，同时发出"轰"的一声响——同学们起立时后腿弯撞移板凳的声音。哇！好整齐呀！我心头又惊起一阵感叹。当全体坐下后，教室里出现了从未有过的令人震慑的安静。

听这位语文老师的课，全班同学对这样高标准的纪律要求一时半会儿还不能完全适应。老师讲着讲着，突然停下课来一声呵斥，"谁在讲话……右边那个角落！"全班同学随之一怔，朝老师指的那一角望去。原本就很安静的教室顿时连空气都好像凝固起来，同学的情绪也为之悚然……当教室里一个个活人都变得像一根根木桩后，语文老师才斩钉截铁地说："上课的时候，要安静到地上掉一根针的声音都能听到。"然后继续讲课。

可是，遇到老师在黑板上抄写整段课文的时候，正襟危坐的同学们难免松弛下来，教室里就会出现一丝窃窃私语或翻动书本的窸窣声。语文老师马上扭过头来喝道："谁在讲话……什么声音……还有声音……左边那个角落……"

　　我竖起耳朵，绷起神经，细致地静听教室的角角落落，窃窃的私语声没有了，翻动书本的声音没有了，连鼻咽里的吭吭声都没有了……一丝一微的声音都没有了。直到教室里安静到了死寂的程度，语文老师才又转过身去继续抄写那整段的课文。

　　人毕竟不是机器，更何谈这些初中生，一堂课下来，总要遭到语文老师几次突如其来的呵斥、追查，我们一惊一乍地跟着几番折腾，然后神经兮兮地小心谨慎一阵子。

　　好在这位语文老师只教了我们一学期。当得知换老师的消息时，我和班上一些适应能力差的同学都松了一口气，相互庆幸叫好。

　　如今，儿子的班主任M老师正巧也是一位对课堂纪律要求非常严格的老师。在高一时，M老师就在家长会上说过："与别的班比，这个班的纪律是最差的一个，我一定要把它掰过来。"M老师经常因自习课没有别的班安静而大发脾气。有一次我到儿子学校去，特意留心他们的课堂纪律，发现儿子班上的纪律虽然没有达到那种鸦雀无声的水准，自习课上不时有少数人交头接耳，但同学们都是在认真地做作业，我把耳朵靠近窗口才感觉有一种嗡嗡声。我后来对儿子说，你们班上的课堂纪律还可以嘛。儿子说，"现在比原来好多了，但是M××还是不满意。"

　　看着M老师对儿子"该生破坏性强……难以管教"的鉴定，又联想到M老师对纪律的一系列要求，我不由得感到一种无奈的压力，遇到一个这样严格的老师，看来儿子今后的日子会不好过了。

受到宽容才会使自己反思

　　儿子高一下学期开学没多久，班主任M老师在电话里给我扔下一句话："你是夏阳的家长吧，马上到学校来一趟。"那不容置疑的口气使我的心往上一提，顿时感到凶多吉少。"已经上高中了，儿子还会犯什么严重的错呢？"一路上我的心七上八下地打着鼓。

我径直来到班主任办公室，一进门，看见儿子笔挺地站在墙角，阴沉着脸。我连忙向坐在一旁的年轻女班主任M老师走过去。

"M老师！……夏阳他？……"我向老师点了一下头，语气显得底气不足。

"你问他！"班主任老师面无表情地指向儿子。

"怎么啦，你？"我转向儿子发问。

"刚上课的时候，我同座的李××找我要那本小说书，我就从抽屉里把书拿出来给了他，老师就说我上课讲话。我没有讲话。"儿子紧绷着脸，简要而生硬地回答。他最后一句话点出了他和M老师这次矛盾冲突的焦点和他不认错的理由。

"那么巧？……"我对儿子的怀疑显然也底气不足。从我内心判断，我相信儿子的话真实性较强，但在M老师面前我只能这么说。

儿子紧绷着嘴，沉默以对。

我盯着儿子一时欲说无词。

"你到教室跟大家去说。"班主任老师显然对我这个家长发呆的软弱无能状大为不满，站起身来严肃地对我作出指示。

班主任老师要我"到教室跟大家去说"的指示让我心头一惊。我非常清楚，如果不听M老师的指挥，将会是一个什么样的局面和后果。那是可想而知的。

我二话没说转身走进了儿子的教室，来到讲台上，面对全班六十多位同学。这时，儿子也被老师"安排"到了讲台上，让我们父子俩一同在同学面前示众。M老师则反剪着双臂站在教室的后排墙角，严肃地静观着讲台上的我们父子俩，看我如何完成她的"去说"这一"课堂作业"。

面对讲台下面的全班同学和班主任老师，我想我必须在四个方面都能够有一个较满意的说法，才能算完成M老师给我的"任务"：

首先，当然是给M老师一个满意的"说法"；第二，是给全班同学一个听得过去的"说法"；第三是给我儿子一个可以接受得了的"说法"；第四，是对我自己当场的语言表现和举止形象应该有一个说得过去——不能太窝囊的"说法"。忽视任何一方，或让任何一方不满意，其后果都是我不愿看到的，最后受到影响和伤害的都是我儿子。

面对紧盯着我的六十多双眼睛，我将双手扶在讲台上，努力用微笑和故作镇定来掩饰内心的尴尬：

"同学们，我是夏阳同学的父亲，今天M老师要我来讲一讲关于夏阳上课讲话的事情。据夏阳本人说，他只是把一本小说书给了同座的同学，自己没有讲话。退一万步说，夏阳也应该知道，在上课的时候，将一本小说书拿出来给另一个同学这也是不对的。也许夏阳同学心里有点不服，心想：'老师总是把眼睛盯着我，为这么点小事也不放过我。'我想，如果夏阳同学平时是一个上课一贯遵守纪律的学生，老师是不会注意到他头上去的，即使发现他偶尔讲话，也会睁只眼闭只眼。

"并且这里面还有一个概率问题，也是运气问题。老师上课的时候为了课堂上的纪律，当然要把注意力放在那些平常爱讲话的同学身上，所以上课爱讲话的同学的运气总是不会太好的。这就像在你们班上，将来可能有一两个同学会考取清华、北大，但具体是哪个同学，这就有一个运气问题，也是一个概率问题。但这种运气，这个概率只有你们班上平时成绩最好的几个同学才能碰上，成绩不好的同学是不可能有这个运气的。所以上课越是爱讲话的同学运气越是不好。对于今天夏阳同学上课讲话的事，他应该端正心态，吸取教训，努力做一个遵守纪律的好学生。我的话讲完了。"

话音一落，不光彩角色的尴尬使我不由自主地转身向教室门外走去。众目睽睽之下，我极力想表现出镇定自若的神情。可是没想到，当时，我急匆匆的脚步与我"镇定自若"的神情是不大协调的。过了好几天，我才记起，为了故作镇定，竟然没有与M老师打个招呼，就呆头呆脑地径直走出了教室。我回想起当时我脸上那僵硬的肌肉，也难掩我内心的尴尬。

当天，儿子放学回家，我有意给儿子插科打诨地说"我今天在你们班上的演讲不错吧？"以减轻这件事对儿子情绪的负面影响和对老师的抵触感。

"哪里不错哟……"儿子无精打采，心事重重地走开去。

第二天，我从儿子妈口中得知，儿子耿耿于怀地对他妈说："我们班上的同学说，'M××这一手好毒啊！'"听到这话，我对如今高中生的政治水平和觉悟感到惊讶。

在第二年国庆节的一次班级活动会上，班主任M老师设定了一个节目，就是邀请两位家长向全班同学发表国庆感言，其中的一位就是我。第二次走上儿子教室的讲台。这次我以一个正面角色的身份在讲台上光荣地发表国庆感言。我清楚地知道：对于在各方面表现都不咋样的儿子来说，在"国庆节感言"的班会上，能够请他的父亲来发表感言，不是儿子和我有什么能耐，而是班主任老师对让我上次在讲台上"去说"一事表达一种歉意，也为了安抚儿子和一些同学对这件事的种种情绪。

对于M老师要我到讲台上"去说"一事，冷静而论，M老师确实做得稍稍过分了一点。不过，可以想象，儿子当面顶撞老师说"没有讲话"，让老师下不来台，也是逼得老师走投无路。幸亏当我"去说"完了走出教室时，没有掩饰住尴尬难堪的表情，这多少达到了老师想要的目的，消了老师的怒气。同时也使老师能够冷静地反思自己在处理这个问题上的方式方法和利弊得失，从而采取了一系列挽回的措施。我想，当时如果我对老师怀有不满情绪，即使再怎么故作镇定，我流露的就不会是尴尬的表情了。而且幸亏我当时"镇定自若"的表演不是那么高超、老到，否则，那倒会"聪明反被聪明误"。所以，真诚、宽容待人，于人于己都有好处。

自从我上讲台"去说"之后，班主任M老师对儿子的态度有了很大改变，师生关系也有了很大的缓和，是不是儿子的课堂纪律有了明显改进，我没有第一手资料。但有一点，直到儿子高中毕业，再没有发生因课堂纪律等问题而"请"家长的事了。第二学期末，班主任M老师对儿子给予了正面的、与高一截然不同的鉴定，我想这个鉴定对儿子一生都是一个极大的鼓舞。

班主任M老师对儿子高二学期的鉴定如下：

"看到你滴溜溜的双眼，想必不全是在做什么小动作吧。你的灵性与你的勤奋要是认真地结合在一起，我想你将成为天才。但愿你遵守纪律，努力学习，争取大进步。"

可以看出，儿子在课堂上的"小动作"和"遵守纪律"问题还是没有断根，但老师的心情和态度变了。

十八、与数学老师"顶牛"

在不和谐的师生关系背后

一天，放学回到家里的儿子心事重重地对他妈讲："今天在上数学课的时候，D××（数学老师）看见我跟别人讲话，就点我站起来回答黑板上的问题，我当时回答出来了。他没让我坐下来，而是向我摆了摆手，意思是要我到教室外边去。我站着没动，心想'你罚我回答问题，我答对了，为什么还要我出去？'D××看我站着不动，就说'你出去，出去！'我还是站着不动。他的声音就越来越大，而且大声地吼起来：'出去！你出不出去？'这时候我觉得我已经不能出去了，就干脆坐了下来。D××更加生气了，把讲台上的练习本都掀到了地上，说：'你不出去，我今天就不上课。'后来，他就在教室里来回地走起来，而且还抽起了烟。烟抽完了，他就走到教室外面大叫大喊，那一层教学大楼都听得见，他巴不得让全校都听到他的声音……"

"后来呢？"儿子妈问。

"后来，因为是在上课时间，有几个老师走过来看了一下就走了，他后来叫累了，也走了。"儿子停顿了一下说："我当时是打算出去的，但是犹豫了一下，后来我就更不能出去了。"

"这堂课怎么了？"我问。

"这堂课就成了自习课。"儿子说。

"你们全班同学都没有说什么？"我问。

"都没有作声，我们班上同学都不喜欢这个数学老师，他总是倚老卖老，上课从来不备课，还总说自己是清华毕业的，我们都听腻了。"

"这件事，你们D老师的做法是有点不够妥当。但是，老师也是人，老师也会出错，你作为一个学生还是要尊重他。你以后碰见了D老师要主动跟他打招呼，要有礼貌。"儿子妈说。

"我会的。"儿子郑重地点着头。

第二天放学回家一进门，儿子就说："今天一到学校，M××（班主任老师）就对我说：'D老师的意见，要你换个座位，你换到最后一排去坐。'我二话没说，拿了书包就坐到后面去了。要我到后面去坐，我还高兴些。"

儿子最后一句话表露出他对"处罚"的自我安慰和无所谓态度。不过，从班主任M老师特地点明是"D老师的意见"可以看出，她对儿子这次"顶牛事件"是持中立立场的，这对儿子是一个明确的暗示。这使我的心不由得感受到一阵温暖。

师道尊严，还是师生互尊？

对儿子的这次"顶牛"，我是一半欣赏一半担忧。欣赏的是儿子的那点"犟劲"还没有被D老师完全吼掉。担忧的是：想到儿子回家后对他妈说"当时是打算出去的，但是犹豫了一下……"这与以往大大咧咧、我行我素的行为相比，虽然是一种成熟的表现，但这种"成熟"中也夹杂着不得不屈服于权势的淫威、压力的不幸和悲哀。

中国的学生在"师道尊严"的高压下，往往被"教育"得对上者、权势者服服帖帖、唯唯诺诺、胆小如鼠、苟且委琐，对下者、弱者则专横跋扈、霸气十足。在这样的教育下，学生还会有多少独立的个性和敢作敢为的精神？将来在大是大非面前，在各种压力、挑战面前还会有多大的勇气和担当精神？面对如今主要靠"软实力"取胜的社会，还会有多大的竞争力？这样的人多了，这个国家又有多大的前途和希望？

使人感到安慰的是，在这次"顶牛"事件中，全班同学宁可牺牲一堂数学课，用一致的沉默表示出对D老师作风的不满。从这一点可以看出，传统的"师道尊严"在现代学生心目中的地位已愈来愈弱，过去的"一日为师，终生为父"的师生关系已被学生反感，老师与学生相互尊重、平等对话逐渐成为时代的心声。

在我初中的年代，老师对那些在课堂上不遵规守纪的倔强学生使用的"杀手锏"就是"你不出去我今天就不上课"，并且在教室里来回走动，造成全班停课的高压态势。往往这时候，班上就会有同学或班长提出："出去吧，别影响我们大家上课。"这时，再倔强的学生也得马上乖乖地走出教室，不会等到大家起哄，将他赶出教室。然而D老师使出的这一"杀手锏"，在儿子的班上却没有出现预期的效果。

在儿子高三的《毕业留言簿》中，有几个同学留言表露了对此事的心态：

同学甲："三年同窗，给我留下最深记忆的，还是你在数学课上，无数次用你那聪明的小脑袋智斗D老头儿，令我由衷佩服。"

同学乙："记起高一时，你抗争'老D'的压迫的情景，仿佛就在昨日。"

同学丙："你那次与老D对上火，还真是很过瘾，佩服，佩服。作为一名学生，还是服从老师的好！"

同学丁："在一次课堂上你和老师的顶嘴中我认识了你，你的脾气可真够犟的，男孩子应该有点脾气，不过可要适度哟，不然以后会吃大亏的。"

可以看出，同学们对儿子抗争老师以势压人的行为表示赞赏的同时，又普遍流露出一种害怕、担忧。这反映出学生对传统"师道尊严"的矛盾心态。一方面，对师长的专横不得不尊重、恭敬和顺从，否则"会吃大亏的"。另一方面，又心怀不满地想怒不敢怒、敢怒不敢言。

不过，对于以上有损于"师道尊严"的说法，有些人是完全不认同的。如果到老师之间转一圈，更容易听到截然相反的说法。

一位老师说："现在的学生越来越难教了，不仅打不得、摸不得，而且学生比老师还狠些。"确实，媒体上曾披露过学生和家长打骂老师的事情。更有人哀叹"老师是弱势群体"，并且奋力疾呼："尊师重教"，"还我'师道尊严'"。

可是另一方面，在媒体上看到更多的却是因受到老师的体罚、虐待、歧视，从而给学生造成种种骇人听闻的伤害，甚至发生致残、自杀事件。学生因成绩差，违反校规校纪，受到老师糟鄙、辱骂、体罚、歧视，甚至连家长也受到当众训斥的现象司空见惯。在那些主张"师道尊严"的老师看来，这一切是理所当然的。难怪有人说，学校里的多数学生，特别是差生，才应该是"弱势群体"。

因此，对于以上公说公有理婆说婆有理，纠结于谁是学校里的"弱势群体"的争论，既无意义也不能解决问题，当务之急是找到师生关系不和谐的根本原因。

南方都市报曾刊出一篇《教育界官势越盛，教育就越是没希望》的文章，指出："教授被小处长像训孙子那样指着鼻子训，师道何等不堪。此种尴尬，令人大校长纪宝成忍无可忍，而在2009世界高等教育论坛上大发感慨。但是，教授固然尊严扫地，校长尊严又如何？两鬓皆白的老校长被三十啷当岁的教育部小处长当众呵斥，这样的传闻其实早就不是一起两起了……毕竟，只要是教授、校长，再年轻都属于老师辈，都代表着神圣的教育，从前的学生岂能不抱以起码的尊敬？师道无存，某种意义上讲，其实是人伦无存。"

文章的作者面对"师道尊严"的日渐衰落，发出哀叹，"师道无存……人伦无存"，这多少有点像五四运动时的遗老遗少们对"世风日下""道风沦丧"发出的哀嚎，希望历史退回到过去的传统礼教中。他有没有细想一下？这种仅仅只反对"小"训"老"，而不反对中国的"国训"——老子训儿子，老师训学生，上级训下级，当官的训老百姓，并且儿子、学生、下级、老百姓只能俯首尊听——也是片面的。要知道，这种"国训"恰恰体现的是"上下有别"的"师道尊严"精神！准确地说，正是我国几千年世世代代尊崇的"师道尊严"的那种居高临下，对学生说一不二的"国训"，才调教出来了小处长们的"训"。显然，中国的小处长再小、再年轻也是当官的，教授再老也是老百姓。小处长的"训"正是传承了老师们的"师道尊严"的"训"——谁在上，谁有权，谁就可以"训"对方。

因此，"师道尊严"不除，即"国训"不除，小处长的"训"就不可能根除。可如今这些遗老遗少们只反对"少训老"，却不从根本上反对师道尊严的"上训下"的"国训"，这是不是有点像狗咬自己的尾巴，在原地转圈呢？

那些主张"一日为师，终生为父"，对学生居高临下的不平等的"师道尊严"的人，与当今提倡"以人为本"、相互尊重、互敬互爱的新"师道"、新"尊严"是格格不入的。"师道尊严"才是造成人与人之间、师生之间不和谐的直接原因。

我们要看到，那些极少数的家长、学生打骂老师的行为，也是中国封建专制教育文化——"尊卑有序""师道尊严"的副产品。因为在中国的师生之间缺乏平等沟通的氛围和习惯，就难免有极少数家长、学生以暴力方式发泄自己的怨气、怒气。

一些老师委屈地说："如今的学生说不得，摸不得。"这些老师显然不适应"师道尊严"的日渐衰落。但如今的许多家长、学生已不再适应老师"说得、摸得"了。并且一旦感受到的屈辱感越大，反感的情绪就越大，正如"扔多大的石头就会溅起多大的水花"。况且，那些不计后果，对老师野蛮粗暴的个别家长和学生，他们的行为也会受到社会大多数人的唾弃、谴责甚至法律的制裁。他们毕竟不能代表绝大多数的学生和家长。因此，"师道尊严"不除，家长、学生与老师难以建立平等、和谐的关系。

我们更要看到，那些能够与学生、家长保持和谐的良好关系，在学生、家长中如鱼得水，深得学生、家长喜爱和尊敬的老师，都是放下了架子，与学生、家长平等相处，互尊互爱的老师。他们代表了中国老师的未来。

十九、给成绩不好的儿子找信心

　　到了高二下学期，儿子的语文和英语考试成绩仍然在及格线的边缘——七十几分至九十之间波动（一百五十满分），英语成绩更是难得有一次九十分。在如今以总分成绩一考定终身的年代，只有进了大学，在适合的专业里，他的特长才能得到充分的发展；但眼前"跛脚"的成绩，对他学习上的自信心很难不产生消极影响，特别是在离高考越来越近的时候，这种打击使他很难产生奋力一搏的信心和勇气。而没有信心和勇气，高考无从谈起。

　　我见到过一些有才能有特长的聪明孩子，往往由于一门或两门功课成绩太差，从而丧失学习的信心和勇气，使学习生涯毁于一旦。当然，我不会因儿子一两门功课偏弱，让他丧失学习的信心和勇气，从而影响他在高考中的奋力一搏。

　　我搜肠刮肚地帮儿子寻找他在学习上应该具有的潜力优势和自信依据，特别是对英语学习的自信依据，以便闯过高考这道难关。

　　一次，我对儿子说，十八世纪法国著名的思想家、文学家卢梭说自己："用功的时间稍长一些就会感到疲倦，甚至不能一连半小时集中于一个问题上。"但是，这并不影响他写出一部部不朽的作品，成为法国杰出的思想家、文学家，成为十八世纪欧洲启蒙运动最卓越的代表人物之一。你在某些科目的学习上，精力不是很强，效率也不高，考试的成绩也不高。但如果学习上有自己的特长，思想上有自己的深度，毫不影响未来的前途。对于这些大道理，儿子尽管没有发表任何感言，但能够聚精会神地听下去，没有不耐烦的表现，这对我来说就够了。

如何具体帮儿子找到学习英语的自信心，我也做了一番功课。

看到儿子晚自习，有时一个星期都不摸一下英语书。我对他说："你长时间不摸英语，烦英语，是因为你的机械记忆力不够强。但你是属于擅长逻辑思维和理解记忆类型的人，你要尽量利用推理、联想、比较等逻辑记忆的方法来记英语单词和句子。尽量按单词的结构，如词根、词缀、词干来记单词，或者用谐音的办法来记单词。如danger（危险），你就记"蹬脚——危险"，如pest（害虫），你就记"拍死它——害虫"……总之联系得越多、越复杂，单词反而记得越牢。而且根据记忆心理学的规律，随着年龄的增长，人的理解记忆会逐渐增强，到了十五六岁开始明显上升，到了二十多岁就会到达一个高峰。所以，书越读到后面你的优势就越能够发挥出来。你现在不及格不要紧，只要跟着拖，不掉得太远，到后来都来得及。双向英语的作者扶忠汉，疯狂英语的李阳，读高中一年级时，英语成绩都还不及格，后来竟然成了英语了不得的人才。"对于我的这些经验之谈，儿子能够认真地听，没有一丝反感，而不反感就意味着会多少有所接受。

此后，儿子晚上拿英语书的次数多了起来，但他拿着英语书却眼神无光，头像喝醉了酒似的打晃。这种状态无疑会重创他学习英语的信心。我又给他支了一招不是办法的办法。

我说，你读英语时瞌睡来了，你马上倒头就睡。如果是在书桌前，就伏在书桌上睡；如果是在床上就干脆不脱衣服，躺下睡，一分钟也不要耽搁。不过事先要多穿一点，以免睡着时着凉。这样，当你醒来后再读英语，头脑就会非常清醒，精神非常好，在半个小时到一小时之内，要你睡都睡不着。这时候读起来效率一定会非常好。

我的这一招还真使儿子把英语学习给坚持下来了。特别是在高考前夕，儿子终于"睡醒"了，每天的晚自习都要坚持到深夜一两点。但有时候，他卧室的灯九点多钟就熄了，我就对儿子妈说，他这肯定是抱着英语书做梦去了。有时我半夜上厕所时，发现儿子卧室的灯还亮着。这是他一觉醒来后又在学习英语了！

儿子班上有一个中考成绩远高于儿子、作为正式生进入这所重点中学的同学。由于与英语班主任老师闹情绪，英语成绩一下子垮下来。到了高三，由于英语成绩掉得太远，他完全丧失了学习的信心和动力，最后高考成绩仅三百八十几分。在高考临近的日子里，他对我儿子说："我不是读书的料。"他忘了，他中考成绩是五百九十多分，是超过重点分数线整整十分进校的。

人一旦受到挫折，情绪低落，自信心就会发生改变，必然会作出消极悲观的自我认定。如果家长能够及时对丧失自信心的孩子进行积极、客观、理智的"自我认定"分析，使孩子看到自己的潜力、长处，找到问题的症结和解决的办法，孩子的自信心和学习动力则可以迅速地得到恢复或增强。

二十、儿子早恋了？

　　儿子进入高中后，不仅有几个玩得好的男同学常到家来玩，而且有几个女生也偶尔登门拜访。当然，同学们每次来玩，我和儿子妈都给予热情的招待。但同时我们也非常关注这些同学的品行、爱好和趣味。不用说，女同学的到来更引起我们的注意。其中一位名叫晶晶的女同学与儿子的交往和电话相对多一些，有几次周末，晶晶还请儿子和几个男女同学上餐馆。她对同学如此大方、热情好客，给我们留下很深的印象。有一次，儿子从餐馆回来后，无意中说"她说她几乎把全市的餐馆都吃遍了"。听到这话，我暗自一惊，全市的豪华餐馆少说有十几家，中档次的大餐馆也有几十上百家，看来晶晶的生活习惯和作派与我们家的相差太远了，我得关注儿子和晶晶的交往。

　　我注意到，晶晶在与儿子的交往中，对儿子的确有一定的好感。如果不是因"吃遍餐馆"这件事引起反感，我对晶晶找不出其他不满之处。回想当年我上初中时，曾经对女同学萌发过单相思，我深知这段青春期萌动的情感是人生最纯洁、最美好的经历，我可不会去横加干涉，给他们留下一辈子残忍的记忆。如果真对儿子进行正面干涉和反对的话，那也只会把事情搅得一塌糊涂，后果不堪设想。

我准备对他们朦胧而纯洁的关系暗中干一些"破坏"工作，准确地说，作一点无形的引导和降温处理。同时我也知道，干这种事如果稍有不慎，只会毁了我和儿子的关系，甚至会伤害儿子的身心和学业。也许有家长会认为，我把问题看得太严重了。

在孩子的早恋问题上，因家长举措失当而使孩子身心受挫甚至造成悲剧的例子太多了。

央视《心理访谈》栏目"少年出走之谜"讲述了这样一个故事：

2009年2月的一天，一个在老师同学眼里品学兼优、健康阳光、乐于助人，与老师和同学相处很好的小郑，在中考前夕取得了全年级成绩第一名。十五天后，他留下一封给班上一个叫慧的女同学的诀别信（遗书）后离家出走了。

诀别信中的一段是："……你知道吗？我原以为我不喜欢你，与你在一起实在太无聊了。但是我错了。从我决定自杀起，到现在想得最多的是你，眼前出现次数最多的是你的脸、或笑、或媚的样子。对不起，我刚才做了点事，现在全身在发抖。我累了，我本来想写很多的，但是我发现写不下去了……"

一个成绩如此优秀的孩子突然决定自杀，是什么样的"坎"让他越不过去？

从事件的发展看，有以下三个主要原因：

第一个原因，由于父亲明确的反对导致父子关系走向疏远和隔膜。

郑父从儿子班主任那儿得知小郑早恋的事，便同儿子进行了一次谈话："班主任反映你们班上有同学早恋，这不太好，会影响学习……"谈话之后，郑父暗中观察，儿子逐渐平静下来，把精力又都放在了学习上。但父子关系从此疏远了，有时候还有一点僵。据小郑母亲说："他每天一声不吭地闷头吃饭，吃完了就到他房里。原来他从不栓门，之后就把门老栓着，我进去他也老不愿意。"郑父说："有一次，九点还没出来休息，我就在外偷偷地看他在干什么。他一看我们在外面搭凳子偷看，他就用报纸把卧室门上的亮窗给糊上了……"

　　如果是一个关注孩子的情感、情绪、身心重于孩子学习成绩的家长，发现儿子突然有如此变化，就应该马上转弯，将"球"踢给儿子，问儿子："你们这种要好的关系能够不影响学习吗？如果不影响，我当然没有理由反对。"我相信这时候的小郑会激发出更大的学习劲头。在世界上因恋爱而促进人勤奋努力和取得巨大进步的例子不少。可惜郑父不仅不尊重儿子这份初恋的情感，竟然也不相信这么努力勤奋的儿子。从他的言行看来，他根本就没有考虑相不相信和尊不尊重儿子的问题。否则怎么会搭凳子去偷偷地窥探儿子？这种偷窥行为会对儿子心里产生什么样的影响？试想一下，如果自己的一举一动被领导、同事、亲戚朋友，或老公、妻子搭起板凳来窥探，其感受会如何？中国的许多家长认为老子窥探儿子的行为是理所当然的，至于儿子的感受，那倒完全可以不考虑。不管怎么说，这起码是低情商的表现。

　　第二个原因，郑父的专制作风导致父子情感进一步破裂。

　　郑父对记者述说，"……不久班主任又反映说，'他学习上很松懈。'那段时间我发现他的精力不是很好，特别有一次，他九点睡了。我就非常恼火。结果他态度也不是很好，我就起火了，把他的台灯给摔掉了。我想打他一下，结果他一挡，没打着他。"然而，小郑的母亲对记者说："后来，我把他拉过来，我就跟说，'你这么大了，不能朝你爸爸这个态度，去给你爸爸说，对不起。'他就不愿意，觉得我也没有跟他站在一起。"从而导致了小郑对父母俩都失望了，认为"父母都不爱他了"。

　　接着父子俩发生了一场更为激烈的冲突。

　　一次，儿子借父亲的手机给慧发了个短信。父亲拿回手机后发现了慧给儿子的一个短信。父亲于是以儿子的名义给慧发短信："要不咱们就分手，还是主要抓学习。"于是慧回信："我真不知你是这么想的，真是这么想的，我就不拖累你！"父亲觉得不妥，第二天将此事告知了儿子。儿子听后非常恼火，气呼呼地走了，找到慧后，用慧的手机给父亲发来短信："你坏，你套我话。"

第三个原因，来自四方面的压力迫使小郑走投无路，不得不走上了"诀别"之路。

慧对记者说："班主任跟小郑说：他是要考重点的人。说我成绩不怎么好的，还说什么我跟他最终还是不会合在一起的，还有要他考虑自己的前途之类的话。"

慧谈到，在被班主任和父亲提出反对之后的那段日子里，小郑之所以闷闷不乐、精神不振，是一直在该不该与慧继续交往的问题上彷徨、挣扎。他对慧说：父母不爱他了，他还面临着学习的压力，使他失去了生活的希望。

记者在小郑的一篇周记中看到他这样记录在学习上面临的巨大压力："开学十天，我真正体会到了初三的感觉，这好像一场冒险，一场战争。只有不断地努力，抢在所有人之前冲出重围这一条出路，我认为既然是初三，那就再也没有什么余地了。年级第一是唯一的目标。"

可以看到，小郑承受着四方面压力：1. 父亲反对儿子初恋的压力。2. 班主任的"你是要考重点的人"的压力。3. 小郑对自己"年级第一是唯一目标"的压力。4. 小郑割舍自己初恋情感的痛苦压力。可是小郑在与这四重压力的殊死搏斗中发觉，无论是坚持还是放弃自己的初恋，都一无出路。坚持，将遭到父亲和班主任的反对；放弃，要与自己的情欲和身心痛苦的挣扎进行搏斗，从而导致"精力不好""全身在发抖"和"学习上的松懈"。这些不仅得不到父亲的理解，更可怕的还有那"年级第一名"的目标也得随之泡汤，而这是小郑不可忍受的。在小郑看来，摆在面前的只有一条路了，那就是与家庭、老师、女朋友、"年级第一名"等等一切诀别！此时此境，我们不难理解，小郑的"诀别信"和离家出走的决定，是在一个多么惨痛、绝望、走投无路的挣扎中作出的。

事后郑父失声痛哭，泪流满面地在记者面前谈自己的过失："我倾向比较直一点、耿直一点，方式方法上有可能没有照顾到他的感受，至少让他觉得伤害了他。"郑父虽然是个律师，虽然有一肚子的现代知识，但他没有意识到，他所谓的"耿直一点"，其实是封建专制思想在作怪。

对儿子与女同学晶晶之间朦胧而纯洁的情感交往，我左右为难，只有在等待中伺机而动。机会终于等来了。

一天晚饭后，儿子在客厅给晶晶打电话，商量第二天休息日同学们聚会的事，不巧晶晶不在家。在一连几次都未打通后，我趁机在一旁抱怨了一句："哎！你这个同学是个野丫头哟！"（此时已是晚上八九钟了，我的言下之意是，一个女孩子这么晚都不归家。）这句看似无意的感慨，正因为是"无意"才具有评价的客观性和真实的份量，够儿子回味和思量。

我这句话果然起到了四两拨千斤的效果。

证明有二：其一，儿子妈为了进一步强调晶晶是个"野丫头"，一次在与儿子的谈话中提到："……你班上那个晶晶是个疯丫头。"儿子当即生气地说："你们一下说她是野丫头，一下说她是疯丫头，你们不要给别人乱起诨名好不好。"我连忙解释道："不，不，你妈说得不对，她记错了。那天你妈听我说晶晶是个'野丫头'结果记成了'疯丫头'，我那天也是无意地说的一句话。"于是将儿子妈的"纰漏"给遮掩了过去。我提"野丫头"已是好几个星期以前的事了。可见，儿子对我们关于晶晶同学的"评价"是非常敏感并记忆在心的。

其二，我发现从那次"评价""野丫头"以后，儿子对晶晶的态度有了微妙的变化。一次晶晶周末上我们家玩了一会儿起身回家，儿子将晶晶送出家门口就一反常态地停住了脚，以目送晶晶下楼。晶晶回头发现儿子竟然站着不动了，就说："你送我吧！"站在一旁的儿子妈也帮腔道："你送一送吧。"儿子才不得已地说："好，好。"于是将晶晶送下楼去，然而这次儿子不多一会儿就回家了，比以往几次送晶晶的时间要短多了。

如今已读完大学、硕士、博士并成为国家公务员的晶晶，一直与儿子保持着纯洁、美好的同学情谊。每逢春节儿子从北京回家探亲时，热情活跃的晶晶多次扮演组织者的角色，将儿子和同学们聚在一起去唱卡拉OK，去聚餐和闲聊。儿子与晶晶也先后都找到了各自的伴侣。与其说我当时扮演的是一个暗中破坏者的角色，不如说是一个成功引导者的角色。

一位朋友谈起她处理儿子"早恋"的经验时说："这种事你越反对，他们越粘在一起，有的甚至产生殉情念头。我儿子原来谈的那个女同学每次来家里玩，我总是很热情。有一次我对儿子说：'我去跟你们俩拿一个八字。'回来后我告诉儿子：那个算命先生给你们俩抽了个签，说你们俩的八字相克。后来我儿子跟他的女同学就拜拜了。"

这位朋友的办法虽然不能算"正路子"，但她懂得尊重孩子的人格、意志，善于处理孩子的情感问题，善于保持与孩子的亲情和和谐的关系。

二十一、向儿子"摊牌"

与儿子的一次"遭遇战"

高二期末考试成绩出来了，儿子的总分是四百零几分，在班上排名第三十五，在年级组是第三百八十二名。这个成绩要进入"三本线"差一百多分，距离"一本线"差一百六十多分。可是他的学习状态却像是刚进初中的学生：每天不紧不慢地上学、放学；每个星期六上午照例邀班上的几个同学到家里来，将两台电脑连接起来打游戏，玩得好不开心；下午与几个同学到一些机关单位或公共篮球场去"蹭篮球"。如果儿子的总分处在五百多分或靠近一本线，还有这种轻松自如的学习状态，就像陈省身提出的"不当一百分学生"的那种境界，那当然是理想的读书状态了，但这毕竟是我在做梦。凭心而论，如果是在杨振宁、钱学森的那个时代，甚至在二十世纪五六十年代，像儿子这样的学习状态应算是比较正常的。但如今高考竞争的惨烈程度已与当年远不能相比了。在进入二十一世纪后，即使是最会读书考试的状元型学生，在临近高考这道"鬼门关"时，像儿子这样的学习状态也是很难进入名牌大学的。

高三开学几个月了，我指望儿子也该进入高度紧张的"冲刺"状态。每次来到儿子教室，黑板上"高考日期"倒计时数字一天天地减少，从同学们举止神态表现出来的紧迫感，可以感受到决战时刻即将到来的"火药味"。可儿子的学习状态还是老样子，与同学们紧张的学习状态格格不入。

儿子读初一二年级时，我期盼儿子初三会"睡醒"；读初三时我期盼儿子高中会"睡醒"。如今进入高三了，看着还是老样子的儿子，我心急如焚，只差对儿子喊出："再不紧张起来就真来不及了！照你每天这个样子读下去，连'三本'都没希望！"

但我知道，如果是皇帝不急太监急，逼着儿子为考大学而学习，这对于儿子来说是没有多大用的，甚至会引起儿子反感。如果家长用自己的意志取代孩子的意志，孩子被家长逼着走，其独立意志和奋斗精神将永远难以树立起来。在我看来，所有被逼进大学的孩子将来是难有多大出息的。

就在我心急如焚又无计可施时，终于与儿子发生了一次"遭遇战"，而且是以我碰了"钉子"收场。

一般情况下，儿子晚饭后开始学习，到了九点多钟从卧室出来沏一杯咖啡，手拿遥控器在电视机前晃悠一阵，休息三五分钟，再回到他的卧室学习。一天晚上，他出来沏咖啡，又拿着电视遥控器一通搜索，正好收到了美国公牛队乔丹的比赛，看到自己崇拜的偶像，他一看就忘了时间。十多分钟过去……二十分钟过去，我再也忍不住了，严厉地质问儿子："现在是什么时候了，你还这样不紧不慢？你这样好吃懒做，你还想不想读书？"

没想到，儿子顿时气愤地对着我大叫大嚷起来："我吃了你什么？喝了你什么？我怎么好吃懒做了？"

　　见到儿子反应如此强烈，我马上见风使舵，和气地说："我说你'好吃懒做'是指你有这种倾向，有这种苗头，是指你到现在还不紧张起来，看电视忘记了时间。"

　　听到我的解释，儿子放下手里的遥控器，挥去那几粒委屈激愤的泪水，闷闷不乐地回到了他的卧室，因为他也知道自己看电视确实看忘了形。

　　这次与儿子的"遭遇战"以我主动的"躲闪"而告结束。但这是儿子从小至今第一次向我发怒并进行激烈的反击，这在我心理上还是引起了一定的震动和警醒。为了避免今后发生类似的被动局面，我对这次"遭遇战"作了思想上的检查和梳理。

　　这次"遭遇战"当然是因我心情过急，生气地骂儿子"好吃懒做"所引起。但使我生气的心情从何而来？对于一直还没有振作起来的儿子，我对他醒悟的预期一而再再而三地推迟，直到我觉得来不及了，没时间了，心理预期接近崩溃，终于忍不住蹦出了"好吃懒做"的话来怒斥儿子。特别是，平时我曾多次把"好吃懒做"与刑事犯罪作因果关系联系起来。这次将它用到了儿子头上，他不生气才怪。

　　对儿子心理预期的濒临绝望是导致我生气、语言过激的一个重要原因。幸亏我及时控制住了自己的情绪，才使局面没有失控。但如何让漫不经心的儿子紧张起来，以较好的状态进入高考的最后冲刺阶段？这个"难题"我一时还难以解开。

向儿子"摊牌"

　　与儿子发生"遭遇战"无功而返后，看着儿子每天一如往常，该晃悠的时候照样晃悠，该十点半钟睡觉照睡不误，该每星期六上午玩电子游戏下午打篮球，也照玩照打。他早把"遭遇战"的事忘得一干二净，毫不因与我发生了争吵而使自己的言行举止有什么改变，哪怕是作一些遮掩和回避。对于他这种硬朗的我行我素的作风，我倒还欣赏。但是，高考已到了最后的冲刺时刻，还是这种老样子那是没有什么指望的。如何改变他这种不紧不慢的学习态度，我苦无良策。

经过一番沉重的思考后，我想通了，决定按照我一贯信奉的那句老话"谋事在人，成事在天"的原则对待儿子：尽我可能的努力，他听不听，听多少由他，他能够考进什么大学只有听天由命了。相反，对他担心过多，既无用也会害了他。

一旦放弃了对儿子未来一厢情愿的巴望和担忧，一旦甩掉了为儿子的未来想入非非而又惶恐不安的美梦，我发现，曾经压在我心头隐隐作痛的"一定要进××大学"的心理包袱，原来更多是出于我的面子观，认为儿子进不了好一点的大学，我将无颜面对亲戚、朋友和同事。一旦轻装上阵，我就有了从实际出发的冷静情绪和坦然心态，就有了直面可能出现的残酷现实的勇气。

心态坦然后，办法和决心也就有了。我决定退而求其次，将考大学这个包袱让儿子自己背着，他的未来如何，由他自己去制造。

在一次晚饭后，我和儿子妈叫来儿子。三人落座，我严肃地对儿子说："我们父母养你到十八岁已经完成了法定义务。你现在已经是成年人，到了该出去打工自己养活自己的年龄了。如果你这次考不取大学，一天也不能待在家里，哪怕找一个搬运工或什么工作都可以。因为呆在家里只会把你养懒。我们说到做到。但是，如果你能够考取大学，甚至研究生、博士生，需要再多的费用，我们都愿意供你读。就谈这些，你去考虑吧。"儿子闷不吭声地回到了他的卧室。

这次给儿子"摊牌"没过多久，儿子的学习态度悄然发生了改变。距离高考还有三个多月时，终于发现儿子突然像变了个人似的，每天放学回家后不再是听听音乐、拍拍篮球、翻翻报纸、悠哉游哉地等饭吃，而是径直到他的卧室，一头扎在书堆里，全神贯注地学习起来，直到我们三催四请叫他出来吃饭。吃过晚饭后又匆匆回到卧室，然后坚持到夜间一两点才关灯睡觉，并且第二天早上六点准时起床。

儿子这种争分夺秒发奋读书的状态，正是我和儿子妈多年来梦寐以求的啊！虽然儿子的醒悟比我预期的迟来了三年，虽然我们看到儿子每天连续十几个小时接近疯狂地学习，但我们也只能狠心任其下去了。况且，已进入成年的儿子也应该是吃苦奋斗的时候了。我们只能尽量做好儿子的后勤工作。

期中考试成绩出来，儿子的总分达到了四百四十一分，在班上六十多人中排名第四十四，在年级组排名三百六十二。这个可怜的分数只能读大专，可儿子上大学的目标却是瞅着一流名牌大学。而一流名牌大学的录取分就得五百八十多分，还需要增加一百四十多分才行！我向学校老师打听：有没有在最后三个月时间内增加一百几十分的考生？学校老师说，总分在二三百分的学生中曾经有过，在四百多分的学生中没有。不管有没有先例，我也跟着儿子一起铆足了劲。

到了考前填报志愿时，学习成绩与儿子不相上下的同学们大都填报了三本之类的大学。可儿子对几个玩伴填报的志愿不屑一顾："那种大学有什么读头？我要报××大学（名校）。"同学们对儿子如此张狂的态度，有的表示自叹不如，有的高兴地预祝，有的则表示沉默。

5月，最后一次预考成绩出来。这一天，放学回家的儿子一改往日风风火火的样子，拖着沉重的脚步进门，然后有气无力地将成绩单递给母亲，失望的情绪溢于言表。我发现一向趾高气扬、信心满满的儿子从没有流露过这样失望、沮丧、惭愧的神情。儿子的这种神情顿时让我于心不忍，可以想象这个预考的分数无情地击碎了儿子的梦想，对儿子心理上的打击会有多么沉重。

这次儿子的预考总分比三个月前有很大进步，在班上的排名上升了十九名，排到第二十五名，年级组排名上升了一百二十九名，排到第二百三十三名。但是按这个排名进入三本还不够，更不谈进入一本和名牌大学了。据学校预测，进入一本大学必须进入班上前十名、进入年级组前六十名才有希望。距离高考还有一个多月的时间，在这么短的时间内想要超过班上十五六名同学，超过年级组一百几十名同学，这对儿子来说是不可想象的，这一点儿子自己心里也明白。

俗话说"希望大，失望大"，学生一旦有了为考分学习的动机和压力，这是一把双刃剑，它可以产生巨大的学习动力，可是一旦对考试成绩无望，则自信心必然受到重创。

当天下午，我把儿子叫到一旁认真地对他说："在这个世界上，任何人都有不自信的时候，都有自卑的时候，连毛泽东也不例外。毛泽东说他自己是'三分猴气，七分虎气'。猴气是什么？就是不自信。不自信是什么？就是自卑。"我的话戛然而止。儿子听完我这番议论，默默地起身回到他的卧室，又一头扎进了他的书本里。

这次与儿子言简意赅的沟通无疑是及时的，可以看出儿子的信心能够比较快地得到恢复，或者说使他的情绪能够稳定下来，继续保持着没日没夜的学习状态。这次失望的打击无疑也使一向不操心着急的儿子成熟起来，从此那个毛毛躁躁、愣头愣脑的少年一下子变成了一个沉默寡言、一门心思埋头于书本的小伙子了。

与儿子站在同一"战壕"

距离高考没多少天了，儿子每天行色匆匆地上学、放学、吃饭，然后像石头人一样坐到书桌前直到深夜，儿子的学习已到了不顾一切的状态……儿子的这种状态本是应该值得高兴的，也是我十几年来梦寐以求的。但经验告诉我，希望越大压力越大，而一旦希望受挫，对人的伤害也会越大。为了防患于未然，一次在儿子晚自习的时候，我来到他的卧室，对低头学习的儿子问了几句闲话以表关心，接着用沉稳而又坚定的的语气对儿子说："作最坏的打算，作最好的努力！"

我这句话给儿子传递了两个明确的信息，一、父母将与他共同面对考试的成功或失败，即对他考出的任何成绩，父母都能够接受、理解和支持。二、哪怕成功的希望只有百分之一，也要作百分之百的努力，也要敢于豁出去放手一搏，同时对百分之九十九失败的可能性不抱侥幸，要有严酷、冷静的心理准备。言下之意是，一旦考砸要有最坏的具体打算，而这一点往往是不少家长和考生事前不敢正视的。

早年无情的社会经历告诉我，每当我有了这种准备，我就能够从容不迫地应对严酷的局面；有了这种心理准备，我就能够沉住气，去扭转困局、败局，把不利的因素化为有利的因素。人之所以坚强，其实就是事前对最坏的可能性有足够的心理准备，能够充分地酝酿各种理性预案，当惨绝的局面降临时，能够坦然而从容地应对。相反，那些脆弱的人，往往是事前抱着一厢情愿的幻想和侥幸心理，一旦幻灭，则因猝不及防而元气大伤或一蹶不振。

不过，家长说这句话时要看孩子考试前的心理状态而定。说早了，使本来还没有紧张或高度紧张起来的孩子反而坦然了，松了劲；说迟了，一旦自信心遭受挫伤，元气一时难以恢复，就会贻误高考前最宝贵的努力机会。

这一年儿子的高考总分数是五百零四分。比预考增加了五十多分，在班上的排名从二十五名上升到第十八名，但还是只够上大专。由于当年大学扩招，交二千元钱就可以上三本，交六万元就可以上一本。当时有两个省内的三本大学招生办主动打电话到家里，通知儿子去就读。我们对儿子表示，读"三本"或"一本"的钱，家里还是拿得出来的。没想到，儿子用一种淡淡的不容置疑的语气回答："我准备复读。"

　　儿子突然飙出这句话，令我一惊。当然我的惊奇中透出了暗暗的高兴。我高兴的倒不是省了几万元钱，他本可以让父母出钱，然后轻轻松松地走进一本大学。但他宁可再一次承受高考的压力，再冒失败的风险，显然，如果没有一定的骨气、勇气和自信心，他是不会多此一举去自找苦吃的。从儿子脸上表现出的沉静、从容的神情，可以看出他复读的决心。我更进一步地看到，这次高考使他的精神意志得到了一次卓有成效的锤炼和提升，这是多少钱也买不来的啊！

　　事隔多年后，我回想起这个问题：为什么儿子在高考的过程中能够不屈不挠，越战越勇，而有些孩子往往因一次预考失误而一蹶不振，精神意志受到重创？从表面看是孩子高考前的思想包袱和心理压力过重；从根子上找，与家长患得患失和羸弱的精神意志给孩子造成的有形无形的影响和压力是分不开的。家长一旦能够坦然地与孩子共同接受考试的成败，就会给孩子巨大的鼓舞，成为孩子坚强的后盾，这种临危不惧的品质也会感染孩子。

　　魏某就读于某重点中学，成绩在整个年级名列前茅，但高考前的几次考试都发挥得不理想。他的家长先是不断地埋怨、施压："你这样怎么能成？平时成绩那么好，为什么考试就不行？这样下去高考怎么办？"魏某考试发挥越来越不好，并恐惧考试。随后，他的家长又改变方式，变成简单的"鼓励"："你一定要放松心态，凭你的实力一定会考上北大、清华的。"但是，魏某的表现越来越差，最终退学。

　　卓某某勤奋好学，高三的一场考试不如意，他消失了一整天。这一天，他没有去学校，也没有在家里。当所有人都在焦急寻找他时，第二天一大早，他又悄悄地回到了学校。

　　"他的成绩在班里一直是前十名，学习成绩特别好。想不出他为什么要干这样的事。"在母亲看来，儿子根本不是那种夜不归宿、逃课外出的学生。"从小到大，他从没干过这样的事。"卓某某的父亲是一名大学教授，母亲则是公司会计，在一般人看来，这是一个高知家庭。"我们对他的要求一直很高，从小就严格要求他。"卓某某的母亲说。

从初一下学期开始，卓某某的成绩进步很快，此后学习顺风顺水，考上了一所重点中学。高中三年一如既往地努力奋斗。在父母眼里，儿子非常健康快乐，"喜欢打篮球，好朋友不少，而且做事很有条理"。

然而，最近的"三模"考试中，卓某某发挥失常，刚达到划定的二本线。"我和他爸爸都知道，最后阶段要鼓励他，虽然我们心里很紧张，也没怎么说他。"母亲回忆，"三模"刚考完的时候，儿子说说笑笑，几天后拿到成绩单，儿子却一晚没睡好。"他就是一直问我，万一考不上大学怎么办？我都给吓死了。"卓某某的母亲说。回到学校的卓某某一如既往地刻苦学习，只是更加沉默了。

"就是突然觉得挺没意思的，不知道自己这么些年来一直在干些什么。"不愿面对记者的卓某某撂了这么一句就挂断了电话。

以上两个成绩优秀学生的父母，在需要给予孩子宽容、理解和支持，需要与孩子站在同一"战壕"，与孩子共同承担失败的风险时，他们的表现不是高高在上的施压，就是怯弱得"吓死了"。

一个重点中学品学兼优的女生，成绩一直排在班上前十名，被老师和家里寄予了巨大希望。可是在临近高考时，该女生出现了失眠症状，成绩也出现了较大的波动，继而出现呕吐。一次女孩从医院打完吊针回来对母亲说，我想明年再高考。其母亲说，怎么能够临阵脱逃，对女儿的退却行为坚决反对。临上考场的那天，女儿呕吐不止。其母亲说，你今天拼也要拼，不拼也要拼，一定要考出好成绩来。被强行护送上考场的女儿考试成绩令所有人大失所望。

这个母亲"站着说话不腰疼"，高高在上地"鼓励"孩子，没想到却给了孩子更大压力。临考前父母的心态对孩子的临场表现将起着举足轻重的影响。

儿子决定复读，可当时有些亲戚并不赞成走这一着棋，觉得不划算，也没有必要。如果复读一年仍考不取呢？那压力就更大了。我却理解儿子的心事：宁可冒风险，凭自己的能力考进大学，也不愿窝窝囊囊被金钱送进大学。否则，自己曾经夸下的海口，如何面对同学、玩伴，特别是被自己不屑的同学？这对一向自信心满满、自尊高傲的儿子来说，是难以忍受的。

这年的暑期，儿子一天玩的心思也没有了，迅速地投入到紧张的备考中。每天除了吃饭、睡觉就是伏在书桌前不分昼夜地复习功课。我多少次深更半夜上厕所时，看着儿子卧室里还不曾熄灯，虽然有点于心不忍，但还是暗自欣喜。上床后我欣慰地念叨着："这一天终于来了！终于来了！"

经过一年不分昼夜的死啃书本，儿子终于以总分五百七十四分考进了一所国家二一一大学。这所大学是儿子填报的第二志愿，尽管儿子以高出这所大学的录取线四十多分入学，但还是被要求交了一万元钱才就读了填报的第一专业：信息与计算科学专业。儿子虽然没有考入第一志愿的名牌大学，但就读了重点大学的理想专业也感到心满意足。因为，以儿子的成绩，即使进入名校也读不了第一志愿的专业。当年我和儿子达成共识，宁可读二类大学所喜欢的专业，也不读名牌大学不喜欢的专业。所以儿子在填报大学专业时，在"是否服从分配"这一栏，对所报考的大学一律填"不服从分配"。事实证明，这一选择使儿子在大学的学习中，能够获得卓有成效的进步，为后来的职场能力和明确的人生目标奠定了坚实的基础。

一些考生与家长不考虑考生的兴趣特长，而是根据专业是冷门热门作为人生职业的选择标准。由于当时中国大学调换专业几乎是不可能的事，因此造成许多学生在专业学习和职场发展上的极大被动和败局。

我总结了一下这一年儿子复读的得失，他将一大半的精力用在了语文和英语上，却只分别增加了五分和六分，达到刚刚及格的九十五分和九十分，数理化花的精力不大，却一共增加了六十分。虽然一年后这些死记硬背的东西迅速地忘记，但不容置疑的是，这次复读使儿子的抗压和抗挫折能力得到了锻炼和提升。这为他日后在大学和职场上的学习增添了更强的意志力。

"有朝一日有了钱，天天每日当过年"

拿到大学录取通知书的儿子，暑期期间，除了周六下午出去蹭篮球外，平时像个大闺女似的呆在家里，听听音乐，上上网，其沉稳安静的举止与往年在外玩疯了的情形形成鲜明的对比。经过这次复读、高考的浴火重生，儿子总算考进了一所一类大学的理想专业。从长远看，毫不影响未来的努力方向和人生的梦想，因此也就没有多大的遗憾了。这种有失有得的结果使儿子喜不起来，也忧不到哪里去。但他这种不温不火的状态正合了我的一个想法。

一天，我对儿子说："这个暑期你去打打工怎么样？"儿子沉思了一下说："去打工！打什么工？"我说："去卖报纸。前几天我看见街上有一个大学生模样的青年和一个小学生都在那条街上卖报纸。那个大学生模样的青年拿着一摞报纸站在那里一动不动，看来，卖了半天也没有卖出去几张。可是旁边那个小学生却一边走，一边大声地叫卖，看见路过的人就缠着叫'买一张吧买一张吧'，不一会儿就卖了好几份。我看，那个大学生手里那摞报纸一天都难得卖出去……你也可以去试一试？"我试探着问儿子。儿子皱起眉头很不情愿地回答，"我想，我将来不会去卖报纸吧？"我一愣，思考了一下说："你可以到电脑城去帮别人装PC机。"儿子想了一下说："我有个同学的爸爸是卖电脑的，我去问一下。"

　　第二天一早，儿子告诉我，"那个同学的爸爸说，暑期打短工的学生很多，这种事早就被别人挤满了。""那你自己到市场上去找活做，这就看你的本事了，这对你将来进入社会也是一次极好的锻炼机会。去吧，我相信你肯定找得到的……"我对儿子信心满满地说。"……是的，是的。"在我的催促下，儿子很不情愿地说着，然后起身摔门而去。从儿子不耐烦的摔门中我感觉到，儿子成熟多了，虽然是很不情愿做的事，但他还是能够耐着性子去做。

　　这天吃中午饭的时间过了好一会儿，还没发现儿子回家。我高兴地想，这小子还有点能耐啊！肯定找到活做了。然而，在下午四五点钟，还不到下班的时间，儿子却早早地回来了。

　　"怎么回事？"我急切地问。儿子向我们讲述了这天的打工经历："……我在电脑城里一家家地问……后来有一家卖股票机（炒股机）的掌柜问了我电脑方面的一些问题，就要我留下来，说，等老板来了再决定。我站在那里闲着没事，就主动帮他招呼顾客……到了中午老板还没来，那个掌柜说我还蛮灵光的，就留我吃饭。到了下午快下班时老板来了。他问了我一些关于电脑方面的情况，最后答应要我。但我说只能做一个暑假。那个老板说，那怎么行！我们这个工作首先就得培训一个月……这样我就回来了。"我说，"既然找不到打工的事做，你在家里就把复习英语当作打工吧。你想一下，进了大学后，你学习英语的时间平均下来每天难得有一小时。如果你现在每天只搞半天的英语，就算每天四个小时，一个暑期下来就足足抵你大学一年的英语学习时间。这会对你的英语有多大的提高，对你将来的学习会有多大的主动权？你算一下这个账。"儿子想了想觉得很划算，就同意了我的意见。

　　经过一个暑假的英语复习，儿子在进入大学的英语分班考试中竟然被分到了快班。这令我们和儿子都大感意外。这也为儿子在大二上学期顺利通过英语四级考试，为抓住其他种种宝贵的学习机会获得了极大的主动权。

事后不久，一个朋友闲聊时问我："你儿子考取了大学，为什么连暑假都不让他出去旅游，去散散心？他也愿意闷在家里读英语？"我一时答不出所以然来。因为我觉得我和儿子当时的行为都是出于一种自然而理智的选择。

好多年后，我分析了我和儿子当时的心理状态。儿子当年复读、二次高考是他如梦初醒后"卧薪尝胆"的表现，然而曾在同学面前夸出海口，要考进某某名校却没能如愿，这多少有点让他丧失颜面而耿耿于怀。我想这是他愿意接受我建议的主要原因。

至于我为什么没让儿子暑期去游山玩水，好好地欢庆一番，而是让他在家复习英语，则是出于我对各种喜庆一向处于淡然的心态。而这种淡然心态的产生，主要是因为儿时常常听到奶奶念叨的一句话："有朝一日有了钱，天天每日当过年。"

在我奶奶眼里，与其过年过节能够吃鱼吃肉，不如先把平常的日子过苦一点，一旦努力成功，就能够天天过上节日一样的日子。现实社会有无数个这样的事例教育着我：国庆节、春节等等节假日，对有些人来说是休息玩耍、喜庆开心的日子，但对那些菜贩子来说，则是他们赚钱的最开心"节日"。七年的农村经历使我更倾向那些小商小贩们过节的方式，他们在世俗的节日里往往把日子过得更踏实、更开心。既然如此，世俗的节日永远不及自己开心的"节日"。人生的"节日"由自己来定，才过得更踏实、更有意义，才过得真正开心。

—大学生涯与职场的软着陆—

二十二、寝室生活是宝贵的社会见习期

儿子马上就要过大学集体生活，我想到他将要与同学们朝夕相处，零距离接触，这对他的为人处事等等方面无疑是一个全新的考验。因为，几十年前在农村插队落户时，我有过"知识青年小组"集体生活的经历，对当年形形色色的知青小组有充分的了解——从偷鸡摸狗，"三天打鱼两天晒网"的小组，到日出而作，日落而息的朝气蓬勃吃苦耐劳的小组；从相互猜忌钩心斗角的小组，到相互帮助患难与共的小组；从井井有条干净整洁的小组，到乱七八糟堂屋内外打了六七个地灶，像狗窝猪圈一样的小组……

不难想象，几个同学挤在一起朝夕相处，每个人因生活习惯、性格、爱好上的差异，在日常小事中不可避免会发生碰撞、摩擦。再小的事、再小的矛盾，通过日积月累，也容易积成不可调和的矛盾。当年马加爵在大学寝室里杀了四个同乡同学，就是打牌时相互的口角所引起的。

同时，我对大学生在寝室里发生的种种矛盾也早有所闻。如有人爱早睡早起，有人却是夜猫子，深更半夜还又吃又喝，有说有笑；有的习惯安静地看书或闭目养神；有的却习惯粗声大气地打打闹闹，甚至打牌唱歌；有的在大热天几天不洗澡，臭袜子、鞋子、衣服乱扔，有的则有洁癖，一年到头天天洗衣、洗澡，嫌这脏，嫌那乱。有的爱拉扯别人的牙膏、肥皂等物品，却不准别人动他的东西；有的却能将自己的东西大方地与别人分享……

四年的寝室生活是对儿子人际交往能力和心理品质的一次重要检测和锻炼，而这些心理品质与专业技术能力相比，我更认可人们说的，它（情商）对人生的重要性占百分之七十至八十以上。任何一个班级、小组、寝室等单位、团体里的风气和风貌，无论是好是坏，都不是自然而然产生的，而且往往"不是东风压倒西风，就是西风压倒东风"，而能够占主导地位的这股"风气"又往往取决于那个小团体里的一个或几个最有影响的人的精神风貌和个人魅力。

曾经深深地震撼了我、使我难以忘怀的是，新东方的俞敏洪在大学四年的时间里，将寝室里打开水的活儿包了四年。特别令人感动的是，当一些被俞敏洪打开水打习惯了的同学发现开水瓶空了后，就提醒俞敏洪去打开水，他却毫不在意。俞的"新东方"为什么做得如此成功？他那宽宏的心胸使当年最有才华的同学都愿意聚集在他的麾下。

同样让我记忆犹新的是，当年清华大学的公费留美博士生卢刚，因猜忌和嫉妒心理一口气杀了自己的导师、系主任、副校长等六人。据他留美的同学回忆，他在大热天的寝室里只顾自己，将寝室里的冰箱门打开，自己睡在旁边，却不顾冰箱散发的热气影响其他同学。儿子会如何处理寝室里的这些"小事"和矛盾？

我清醒地意识到，以前儿子与同学的人缘关系比较好，那只是在没有利害冲突的条件下大家萍水相逢。一旦大家挤在一间房子里朝夕相处，对于这个毛头小子，能否处理好每天难免的磕磕碰碰，能否与大家形成一个和谐共处、相互促进、共同进步的理想局面？为了让儿子能够在四年的寝室生活中获得成功的历练，为进入社会奠定好基础，为将来的职场生涯有一个良好的开端，在这关键时刻，我能够对儿子有什么好的建议和帮助？我一直考虑着。

直到开学前，在和儿子妈送儿子上公交车的路上。我默默地组织着词句，想着在如何做人这个话题上，给儿子提一个简明扼要的、他能够听得进去又能引起重视的建议。快上公交车时，我才郑重其事地对儿子说："我觉得，与寝室的同学要处理好关系，关键就是要吃得了亏。寝室里的事，如扫地做清洁这些小事，别人不做你做。别人吃不了亏，你吃得了亏。"我语重心长地强调着，儿子一本正经地听着，微微点着头。从他郑重其事的神态看，显然对我的建议表示出一种认同、重视和尊重。我感觉儿子又懂事了一些。

儿子就读的大学与我们家同在一个城市。我和儿子妈有几次到学校去探望儿子，每次我们都刻意带去一些水果给全寝室的同学分享。这虽然是一个极小的事，但我认为这是有意给儿子传递一个明确的信号，在集体生活中首先要关注大家，重视团体中的每个成员，不要独来独往、只顾自己，使同学之间形成一个相互关照，团结和谐，具有凝聚力的团体。在我看来，用这些"随意"的生活"小事"影响儿子胜过千言万语的说教。

果然，同学之间因不同的习惯、个性和处事态度，在生活琐事上引起的分歧和矛盾，证明了我预料的正确性。

开学一段日子后，偶尔周末回家的儿子，与我聊起大学的逸闻趣事。儿子说，有的寝室脏兮兮的，乱七八糟，有的寝室进去时甚至要跳着走。我问儿子，那你们寝室的清洁卫生怎么样？儿子自豪地说，我们寝室是我们那栋楼最干净的。我好奇地问，你们的寝室是怎么搞的？于是儿子讲述了如何保持寝室整洁干净的诀窍："我们寝室里六个人，开始也是都不大主动地做清洁。我就花钱买了一把扫帚和一个撮箕，一连扫了三天的地。到了第四天，我就跟大家提出，寝室的卫生，我们来排个班，大家轮流做。就这样，轮到每个人做的时候也就都比较认真了。所以我们寝室一直都保持得很干净。"

我觉得，儿子以身作则的办事能力还不错。但是不久，还是发生了一件意外的事情。

寝室风波

一次周末回家，儿子谈起寝室发生了一件事："……午睡的时候，我睡得正香，忽然电话铃响了，我起身下床去接电话。我拿起话筒一听，里面是嘟嘟嘟的声音。我气得挂了电话就上床睡觉，烦死了。我刚上床睡下不一会儿，电话铃又响了，我又下床去接电话，又是嘟嘟嘟的声音。我气得直叫：骚扰电话！骚扰电话！当时就把电话线拔了下来，然后上床睡觉。起床后我忘了把拔掉的电话线接上去，就离开了寝室。下午，我们寝室的李××回来后发现电话线被人拔下来了，他很生气，就把寝室的日光灯给拆了下来。不一会儿，寝室的王××回来后发现电话和日光灯被拆下了，他气得干脆把寝室的大门给卸了下来。我回寝室后发觉情况不妙，赶紧把电话线给还原了。由于当时日光灯和大门没有人还原，被学校保安处发现了，就下了处罚通知。对拆卸日光灯的李××，按日光灯价钱五倍的金额罚款。对卸寝室门的王××，责令他及时将门安上。同时令两人作出检讨，如果检讨不过关，将要交学校公开处理。"接着儿子庆幸地笑着说，"由于我及时把电话线还原了，所以处罚没有我的份。"

我说："罚五倍的日光灯钱，那李××起码得要拿出两百五六十块钱啦！这对他的经济能力来说是难以承受的咪！"

我和儿子都沉默了……

"我觉得，这件事你有一定的责任。"我打破了沉默。

"我有什么责任？"儿子瞪大眼问。

"你当然有责任，你们同是一个寝室的，你要有一定的责任感，何况你还是室长。你要知道，在西方，当一艘船下沉的时候，船长是最后一个离开沉船的人。"

儿子和我又陷入了沉默。

一会儿后，我用建议的语气说："我觉得你应该把这件事摆平。"

儿子陷入了长时间的沉思状。

我知道我的一席话触动了他，他意识到了这件事他有不可推卸的责任。对着凝神发呆的儿子，我又补充了一句："当然，这件事你不要一个人包揽下来。该是么样是么样。"

知子莫若父，我知道儿子遇事豪爽、热情，讲朋友义气，加上年轻人容易冲动，我又担心他把事做过了头。因为人心莫测、世事难料。作为家长——孩子的引导者、监护人，进行这种强调是必要的，因为有时候，人做好事，可能反被好事所误。

北京青年报曾登过一篇《极端教育极端不理解极端学生》的文章：房山区韩村河中学管理宿舍的甄主任，开学初军训时在高一某班学生宿舍地上发现了九个烟头，他要求学生主动认错，但直到第二天中午仍没结果，甄主任再次去宿舍查问。身为该班班长的陈志在没有同学承认的情况下，自己承担了责任。但陈志没想到，学校不但没有低调处理此事，还在当天下午就把对他的处分决定贴在了宿舍的公告栏上，并在学校大会上点名批评陈志。认为自己受了委屈的陈志给父母写好遗书，于2007年9月11日晚自习时从教学楼三楼班级窗户跳下，导致腰椎骨折，留下终生残疾。校方认为，学校在此事上没有处理不当；而陈志则说，学校老师在让学生"招供"是谁抽的烟头时，曾威胁说："如果都不承认，就一人给一个处分，如果承认，就没事了。"

学生跳楼本是个极端案例，但学生身心受到学校老师的伤害，则是司空见惯，见怪不怪的事了。在这个"阳谋"被普及的社会，家长就得防患于未然。

几周以后儿子回到家里，颇为得意地对我说："我把这件事摆平了；我以室长的名义向学校写了一份检查，并且把学校罚李×的钱由我和寝室的几个人一起给分摊了。"

我想，如果没有我叮嘱的那句话，对于毛毛躁躁、义气用事的儿子，会简单地将一切责任一个人包下来。一旦他受到处分，没人帮得了他，对他今后的责任心，以及对正义应有的信仰和勇气会是一个巨大的挫伤。儿子这样处理，比我预料的要好，无疑增强了同学间的团结。儿子把其他几位同学也拉进了"分摊"罚款的队伍中，说明他平时的人际关系还算不错。

这次"寝室风波"，儿子能够使同学之间的矛盾得到化解，校方也得到安抚。这无疑对他是一次难得的锻炼机会，让他学会今后遇事要冷静、出了事要积极面对，敢于承担责任以及处理问题要妥当周全。

平时寡言少语、我行我素，很少将学校的事与我交流的儿子，这次为什么能够主动将"寝室风波"与我交流，并且能够接受我的想法和建议？我认为其中一个原因是，我及时地调整了与儿子的互动关系。

自儿子进入大学以后，每当我对他开口说话，他就抱有一种戒备的敏感，常常还没等我的话说完，就不太耐烦说"我知——道，我知——道。"使我的话说到一半就不得不闭嘴。我明白儿子已完全把自己当成一个独立的成年人看待了，或者说以前那种不容置疑的"上课"语气，他已听得不顺耳了。儿子的自立、自信固然是好事，但自信的另一面往往是自以为是。这对于涉世未深，还是莽莽撞撞的毛头小子来说，社会处处暗藏着人生的风险，做家长的还不能完全高枕无忧。

一次与儿子通电话，我说，我和你妈以后可以做你的参谋，有些事情我们可以提些建议供你参考……从此，每当我要对儿子提一些看法和意见时，我就先来个委婉的开场白："我有个想法……"，"我建议……"，"我觉得……"，"如果这个建议你觉得不适合就不采纳……"以减轻儿子的反感，拉近与儿子的距离。

二十三、茫然的成绩与明确的逃课

在儿子马上就要离家去过大学宿舍生活的时候，一天他突然破天荒地要我陪他去书店买书。这当然是令我高兴而又求之不得的事。因为自初中以后，儿子就不再愿意与父母一同逛街逛商店了。我感觉，儿子显然不只是要我陪着去掏钱付账，而是想在离开家之前，与父母进行一下亲情互动。

我们一路上东拉西扯地来到书店。我心情愉快地跟在儿子屁股后面，在各个书摊之间穿行……儿子买了英语四级、六级考试的参考书，买了《新概念英语》三、四册，买了计算机方面的书籍和杂志，最后在高等数学的书柜前来回翻阅，查找一些参考书。由于没有找到想要的那本前苏联数学家吉米多维奇的《数学分析习题集》，于是当即打电话，托正在读博的表姐在就读的大学书店买。表姐答应后，儿子才放心地回家。儿子一心想得到这本书，显然对自己有一种高要求。

入学前，看到儿子这种跃跃欲试的状态，我当然感到欣慰。然而，住读没多久，儿子突然每个周末回家来了，从星期五的晚上一直呆到下周一的早上五点多钟起床，然后赶往学校上课。儿子为什么突然每个周末跑回家来？是为了好玩吗？不像。因为在家里的这两天，除了读书学习外，并没有干不务正业的事。

想到开学不久，儿子曾要他妈给他买加厚的护膝和羽绒大衣，当时儿子妈问，要护膝干什么？儿子说，准备熬通宵对付期末考试。既然是为了熬夜，为什么突然回家来呢？是寝室的学习环境太吵闹？那他可以到学校图书室去呀。是图书室晚上十点关门不能继续学习？可在家里他都是到九、十点钟就上床睡觉。我找理由到儿子卧室去打探一下，有几次，发现坐在书桌前的儿子，虽然书本打开着，但眼神并没有落在上面，而是呆呆地发愣。如果是在专心地思考问题，为什么又早早地关灯睡觉了？分析来分析去，不得其解。最后我和儿子妈只好归结为，儿子是为了吃家里美味可口的饭菜。

儿子有一次说学校食堂的伙食是"猪食"以后，就在校外的小餐馆里吃饭。我们既怕儿子的营养不够，又怕给多了钱导致他大手大脚起来。因此每月按二十天算，给儿子四百元，每天伙食费加零用费约二十元，当时小餐馆里七、八元就可以吃一盘带荤的小炒。而在家里，儿子妈每餐给儿子变着花样做啤酒烧鸭、糖醋排骨、麻辣干煸鲫鱼、清蒸鳊鱼以及各种煲汤等等，家里这些饭菜当然更具诱惑力。

然而，儿子这种悠闲的学习状态到下学期发生了变化。每次周末回家，儿子突然变得匆忙起来，每天晚上要熬到深夜两三点才上床睡觉，到第二天早上九、十点钟才起床。有时呆在家的时间由两天延长到三四天，直到下周的星期二或星期三才回校上课。儿子这种疯狂的学习状态仿佛又回到了复读时期。这些变化不禁使我好奇，我就隔三岔五地到儿子卧室去晃悠一下，以打探虚实。

每次进去，发现儿子都专注地盯着他的电脑。一次我发现，电脑屏幕上有几条闪烁、游移的弧线相互追击着、碰撞着，好像是追踪、拦截导弹的运行轨迹，屏幕下方紧接着的是一排排带有高等数学符号 Σ、ε、$\cup$、$\cap$、$\int$、$\oint$、$\in$ 等等的数学模型。一二周后再去看，电脑屏幕上出现了像是雷达屏幕上扫出的一道道扇形光波，以及一排排仍是看不懂的数学模型。我这个初中生看大学生干活，只能知趣地在一边瞅瞅，不敢多言多语，怕说出外行话来。

有一次我看见电脑屏幕上的图形变成了一列列由长长的圆管组成的纵横相交的立体网状物。我不禁好奇地说，你做的这像是些脚手架？儿子一笑，说，这是物理作业。然后话锋一转，好像安抚我似的跟我聊了起来，说，物理老师说我前两次做的作业是前两届学生都没有人做出来的，到现在三届学生都还没有人做出来。儿子的言谈中流露出一种得意自信的神情。但我在心里想，像儿子这样亡命地做题目，当然能够做出这些题目来。如果往届的学生能够像儿子这样的搞法，为一个题目白天黑夜疯狂地干他一个多星期，也不会比儿子差到哪里去。当然，人的差别往往就在有没有这种疯狂的兴趣、热情和专注精神。

我忍不住问儿子："你经常不上课，在家里按自己的搞，能行吗？"

儿子说："数学老师是外地口音，上课听不清楚，还不如自己看书，又快又节省时间。"

"不上课，学校不管？"

"一两百人的大课，学校也管不了。再说，大学完全是靠学生自觉，不像中学。"

"像你这样长时间不摸书本能毕业吗？"我担心地问。

"哪门课要考试了，我提前一个星期看看书就能过关。"儿子笑着回答。

一次，我绕着弯挤兑儿子："你们班上成绩最好的是谁？你比他成绩差多少？"

没想到儿子沉着而自信地说："班上成绩最好的是余××，他读书相当刻苦，他的目标是考清华的研究生。他是属于那种把全部精力都

放在学习成绩上的学生。我不想那样读书，我有我的方向和目标。前些
时，物理老师要我参加全国物理竞赛，我都没有答应。我说我不喜欢物
理，物理老师就算了。"

　　从第二学期开始，我发现儿子书桌上增加了一本本字典般厚的软
件书籍。书名是《×××C语言》《×××C++》《×××数据库》
《Flash×××》《Photoshop×××》等等。一次，我看见一本厚厚的
全英文的书，标题中有一个词Microsoft我认识。我高兴地拿起这本"天
书"胡乱地翻着，问儿子，全英文的书你都能够看懂？儿子说，数学方
面的英语书不像文学方面的，主要是些数学符号和数学公式，并不难
读。同时儿子向我津津有味地介绍起这本书的超群之处和书的作者来：
"这本书是目前软件设计方面编得最好的……这本书的作者是美国软件
业的大师级人物，是当今软件界最牛的牛人……"他流露出对作者极大
的赞赏、钦佩和对这本书的喜爱之情。

　　从儿子第一学期不紧不慢地学习，到第二学期突然狂热地做起自己
感兴趣的事来，我虽然不明白这变化的原因，但对他的学习状态无疑打
心里高兴。儿子在课余时间也变得更加活跃，不仅成为班上篮球队的主
力，还参加了班上足球队员的选拔。虽然被同学们说"脚法太臭"，但
得到了同学们给予的"不怕死的守门员"的称号，当上了班上的足球守
门员。他还拿到了国家三级篮球裁判员证书，在学校赛场上正儿八经地
当起了篮球裁判员。

　　大二开学后，儿子突然不再回家来了，每次儿子妈打电话过去问
为什么，儿子总是说忙于学校建模协会的工作。看到儿子一两个月不回
家，儿子妈心痛他在外面的伙食差，常常做些美味可口的荤菜送去。每
次我和儿子妈来到学校门前，儿子接到电话从教学楼跑出来，接过这些
吃的东西，没说上两句话就匆匆离去。儿子妈为了跟儿子多说几句话，
有几次特地邀儿子在校外的餐馆一块儿吃晚饭。在吃饭时，儿子不时接

到响起的电话，然后走到一边去，对着手机一本正经地讨论起工作来。看到儿子严肃认真的神情，听着他指挥若定的语气，我感觉儿子好像当了个什么芝麻官似的。事实还真被我猜中了。

大二后的暑假期间，我发现儿子写了上十页的《新一年数学建模协会工作规划书》。我问："这个东西怎么会要你写？"

儿子笑着回答："我当了学校建模协会的副会长。"

"你怎么捞到这个'官'的！？"我掩饰不住内心的惊异和高兴。

儿子讲出了个中缘由：刚参加学校数学建模协会时，儿子发现，该协会每年只有几十个学生报名参加"全国大学生数学建模赛"和"美国大学生数学建模赛"。学校建模协会的工作也仅仅只是为每年这两次竞赛做一做参赛选手的报名和比赛规则的讲解等工作。儿子感觉，学校建模协会对这两次大赛的赛前宣传、组织、培训等工作做得很不够，于是向主管的H教授提出，对于一个有着四万多本科生的国家重点大学，协会可以发展更多的学生参加。他还建议，学校数学建模协会除了组织一年一度的全国和美国数学建模大赛外，还可以开展常年数学活动，培养学生对数学有关方面的兴趣和提高数学建模竞赛的能力，以有利于更广泛地选拔参赛选手和提高选手的竞赛水平。

多年来，学校建模协会的一名正会长和一名副会长都是由在校研究生担任，他们的精力有限，只能搞一搞竞赛前的报名和对竞赛规则一般的讲解工作。如果按儿子的想法，扩大协会规模，加强对会员的培训、对选手的选拔和赛前的训练等活动，要完成这样大量的宣传、组织、培训、管理工作，协会的管理人员显然是不够的。

儿子提出，最好从在校大学生中增加一名副会长和几名具体负责宣传、组织、财务的部长，让更多的学生参与协会的管理工作，使协会工作能够广泛深入地在学生中展开。儿子就扩建协会的一些具体事务和要解决的当务之急也提出了具体的想法和措施。

儿子对我说："我跟H教授提出了我的扩建方案，H教授表示赞同后，我就主动要求从最开始的宣传组织工作做起，组织同学办宣传栏，扩招新会员，然后从新会员中物色组织、宣传、财务等方面的负责人。现在，我们协会会员人数已达到三百多人。这是我校建模协会从未达到过的人数，每个星期都有培训活动。我们的会费也收了一千多块钱。H教授看我做得还像是那么回事，就要我担任了副会长。"

"呵呵，你'捞官'还真有一套。"我笑了起来。

"我们学校有几个其他'协会'和'俱乐部'的负责人，还有学校团委，看到我们协会办得有声有色，就动员我也参加他们的协会和俱乐部，我没有同意。"儿子更加得意地谈起来，"其实，在我提出增设一个'副会长'的时候，我就想，那个位置是为我自己准备的，因为我把事情已经做在前面了。"说到这儿，儿子朝我会心一笑，"在明年的规划里，我对H教授提出，要把我校数学建模协会办成全国最好的建模协会之一……"

听着儿子兴致勃勃地谈着他们学校建模协会未来的"宏伟蓝图"，我不断赞赏地点着头，并丢给儿子一句话："记住，不要贪功。"

在我看来，儿子的这些"宏伟蓝图"，无论是行之有效的见地，还是想入非非的纸上谈兵，无论以后是取得实实在在的业绩，还是落得幼稚可笑的失败，都不重要。对儿子来说，能够激情四射地学习、生活，能够把握人生的主动权，能够不断获得宝贵的实践经验和精神财富，就足够了。

有一段时间，一旦谈起学校建模协会的工作，儿子总显得兴趣盎然。一次，儿子谈道："……每次给H教授汇报工作时，我总是先把大家做的事强调一遍，在宣传工作上，某某某做了哪些哪些事，在组织工作上，某某某做了哪些哪些事，在培训工作上，某某某做了哪些哪些事……因此，平时大家做起事来热情都非常高，互相配合也比较好。像协会办的讲座、参赛选手的选拔、上训练课等一些活动，H教授都还比较满意……"儿子的这一席话，是对我当初的提醒表示一种认同的心得体会，也是对我的担心进行一次安抚。

在大三的暑期，儿子与我交谈时不经意地提到："H教授要我当建模协会的会长。"我吃了一惊："要你当正会长？"在我看来，这可是学校破例的事啦！这个职位历来是在校研究生当的，我颇感惊讶地看着儿子。儿子却淡淡地说："我对H教授说，还是让其他人做，我怕因面临毕业的一些事情影响协会的工作。H教授看我不想当，也就算了。"儿子的不恋权，说明他头脑相当清晰、务实、果断。

考研受挫与职场软着陆

进入大学二年级后，准备为儿子赴美读研的事逐渐摆上了我的议事日程。一次与儿子商量，我问："如果将来能够去美国读研，你是愿意留在美国还是回国？"儿子很明确地表示："当然要回国，国内发展的机会大多了。"我懂儿子的心事，儿子的人生目标不只是找一个优越的工作，而是想在中国这个百废待兴的土地上，去施展一番拳脚，去创一番业绩。

我和儿子就赴美留学达成了几点共识：

一、如果要去，不是为了读研而读研。要读，就要读美国软件工程和应用数学专业排名前四名的麻省理工、伯克利、斯坦福、卡内基梅隆四所名校，最起码也要读美国排名在前二十名之内的大学中的计算机专业，如康奈尔大学、加州大学洛杉矶分校、德克萨斯大学奥斯汀分校等的计算机软件工程专业……否则没有必要去读。

二、我让儿子注意到，在美国越是一流大学，其招生政策，越是不把学生的考试成绩放在第一位，而是特别注重学生的专业特长和特殊才能，这很对儿子的路子。如排名前五十名大学的计算机专业，其入学最低的"托福"成绩要求是六百分，而像麻省理工、伯克利这些位于世界前几名的著名大学反而只要五百五十分。因此，儿子要在专业上尽量展现自己的特长才能，或者在组织才能上表现出出众的领导能力。后一条是美国名校非常注重的。

三、五百五十分的托福成绩相当于中国英语的六级水平。儿子必须要在大三通过六级英语考试。

四、报考美国名校的研究生，虽然有极少数人可以获得奖学金，但我们不能去做那个梦。我对儿子表态，我可以尽最大努力为儿子凑齐出国留学保证金和最低生活费。而在二十一世纪初那几年能够拿出这笔钱的家长并不多，这对儿子来说，是一个非常有利的竞争条件。

因此，儿子只要做到第二、三条，要留学美国名校就具有很强的竞争力了。然而，由于儿子在大三时英语没有过六级，托福成绩也只考了五百三十几分，不愿降低择校标准仅仅去混个美国硕士文凭，我和儿子就不再考虑赴美留学的事了。

进入大四，毕业后将何去何从的问题就摆到了我和儿子面前。我与儿子进行了一次讨论。我先安慰儿子在"托福"考试上的失利。我说："英语本来是你的弱项，再加上你在学校杂七杂八的事又多，能够过英语四级，能够达到五百三十几分的托福成绩对你来说已经不容易了。毕业后你打算读研还是就业？"儿子说："H教授对我说，只要我写个申请，就可以读他的研究生。但我不想读他的研，因为他手上没有什么项目，读研作用不大。"我说，"你自己难道不可以找一些方向研究和自学吗？"儿子说："搞应用学科的没有项目和课题，那是不可能学下去的，即使是搞纯基础学科的，比如搞理论物理的或者是纯数学的，也要有一个感兴趣的研究方向或者课题。否则只能在学校空对空地学两年，除了混个文凭，学不到什么有用的东西。"我说："你的具体打算是什么？"儿子说："我打算报考中科院软件研究所，去试一下，不行就找工作。但我估计希望不太大，因为中科院软件研究所今年只有十三个名额，全国报考的人数就有三百多人。"

如儿子所料，他的专业考试成绩过了，但由于政治、英语成绩太差，首轮遭淘汰。对此，为了使儿子获得良好的实习条件，在就业上占得先机，我早早地四处托人，为儿子寻找较好的实习单位。

儿子以"短促突击"的方式考研，在中国是难以获得成功的，英语、政治又是儿子最头痛的两门基础课。与其说是儿子考研的失败，不如说是中国研究生院乃至大学在选拔人才上存在问题。儿子是一个具有钻研技术素质的人才，他的强烈的兴趣爱好、突出的个人特长和火山迸发般的激情，正是科研人才最宝贵的品质特征。

儿子的一个高中同学当年只考取了一所二类大学，考研时却高出儿子一百三十多分进入了一所中国名校的研究生院。当我问这位同学的学习经验时，这位同学说，我一进大学就在为考研作准备了。他将整整四年的大学时间全身心地投入到考研的准备和努力中，终如所愿。然而他读研并不是为了在技术上去钻研什么，突破什么，只是为了能够拿到一个高一档的文凭，以便找一个待遇更好一点的工作。

大学毕业前夕，当同学们正在为就业四处投档奔忙的时候，在实习单位的儿子从北京一家软件公司打电话回家说："单位分管技术的副老总在电梯里碰到我，问我愿不愿意留在公司工作？我马上回答'愿意啊！'那位副老总说'如果愿意，马上就把户口办过来。'我想听一听你们的意见。这家公司是一个……"

听完儿子对这家公司基本情况的介绍，想到这是一家有着上万职工的大型软件公司，我不解地问："这位副老总跟你素不相识，怎么会问你这个问题？"同时在心里赞赏儿子机敏的回答。

"上班的时候，我们有时在电梯里碰过面，互相点个头，面熟。我的情况肯定是部门领导反映上去的。"

"想不想在这家公司干，这个问题由你自己决定。"我给儿子扔下这句话。

这个决定涉及到儿子的人生梦想和职业方向，更重要的是对这个公司的具体感受，而这一切只能由儿子自己作出判断。此时对儿子表达完全的信任和充分的尊重，我以为这是一个很好的机会。

儿子能够受到实习公司的青睐，有以下几个原因：

一是得益于在大学期间把大量的时间都花在了软件工程的学习和实战练习上。在一次"全国大学生软件设计大赛"参赛选手的选拔中，儿子作为学校唯一的本科生被学校研究生院几个参赛的软件高手相中，加入到学校代表队，组团一起参赛。这让儿子一度兴奋不已。可是这次竞赛，因在相互配合上出了问题而名落孙山。虽然大家遗憾不已，但参加这样的全国大赛令儿子大开眼界，也结识了学校里的几个最优秀的软件高手。这几个优秀的研究生后来都分别在世界知名的IT企业里担任重要工作，他们与儿子一直保持着亲密的友谊和联系。因此儿子在实习期间能够迅速上手，解决公司的一些实际问题，及时为单位创造财富。这是任何生产企业识别人才、招聘人才最重要的标准之一。这家大型软件公司在正常情况下，招聘的对象都是名牌大学的研究生，但这类学生大多成绩优秀而实际动手能力不强，公司还得花一段时间培训。但像儿子这种有着厚实的软件功底和熟练动手能力的本科生则少之又少，自然就成了抢手货。

二是由于儿子主动积极，改变了领导的印象。儿子刚进来时，部门领导认为他是经熟人介绍"走后门"进来实习的，将他撂在一边不闻不问，准备任其"自生自灭"，实习结束后自己走人。可儿子却问这问那，主动要求做这做那。一位员工评价说："从来没有见过这么主动、大胆、自信的实习生。"领导几次试探性地交给他一些活儿做，发现他每次都还做得像那么回事，令领导不得不刮目相看。

三是由于儿子很快就融入团队。在实习的两个月时间里，儿子能够融洽地与员工一起工作，与大家混得像老员工一样熟。对于他融入新团队有如此快的能力，部门领导感到很是惊异。这种能力对于软件行业来说是特别注重的。

儿子能够走到今天，得益于他积极、大胆、灵活的人际交往能力，这与他在中学时代跟学校老师发生矛盾冲突时，能够承受老师的种种整治，甚至和老师玩一些"猫捉老鼠"的"游戏"分不开。他在职场上能够迅速地软着陆，这功夫可不是一时半会儿练就的啊！

教育的预见性

在教育儿子，并与儿子获得共同进步的岁月里，我看到一些家长成功教育孩子的故事。有几个故事给我留下了深刻的印象。原微软副总裁李开复回忆当年母亲送自己赴美读书，临别时对儿子说："将来不要找外国人作妻子。"儿子说："拜托了，你儿子还只有11岁。"虽然李开复当时嘴里这么说，却永远记住了母亲的嘱托。张亚勤的母亲在送张亚勤进入科技大学少年班时，叮嘱儿子"不要接受记者的采访"，儿子照办了。历史证明，母亲的这一招对张亚勤后来免遭"捧杀"，为获得一个宁静的成长环境和保持平凡低调的做事做人心态起到了关键性作用。功成名就的成龙，回忆父亲对自己儿时一次终生难忘的谈话。当时父亲对读不进书又爱惹是生非的成龙说："我只要求你将来不做三件事，赌博、吸毒、嫖妓。"成龙感恩父亲当年对自己的理解和教诲。

我对这种教育的预见性产生了很深的共鸣。我发现所有不抽烟的人，都有种种必然的原因而有意不抽烟。而所有抽烟的人，都是由于种种偶然的原因而抽上了烟。儿子进入中学的那年，我就郑重其事地对儿子说："将来不论是你的同学，还是什么朋友，抽烟时如果要你尝一口，你千万不能尝。你只要尝一口就尝上去了，因为世界上所有抽烟的人都是从'尝一口'尝上瘾的。更重要的是，那些吸毒的人往往都是把藏有毒品的烟给熟人、朋友抽，用这种办法把别人拉下水。毒品只要沾一口那就是死路一条，这你是知道的。"儿子至今不沾一支烟，我想与我当年的预防教育不无关系。

当儿子踏入社会开始他的职场生涯时，面对将来可能会出现的种种问题，我感觉对初出茅庐的儿子有必要助他最后一把，给他一些有效的教育。

儿子进入工作单位不久，在一次电话交谈中，我对儿子说："希望你设计出世界上最好的软件产品来……"其实，儿子能否设计出最好的软件不是最重要的，重要的是这种巨大的期望，对儿子的眼界、勇气和自信心将会产生有力的推动作用。

在儿子工作了一段时间后，估计激情过人的儿子在工作上很可能会有一些突出的表现和成绩，这个时候，单位一般不会马上给这些新手加薪升官。于是我给儿子提出："在单位里，你不需要操心你的工资是多是少，你只需要考虑你能不能学到有价值的东西，能不能最大程度地发挥出自己的才能。如果你是个人才，你的贡献大，老板迟早要升你的官，加你的工资，不然他会担心留不住人才。四十岁之前不要考虑钱的事，否则是没有出息的表现。"

事实确实如我所料，儿子工作半年后被提升为项目副经理，在近两年的时间里，与他同职务的员工相比，工资待遇上的差距一直没有调上来。我曾经为此事问过儿媳妇。儿媳妇说，虽然他在工作上还是很负责，很努力，但心里还是有些想法的，只是嘴里不说。看到如今一些大学生对自己的工资稍不如意就跳槽，我想在对待工资待遇上，儿子与我是有共识的。

一些单位领导对新生力量往往寄予厚望，给予大力培养。儿子被单位任命为一个项目组的副经理，领导了六七个人，组员中还有来自名校的研究生。不久，儿子被公司定为十几个重要的技术骨干，经常被派出学习和进行学术交流。特别是每次参加微软中国公司的技术讲座和信息交流会后，儿子就会在电话里高兴地提起。我当然知道，在儿子的心目中——在多少中国学子的梦想中，进微软中国公司是多么美好的梦想和奢望啊!儿子有这种机会接触他们公司最新的产品和技术思想，显然令他兴奋不已。我当然为儿子的快速进步感到高兴，然而也到了该给他降一降温的时候了。

为了郑重起见，我前所未有地给儿子发了一封电子邮件——

儿子：人们景仰大海汇纳百川的胸襟，集智慧之大成和它的众望所归，是因为大海永远处于世界的最低地点。如果一个人始终将自己置于低于别人的心态：一、他可以更容易地看到和吸纳更多人的优点（那种受益将如同大海得其要领）。二、更重要的是，在我们每个人志得意满的时候，以为自己不得了的时候，有了一点"功绩"被人们捧起来的时候，以为受了别人的侮辱、蔑视，感到不平不公的时候，不会因此而拿架子、失态、失着而被人一眼"看死了"——"这个人不能得志! 不能得势! 不能重用! "因而只能落入"怀才不遇""忿世不平"的命运。

对于第一点，我和你妈妈感到欣慰的是，你在大学毕业时已初现好的苗头和境界。相信你今后看人生会有更深刻的眼光，对自己会有更清醒的认识和评估。对于第二点，任何人都得修练一辈子而不得懈怠。何况现在正是你年轻气盛，血气方刚的年代（这当然也是你的优势和财富），就更得引起注意。

邓小平在临死前不久，对子女们带有遗嘱性地交代："不要出名太多，要夹着尾巴做人。"这是做人的要点。我们一辈子都要把握住。

今天是元旦。祝你新年快乐! 老爸

为了了解当上小领导的儿子对组员、同事是否有一个谦虚的态度，我给儿子讲述了一个小老板对员工傲慢无礼，结果该员工炒了小老板的鱿鱼的故事。接着我问儿子，不知你对自己组员的态度如何？儿子说，在软件行业，大家相互之间都是平等相待……我有什么事和布置什么任务的时候，总是走到组员的座位旁，而且经常是我站着，组员坐着，一起商量和交代事情……

听到儿子如此回答，我放心了许多。

"一锤定音"对谁有终生杀伤力？

多年后，碰见儿子的一个高中同学的母亲，相互问起对方儿子的状况。该母亲在称赞我儿子的进步后，对自己儿子当年的学习状况懊恼不已："我儿子读初中时不是那个样子。当时他说要考重点高中，不分昼夜地搞，结果说考就考上了。但进了高中以后，随你怎么跟他说，他死人的就是鼓不起劲来，真是急死人啦……不像你们的夏阳，说搞就搞上去了……"没聊一会儿，这位母亲带着对自己儿子的遗憾和不满快快离去。

确实，这个同学与儿子的成绩都是属于班上三四十名之间的，但三年的学习一直到高考他都提不起精神来，并且越读到后来越失去了学习动力和信心。

在距离高考只有三个多月的时候，儿子能够爆发出狂热劲头去冲击名校。而那些与儿子成绩不相上下的同学却怎么也鼓不起激情和斗志，大都按部就班、不温不火的，以完成任务心态去应付即将到来的高考。问题出在哪儿？或者说，是什么原因造成了这两种完全不同的学习心态？

问题显然出在中国"分数挂帅"的应试教育。对成绩平庸的中等生和差生来说，十几年在残酷的"分数排队"中没能翻过身来，从而使得他们曾经的自信、梦想和雄心勃勃的激情早已被"棒杀"得奄奄一息或被"排"得服服帖帖，再难以产生非分之想了。高考的"一锤定音"确实成了他们认命的、决定终生的致命"一锤"。

但是，对成绩平庸的、中不溜秋的典型偏科生来说，高考的这"一锤"对他们的自信心却构不成致命的打击。他们往往对高考的"一锤定音"抱着不认命、不臣服的心态，甚至表现出毫不亚于尖子生的热情和勃勃的斗志。他们为什么没有被"分数排队"排得服服帖帖？

这些典型偏科生虽然总分成绩平庸，但他们的自信心从来就不受或较少受到"分数排队"的束缚和打压。因为，他们的自信心不是建立在"分数排队"之上的。虽然中不溜秋的排名会使他们一时心里不太舒服，但他们偏科的成绩或突出的特长则使他们"不太舒服"的心情得到安慰，使他们梦想的自信心找到了依据。他们的兴趣特长或偏科成绩愈突出，他们梦想的自信心就愈足。

如马云，第一次高考，数学只考了一分，却敢于一而再，再而三地去应考。应考的信心和勇气来自何处？自然是来自他英语的"奇才"表现和过人的人际交往能力。这是他"拿望远镜也找不到对手"的自信依据，从而为梦想增添了疯狂的热情和执着的动力。他的这种自信与"分数排队"毫不沾边。

如《非诚勿扰》的主持人孟非，当年连大专都没有考取，并且因成绩太差而复读无门。但他利用业余时间不仅自修了大学课程，还自修了记者的专业技能，最终在电视节目主持上打出了一片灿烂的天地。为什么当初他没有被那"一锤定音"锤死心？当然是凭他早年在文科上突出的偏科才能，并由此产生执着的自信。

在高考前，儿子表现出的勃勃"野心"和狂热劲头在一些同学看来是不可思议的，而这也正是出自他典型偏科生的心理特征。

　　有人会有疑问：典型偏科生的自信心至多只是单科成绩或在某些才能特长上的自信，在总分成绩上不可能有很强的自信，凭什么能够与尖子生抱有同样巨大的热情、动力去参加高考？他们对高考是抱着怎样的心态？其实，这如同当年"小米加步枪"的"共军"与"汽车加大炮"的"国军"打仗一样，一个"弱者"凭什么敢于与一个"强者"进行殊死决斗？这两者的自信依据是截然不同的。而自信依据的不同，自然就决定了自信心内在品质特征的不同。

　　以我儿子为例，给这些典型偏科生找一下他们不受"分数排队"打压的勇气和自信的品质特征。

　　首先，由于兴趣爱好所具有的好奇心、探索精神和不受羁绊的想象力等品质特征，往往使他们将一切常规、秩序，包括"分数排队"的逻辑秩序都抛之脑后，或放在次要地位。他们做起事来不动则已，动则激情如火，富于想象，勇于突破，不顾一切地投入全部精力，总是被主观热情的想象力所主导，而客观"冷静"的、被动保守的理智思维很难占主导地位。

　　其次，儿子作为偏科生，十几年来在学习上是一路玩玩打打、轻轻松松走过来的，心理上受"分数排队"的打压、冲击较小。"睡醒"后一旦投入全部精力去拼命努力，显然是有一定潜力可挖掘的，平时学习的感觉越轻松，挖掘潜力的"野心"自然就越大，从而在高考中去放手一搏，去"试一烙铁"的勇气就越大。

　　为了避免"分数排队"、高考的"一锤定音"成为"中等生"和"差生"自信心的"绞杀机"，家长要注意：

　　一、不要成为"分数排队"的帮凶和刽子手。要尽快让孩子从"分数排队"中摆脱出来，尽早培养和提高孩子的兴趣特长，让孩子将自信心建立在有益的兴趣特长上，或者从某一科目的兴趣特长中获得强大的自信和动力，以带动其他科目的学习进步。这样，学校的"分数排队"

对孩子的打击、伤害自然就会被降到最低。

二、培养和提高孩子的兴趣特长，并不是不要关注孩子的学习成绩。只是不要盯着孩子的分数，而是盯住孩子的兴趣特长、心态、习惯、思维方式、学习方法、生活作风等，并以此来提高学习成绩。对孩子的学习成绩进行越远、越含蓄的关注，孩子学习成绩的含金量就越高。就像对孩子的个人意志干涉得越少，孩子的自主意志就越强，孩子的灵性和才能就越充满活力和创造力。

二十四、自立门户

儿子在公司干了近四年，一天突然从北京打电话来说："爸爸，我决定辞职，和公司的Ｗ××合伙成立一家软件公司，他负责对外联系业务，我负责技术。我想找你借十万元钱作为入股资金……"

儿子打算辞职与人合伙办公司，之前流露过想法，他自工作以来，一直利用业余时间，与几个大学同学投入到当时建网站的热潮中。但亲耳听到他要辞职下海，我的心还是不禁一沉，问："你作好了准备？"儿子说："作好了啊，大不了我再去打工。"儿子的回答使我无话可说。我又问："你跟单位订的四年合同期还没有到，你不怕罚款？"儿子回答："还差几个月，我去跟部门领导说一说，实在不行就再多呆几个月。"我说："单位给了你一个北京户口，你合同期满了就走人，是不是有点……"儿子说："那有什么办法，在这个单位，我觉得没有发展空间了……"

儿子的话使我回想起他进公司以来一步一步的成长经历。

儿子当上项目组副经理不久，一次偶然的机会，我与儿子的一位同事谈起儿子在公司的状况。这位同事谈到，儿子这个项目组的业绩不错，常受到奖励，更让公司领导高兴的是，分到该组的新员工进步都非常快，别组的新员工需要一年多才能独立工作，儿子这个项目组的只需三四个月。公司干脆就将新招的员工尽量分到儿子的项目组，等工作一段时间能够独立操作了，再调到其他项目组。这样一来，儿子的项目组就有了一个"公司培训班"的称号。我在工厂企业呆过，知道这需要儿子毫无保留地把经验、知识传授给员工。儿子的心胸和气度可嘉。

　　然而儿子的想法比我想象的要实际得多。我有一次跟他说："听说你们项目组有个'公司培训班'的称号？"儿子听了一笑，说："哪里哟，我让每个组员能够很快地独立工作，我就轻松多了。平时我都不大动手，让他们去搞，他们有什么事就问我一下，我就用大量的时间搞我自己的。要晓得，中国的软件人才到三十岁左右就差不多到顶了，进步不了了。但美国的软件人才到四五十岁还相当牛，有很强的开发能力。当然，那是一种上升到更高层面的能力……"儿子敢于自立门户，有创业的勇气和信心，源于他早有准备。

　　儿子干了两三年以后，开始对公司有些不满起来。

　　一次，儿子说："公司领导只重视业务人员，不重视技术人员，认为他们是接活的，就重要。但在国外，公司的业务人员、技术人员和质量管理人员都受到同样的重视，在各自的位置上有同样的决定权。比如说，国外公司的技术人员对产品的技术和质量问题有否决权。但是我们单位是行政领导说了算，而行政领导往往顾利润不顾质量，交出去的产品在质量上经常出问题。事后技术人员只得拼命地修改、返工，而且效果也不好，有时候还不如从头开始做……平时公司也不对技术人员进行严格的培训，大家各行其是，这也是产品的设计和质量不好的一个原因……"

　　我还从儿媳妇的口中听说，儿子给公司领导打了个招呼，就贴出海报，自发地办起了技术讲座。我问儿媳妇，公司领导态度如何？技术讲座的效果如何？儿媳妇说，讲座只办了几次，而且只有年轻人去听，老员工一个也没去。公司领导的态度是，只要不影响生产。言下之意是，既不反对也不支持。我说，那当然，如果老员工去听他这个毛头小子上课，多没面子。但我心里想，儿子虽然有满肚子的想法和抱负，但到底年轻，没有争取到领导的有力支持，那能够成多大的事。后来又听儿媳妇说，儿子想在公司内部办一个技术交流网站，以便对技术质量出现的问题进行广泛的讨论和交流，结果也失败了。

儿子的表现在我看来：一、还是太嫩了点。二、公司大了就难免官僚主义和复杂的办公室政治，他的做法难免触及一些既得利益者的势力范围。因此，对儿子"没有发展空间"的想法，我无法判断对错，只有凭他自己的感觉了。

出来闯荡本是敢于有所作为的表现，而且趁年轻出来闯一闯也是应该的。但每年那十多万元的年薪从此就再也没有了。而创业谈何容易？十个中能有一个成功？公司一旦找不到活计，一家三口就得靠老婆养了。

可儿子就是这种作派，如果不是找他老爸借钱，辞职的事估计是不会告诉我的。儿子找我借钱，当然会还。他是一个出手豪爽大方、大手大脚不太注重钱财的人。几年来，他从拿到第一笔工资起就不断更换我的"设备"，从换手机，到换电脑显示器（将晶体管换成液晶的），到换彩色打印机，到配置笔记本电脑等等。我属于旧时代葛朗台式的人物，能够节约就节约，只要"设备"不坏，就一直用下去。儿子以提高工作效率为由，免费给我换新的，我也只好高兴地接受了。在儿子公司开张一年，经济状况有片刻转机后，他打算换新车将用了一年多的十二万元的轿车送给我，但我坚决拒绝。我说，你要换车，先把你现在二室二厅的房子换成三室二厅，你女儿还有四年就要上小学了，她马上要有一个独立的房间，你也应该有一个专门的书房。儿子无话可说。

在公司挂牌半年多的一天，从联系了半年的甲方单位传来消息，那个极具诱惑力的软件项目被一个有实力的大公司夺标了。儿子公司为此忙活了半年一无所获。当时我正呆在北京，看到儿子一脸沉重的失望和无奈，我说："马云当年开始创业，靠贩卖小商品维持了三年。你们现在的机遇远没有马云那个时期好，你起码要作好三五年艰苦奋斗的心理准备。"儿子在一旁默默无语……

好在没过多久，接到了几张小单，给即将弹尽粮绝的公司缓了一口气。开业一年多以后，公司终于接到一项颇具发展前景的工程，于是马上扩招技术人员。几经招聘，却招不来一个满意的。倒不是市场上没有人才，而是能够上手做事的人一看是家小公司，手里没有现成的大项目，大都摇头走人。儿子只得跑到原来的公司去挖人。曾在儿子手下工作过的员工陆续被挖了五六个过来。一家前途无忧的上万人的大公司的员工，愿意跑到儿子这样一个虾米级而又前途莫测的小公司来，离不开两个条件：第一，儿子公司的待遇一定要比原公司的高，估计年薪起码得十二万元以上；第二，这些员工信得过儿子的为人和业务能力，否则是不会来的。我虽然为儿子的人格魅力感到欣慰，但对公司每年八九个人需要一百多万元的工资和近二十万元的办公室租金压力感到担忧。一旦哪天断炊，公司随时就得散伙走人。尽管儿子不断酝酿着一个又一个开拓市场的新想法，但那毕竟不能解决每天的实际开销呀。

我这种担忧不是杞人忧天，之前承接了的那一项"颇具前景的工程"做到一半却突然停了下来，公司顿时陷入了等米下锅的压力之中……

开业近两年，在第一年过春节时，儿子的工资加年终奖总共只拿到了二万元。第二年过春节时，儿子一年的工资加年终奖只拿到了八万元，还不及员工工资的三分之二。经济收入的降低自然给儿子的日常生活带来了明显的变化。

当初，儿子当打工族时，每月平均一万多元的工资，除了交几千元的房贷，几乎月月花光。从参加工作到自立门户共五年的时间，儿子的笔记本电脑就换了五台，手机换了五部，购买高档摄像机、照相机、滑雪设备等，动辄花上万元。给三岁半的女儿也配了iphone和ipad。平时每次上餐馆，就挑有特色风味的吃。我每次到北京儿子处暂住时，就像一个跟班随从，一言不发地在一旁看着点菜，然后陪着吃。有一次我对儿子点的菜价表示"好贵呀"，儿子没好气地瞅了我一眼说："你只管吃。"言下之意是，也没有要你掏钱，有啥说的。

公司开办的第三个年头，儿子又是大半年未拿一分钱的工资，但员工的工资却一分不能少。在这段时间里，发现儿子在家接电话时，动作特别地敏捷，表情的反差特别大。一旦发现儿子眼睛放起亮光，语气急促兴奋，不难判断，电话里的这笔业务有希望。而要是他沉默不语地关掉手机，然后坐到一边沉思，那显然是业务上的不利消息。而让儿子眼睛放亮的电话少之又少，往往是以沉默不语收场。

公司业务的不稳定，使儿子的生活悄然发生了变化——吃饭从只上正规餐厅到开始光顾快餐店了；从平时除了休息日在家做做饭吃，到后来晚上八九钟下班也经常回家做饭吃了；从不曾坐公交车上下班，到一次限号日下班竟然坐公交车回家（以往限号日坐的士上下班）。妻子问他，你怎么没有坐地铁回家？儿子说，坐公交车便宜些。看到儿子竟然打起一元几毛钱的小算盘，我和儿子妈大惊！当然，这次节约只是儿子心血来潮，与养成真正的精打细算、勤俭节约的作风还相差十万八千里。但我体会到，窘迫的经济压力比父母"要节约"的唠叨强有力一万倍！

看到儿子生活作风的变化，我对儿子公司初期运行状况的好坏不知是忧还是乐，或者说有忧有乐。

忧的是，如果公司轻易地捞到一个大项目而发达起来，儿子会更加大手大脚，甚至会贪图享乐而奢华起来，从而导致意志上的松懈、瘫软而使人生不了了之，因为人一旦轻易暴富而过上舒坦的生活后，再去艰苦奋斗就很难了。所有长期立于不败之地的成功创业者，没有一个不是几十年如一日兢兢业业过日子的，而做到这一点的只能是那些早年经历过苦日子磨难与煎熬的人。但是，如果长期不景气，我又担心公司垮台。当然，垮台后儿子凭技术去找碗饭吃问题不大，但遭到打击的他，可能会从此不再有大胆的梦想和朝气蓬勃的进取精神。

乐的是，公司目前艰难的生存状况不仅有助于养成儿子俭朴的生活作风，对儿子的意志品质也是难得的锤炼。人人都愿意一夜暴富，发大财，不愿受穷，不愿过艰苦生活。而一个人的意志品质恰恰是要受穷、受磨难才能得到提升。人的智慧和精神财富恰恰是在挑战危机、风险和压力的过程中造就出来的。

公司如此惨淡经营，儿子还能够兢兢业业地忙活着，这有两个原因：一、公司虽小，但他担当的是技术总监和总设计师的职务，这对他的技术业务能力有极大的提高和锻炼机会，也满足了他的荣誉感。二、公司目前虽然磕磕绊绊，但有一种主人翁的感觉，并有着为实现梦想而奋斗的诱惑力。因此，不到揭不开锅、大家散伙走人的那一天，儿子不会轻易罢休。这不，儿子又投入到了一个极有市场前景的新产品的运作中。

企业家精神的磨砺

经过一段时间加班加点的忙碌和双休日不分日夜的猛干，一次下班回来，儿子拿出ipad，高兴地给我们演示了他设计的一款软件产品。随着儿子的手指在触摸屏上迅速地滑动，屏幕上新产品的栏目、子栏目和子子栏目不断地翻转、滚动、或变大变小。嗬！这不跟刚刚上市不久的iphone的触摸屏一样的搞法吗。儿子说："我们采用这个软件把×××公司的服务项目和各种功能、职能展示给用户，×××公司的老板看了后比较满意……做产品比接工程发展前途大，我们当然愿意做产品。"儿子的高兴劲溢于言表。

　　然而一个多月过去，每天下班回家吃完饭，儿子却像往常一样不是坐在电视机前看电视，就是在网上翻看微博和笑话集锦，对新产品的事只字未提。又一个月过去，新产品的事儿仍然没有下文。我与工程业务打了十几年交道，知道到了这个时候，该来的早就来了，还没来的也就过去了。这次新产品的泡汤虽然没有什么大的损失，但这毕竟让儿子又空欢喜了一场。

　　不久发现，儿子每天五点半就下班回家了，这是从未有过的事。我猜想公司肯定是没什么活儿可干，到四点多钟就早早走人了。看到儿子连续近两个月都这样早早回家，儿子妈对儿子说："如果再不行，你干脆上班去。"儿子淡淡地说："要打工，我还有大半辈子时间，慌什么。"

　　儿子公司如此冷火清烟的状况，使我想起儿子一路磕磕绊绊的创业经历。刚就业时，看到互联网热，就参加到几个同学创建网站的活动中。忙活两年后，网站办垮了。儿子自己又筹划了一个网站，虽然与朋友同事们谈起来头头是道，大家听起来也都点头说好，却没有一个愿意跟他辞职去冒这个风险。大半年后，这个想入非非的网站胎死腹中。这三年业余时间的忙碌看似一无所获，但儿子的专业技术能力得到了实际演练和提升，儿子兴致勃勃的创业热情没有因此受到丝毫影响。

　　挂牌开业已有四个年头的公司还在不死不活地原地打转。这个时候的儿子与年轻时的我一样，除了盲目的野心和一个又一个跟风赶潮流的想法以外，肚子里没有多少真知灼见的东西。

　　就在这一年（2011年），乔布斯突然去世。这个给世界创造了一个又一个奇迹的传奇人物的英年早逝，给全世界密切关注着他的人，当然也包括我和儿子一个晴天霹雳。一时间人们纷纷谈论他的传奇经历和种种过人的本事。我和儿子几乎同时在第一时间买了《乔布斯传》，将这五十多万字的书抱在手里一口气读完，并交流了读后感。儿子从中得到的一个重要认识是，以往盲目地追求最新最时髦的应用技术和商业思潮，那不是创新行为，只是盲目的赶潮、跟风。想要创新，首先得深入实践，在实践中发现问题，把握住问题的细节，才有创新的可能。苹果的创新就是在产品的细节上令人耳目一新。

他先后买来一些用户体验和"微创新"方面的书籍读起来，对自己的思路和努力方向进行了调整。在市场的需求、用户要求、用户体验上下功夫。经过半年多的努力，终于在第五个年头，他主持设计的一个产品（软件平台）被一家投资公司看好。不久，第一笔资金投了进来，并控股了儿子的这家小公司。我有些担心地对儿子说："有些公司得到投资后就以为不得了了，大手大脚起来，结果很快就垮台了……"儿子不以为然地说："这都知道，投资不一定就是好事，压力更大。"显然儿子反感我把他当菜鸟看了。但是必要时还得给儿子敲敲警钟。

这笔资金的到来使这一产品的实际开发得以启动，年薪三十几万、二十几万、十几万的技术人员相继被招了进来。由于人员增加，办公室也换大了，由原来一年十八万元租金的办公室换到了六十多万元的，办公地点也由海淀搬到了东城区。

第一次从新的办公室下班回家，儿子对该地区每小时六元（包月一千元）的停车费大喊"太贵了"。这个停车费对于已是公司副总经理兼技术总监（CTO）和架构设计师的儿子来说是承受得起的。不算股份，他的年薪就有二十四万元。但儿子感到心痛了。而且，儿子发现每天开车上班。因堵车所用的上班时间与搭地铁的时间不相上下，于是决定改成每天骑自行车然后转乘地铁上班。

儿子搬出三年多未曾摸过的自行车一看，前后的刹车都已锈死便推到车行去修。一问价，换一对原刹车配件需五十元，再加人工费五十元共需一百元。儿子觉得要价贵了。修车行老板说，如果要水货配件，只需几元一个。儿子又觉得质量太差不安全。到网上一查，原刹车配件一对只要三十四元。儿子网购回原刹车配件，自己动手安装，这一下节省了六十多元。我恭维儿子说："你这有点企业家的节约精神了。"儿子说："把我搞气了，换个刹车要不了一下的功夫，就要赚我六十多元。"我听了却暗自高兴地想：以往你每天上馆子，一餐饭钱几百元毫不在乎，如今这一对刹车连个零头都抵不上，你倒舍不得了。

　　我对儿子注意节约但又不忘性价比的作风很是欣赏。如果不是公司有过一段时间的"断炊"，儿子会有这么一点节约精神吗？看来经历了一段磨难的儿子，变得沉稳些了，这真是时势造化人啦。

　　拿到了两万元月薪的儿子，很快每月将一万元打到母亲的存折上，以还那十万元借款。儿子妈说，只还五万就可以了。在儿子的坚持下，儿子妈又说，只还九万就够了，但儿子和儿媳妇还是坚持要一分不差地还完。我想，如果儿子没有尝过"断炊"的苦头，很可能他现在还在做那个无忧无虑的"月光族"。

为什么偏科生更接近成功

一、偏科生爱因斯坦的学习动机、心态及策略

爱因斯坦是高智商吗？

小学、中学、大学均不被老师看好的学生

最伟大的物理学家、现代物理学的开创者和奠基人爱因斯坦，这位人类最高智慧的代表者是高智商吗？学习成绩是一流的尖子生吗？从他小学、中学到大学的学习表现得到的答案是，否定＋否定＋否定。但是在老百姓的答案中，甚至当我们在网上"百度一下"，搜索"人类智商最高的人是谁？"网民们几乎无一例外回答："爱因斯坦的智商最高。"这是很害人、很误导人的，特别是在崇尚"分数挂帅""智商第一"的中国教育界，则更是把学生对"智商第一"的崇拜引到了执迷不悟的地步，从而被培养出大量高分低能、低情商，脱离实践而又怀才不遇的人才。

首先，让我们看一看爱因斯坦从小学直至大学的智商和学习成绩的

表现以及老师的评语。

在所有关于爱因斯坦的个人传记中都提到，他到了三岁还是一个连话都不会说的孩子，为此父母带他去医院检查。可以说小时候的爱因斯坦不仅不属于那种聪明伶俐、智力出众的神童类孩子，甚至让父母担心他在智力上是否有问题。

爱因斯坦在念小学时，除了数学在班上经常拿第一，其他功课属平常。他举止缓慢，不爱与人交往，老师和同学都不喜欢他。读中学时，教他希腊文和拉丁文的老师因他成绩很差，对他更是厌恶，曾经公开骂他："爱因斯坦，你长大后肯定不会成器。"

中学时期，有一次，他的父亲赫尔曼·爱因斯坦先生问学校的训导主任，自己的儿子将来应该从事什么职业？这位主任直截了当地回答："做什么都没关系。你的儿子将是一事无成的。"

他十六岁时第一次高考落榜，复读后第二年进入苏黎世工业大学数学物理系，这说明他远不属于高智商的成绩优秀生。

在大学期间，爱因斯坦的学习成绩与课堂表现又如何？

有一次上物理实验课，教授照例发给每个学生一张纸条，上面把操作步骤写得一清二楚。爱因斯坦把纸条捏作一团，放进裤子口袋。过了一会儿，这张纸条就进了废纸篓。原来他有自己的一套操作步骤。爱因斯坦正低头看着玻璃管里跳动的火花，头脑也许进入了遥远的抽象思维的世界，突然"轰"的一声，玻璃管爆炸了，把他震回到现实世界中来。爱因斯坦觉得右手火辣辣的，鲜血直往外涌……教授问明情况，就愤愤地走了。他向系里报告，坚决要求处分这个胆大包天、完全"不守规矩"的学生。

十几天以后，爱因斯坦看到教授迎面走来，想躲已经来不及了。教授走到爱因斯坦面前，目光很自然地落到他那只包着绷带的右手上，叹了口气，心里又同情又遗憾。教授说："唉，你为什么非要学物理呢？

你为什么不去学医学、法律或语言学呢？"

　　诚实的爱因斯坦老老实实地回答："我热爱物理学，我也自以为具有研究物理学的才能。"教授迷惑了，一个不守规矩的学生还加上一份固执，他摇摇头，再次叹了口气，说："唉……算了，听不听由你，我是为你好！"

　　显然，如果爱因斯坦是个成绩优秀的学生，物理老师是不会因一次实验课的失误而说出这番话来的。1900年，爱因斯坦从苏黎世工业大学以全班倒数第二名的成绩毕业，无法进入学术机构，同时也被拒绝留校。毕业后找不到工作，他靠做家庭教师和代课教师为生。在失业一年半以后，好朋友格罗斯曼向他伸出了援手。格罗斯曼设法说服自己当局长的父亲，把爱因斯坦介绍到瑞士专利局去做一个技术员，负责审查和记录瑞士发明家们提出的专利申请，干一件与自己所学专业不相干的杂务性工作。

　　从成名之前的表现看，爱因斯坦属于那种不受重视，不被看好，成绩平庸，甚至表现窝囊的学生。爱因斯坦曾多次充满感激之情地回忆大学同学格罗斯曼对他宝贵的帮助："突然被一切人抛弃，一筹莫展地面对人生。他帮助了我，通过他和他的父亲，我后来才到了哈勒那里，进了专利局。这有点像救命之恩，没有他我大概不致于饿死，但精神会颓唐起来。"

　　爱因斯坦也是在他的同学格罗斯曼参与下，用黎曼几何攻克数学难关，而创立了广义相对论。对这种友谊和支持，爱因斯坦一直铭记在心。在他逝世前的一个月，即1955年3月的《自述片断》中说："我需要在自己在世时至少再有一次机会来表达我对马尔塞耳·格罗斯曼的感激之情……"

　　一个在学生时代表现如此平庸，遭到历任老师差评的学生，他最多只能算是一个偏科生、一个与高智商毫不沾边的学生。

从测定智商的各项参数来看，偏科生、差生的智商肯定不会高于任何一个状元生。他们之所以成为偏科生或差生就是因为他们智商中的某一项或几项智力商数，如记忆力、逻辑推理能力，或某方面的注意力、理解力、眼手脑的协调能力、反应速度等等主要指标不高而造成的。爱因斯坦当然也不例外。那么，爱因斯坦智商不高表现在他学习上的哪一块或哪几块"短板"上？或者说从哪几块学习"短板"证明他的智商不高？还是看看他本人对自己智力的评价吧。

据爱因斯坦《自述》：

"我是一个执意的而又有自知之明的年轻人，我的那一点零散的有关知识主要是靠自学得来的。热衷于深入理解，但很少去背诵，加之记忆力又不强，所以我觉得上大学学习决不是一件轻松的事。怀着一种根本没有把握的心情，我报名参加工程系的入学考试。这次考试可悲地显示了我过去所受的教育的残缺不全，尽管主持考试的人既有耐心又富有同情心。我认为我的失败是完全应该的……尽管摆在我们面前的课程本身都是有意义的，可是我仍要花费很大的力气才能基本上学会这些东西。"——显然，爱因斯坦读书的脑瓜子没有那些高智商的尖子生们那么够用。

人生的戏剧性与社会的讽刺性

爱因斯坦并不因成绩差、智商不高而小看自己，他利用业余时间进行科学探索。五年后，1905年发表了"狭义相对论"——开创了人类物理学的新纪元。

爱因斯坦使人类改变了对宇宙时空的看法。同时，人类也改变了对这个专利局小职员的看法。

全世界知名大学包括那些曾经拒绝过爱因斯坦的大学相继向他发

出邀请函，并以他接受邀请为极大的荣幸。爱因斯坦从一个被老师认为"一事无成"的学生，一个连工作都难以找到的失业者，变成了一个世界各著名大学争抢的"香饽饽"。

从此，爱因斯坦被世俗媒体和一些上层机构贴上了人类"最高智商"的标签，将其大脑作医学解剖研究的对象，并拿到世界各地展出。这反映了那些崇尚"智力决定论"者的底气不足。

任何人的创造发明和发现都既有主观努力的必然因素，也有偶然的客观因素。伟大的爱因斯坦也不例外。在他对科学事业的探索过程中也有过几次重大的错误和失败。

如在哈伯提出膨胀宇宙的天文观测结果后，爱因斯坦放弃了他的"宇宙学常数"，他认为这是自己"一生中最大的错误"。在他完成相对论以后，就全力以赴去探索"统一场论"的科学研究。苦苦钻研了二十多年，却无果而终。在他与玻尔有关"量子力学"的争论中，"量子力学取得了一个又一个胜利，而爱因斯坦则被抛在了一边"。

爱因斯坦的失败丝毫不影响他对人类的伟大贡献，他永不放弃的精神对立志科学的人给予了无穷鼓舞。他晚年在物理学界非常孤立，可是他依然无所畏惧，毫不动摇地走他所认定的道路，直到临终前一天，他还在病床上准备继续他的统一场理论的数学计算。

为什么世俗社会的一些人们将爱因斯坦这个智商不高、读书成绩不大好的大脑留下作解剖，甚至对研究他的脑袋的兴趣超过了他的"相对论"本身？这的确颇具戏剧性和讽刺性。这使我们认识到，在那些看似冠冕堂皇的专家学者们的脑子里，充满了浅薄和势利，同时也有一大批人云亦云"软耳根子"的追随者。

爱因斯坦智商不高，在小学、中学表现平庸，在大学成绩垫底，甚至连物理老师都建议他改换专业。是他的老师们都缺乏起码的判断能力吗？还是一个学生的智商和学习成绩的高低远远不能说明一个人的非智力因素和创造性才能的高低？答案显然应该是后者。

爱因斯坦的人生经历告诉我们一个事实：人的智商、读书考试的能力与人的探索、想象力、创新精神等非智力因素的种种能力是两种不能打等号的能力，并且后者在人生的职场生涯中往往起着更重要的作用。

善于"扬长脚，避短脚"的策略心态

值得人们思考的是，在学习成绩上表现如此令人不敢恭维的爱因斯坦，凭什么取得如此伟大的成功？在学习上他有哪些成功的窍门和体会？还是听听他自己的说法吧。

"执意而又自知之明"——执着而又清醒的自信

据爱因斯坦《自述》：

"我是一个执意的而又有自知之明的年轻人，我的那一点零散的有关知识主要是靠自学得来的……在这些学习年代里，我同一个同学马尔塞耳·格罗斯曼建立了真正的友谊……他不是像我这样一种流浪汉和离经叛道的怪人，而是一个浸透了瑞士风格同时又一点也没有丧失掉内心自主性的人。此外，他正好具有许多我所欠缺的才能：敏捷的理解能力，处理任何事情都井井有条。他不仅学习同我们有关的课程，而且学习得如此出色，以致人们看到他的笔记本都自叹不及。在准备考试时他把这些笔记本借给我，这对我来说，就像救命的锚；我怎么也不能设想，要是没有这些笔记本，我将会怎样。

"对于像我这样爱好沉思的人来说，大学教育并不总是有益的。无论多好的食物强迫吃下去，总有一天会把胃口和肚子搞坏的。纯真的好

奇心的火花会渐渐地熄灭。幸运的是，对我来说，这种智力的低落在我
学习年代结束之后只持续了一年……"

显然，爱因斯坦成功的关键在于，他能够凭着自己的好奇心和敏锐
的判断力，把握住自己的职业方向。因此，如果我们能够像爱因斯坦那
样敏锐而深刻地了解自己的缺点和优点，我们即使不能做出爱因斯坦那
样的业绩，也会像爱因斯坦那样从容、执着地把自己的兴趣特长做深、
做透，做到精彩过人的程度，从而牢牢地把握住自己的职业方向和人生
主动权。

敢于平视教育权威，走自己的路

爱因斯坦在他的《自述》中写道："我深切地感到，自由行动和自
我负责的教育，比起那种依赖训练、外界权威和追求名利的教育来，是
多么的优越呀。真正的民主决不是虚幻的空想……

"现代的教学方法，竟然还没有把研究问题的神圣好奇心完全扼杀
掉，真可以说是一个奇迹；因为这株脆弱的幼苗，除了需要鼓励以外，
主要需要自由；要是没有自由，它不可避免地会夭折。认为用强制和责
任感就能增进观察和探索的乐趣，那是一种严重的错误。我想，即使是
一头健康的猛兽，当它不饿的时候，如果有可能用鞭子强迫它不断地吞
食，特别是当人们强迫喂给它吃的食物是经过适当选择的时候，也会使
它丧失其贪吃的习性的。"

爱因斯坦能够创造出卓越的成就，这与他敢于平视"外界权威和追
求名利的教育"，和具有为了"神圣好奇心"而进行"自由行动和自我
负责的"学习精神分不开。与那些跟随老师的指挥棒转，以考分来说明
一切的唯分数型尖子生相比，在学习的动机、目标、心态上是截然不同
的。而在学习成绩上，那些尖子生都远高于爱因斯坦。

果敢的自主选择能力

据爱因斯坦《回忆录》自述："1896～1900年在苏黎世工业大学的师范系学习。我很快发现，我能成为一个有中等成绩的学生也就该心满意足了。要做一个好学生，必须有能力去很轻快地理解所学习的东西；要心甘情愿地把精力完全集中于人们所教给你的那些东西上；要遵守秩序，把课堂上讲解的东西用笔记下来，然后自觉地做好作业。遗憾的是，我发现这一切特性正是我最为欠缺的。于是我逐渐学会抱着某种负疚的心情自由自在地生活，安排自己去学习那些适合于我的求知欲和兴趣的东西。我以极大的兴趣去听某些课。但是我'刷掉了'很多课程，而以极大的热忱在家里向理论物理学的大师们学习。这样做是好的，并且显著地减轻了我的负疚心情，从而使我心境的平衡终于没有受到剧烈的扰乱。"

在中国正统派的教育专家和老师眼里，对于大学生旷课、逃课的行为轻则要受到批评，重则要受到处罚。爱因斯坦却能够大胆地"'刷掉了'很多课程"。当然，在我国逃课的大学生中，有许多是为了泡网吧和谈情说爱。

二、解读神童、天才张亚勤的成功之路

"少年班"里的差生，中学里的偏科生

"神童""天才"的表象与内在的本质特征

改革开放三十多年来，1978级中国科技大学"少年班"的张亚勤，一直被中国科大当作招牌性人物引以为骄傲。他十二岁成为中国年纪最小的少年大学生，二十岁成为美国乔治·华盛顿大学的博士生，二十三岁博士毕业。二十八岁时已经在美国权威学术杂志上发表了上百篇论文。三十一岁被授予美国电气电子工程协会院士(Fellow of IEEE)称号，成为该协会一百年历史上获得这一荣誉最年轻的科学家。拥有六十项美国专利，并发表了五百多篇学术论文和专著。1998年，美国电子工程师荣誉学会授予他"杰出青年电子工程师奖"和1997美国"年度最佳研究工程师奖"。2000～2004年（三十四至三十八岁）担任微软亚洲研究院（MSRA）院长兼首席科学家。2004年晋升微软全球公司资深副总裁。

张亚勤从小学到中学不断跳级，赴美后做出了一系列令人炫目的业绩，于是被习惯供奉偶像的人们披上了"神童"和"天才"的神秘面纱，也隔开了与平凡人之间不可逾越的鸿沟。

为了树立科学理性的思维，为了能够从优秀卓越者的成长进步中找出对大多数学生具有普遍意义的、能够为平常人所理解的学习经验，让我们以实事求是的态度还原张亚勤的本来面貌。

据《成长》一书披露：进入中国科大"少年班"时，张亚勤有一种被淹没的感觉。他回忆当年，"去了后才发现别人都比我强。宿舍里一问别人的分数，上床比我高，对面床也比我高。前一个学期的考试成绩都在后边。"那就更不用与班上闻名全国、大名鼎鼎的宁铂、干政、谢彦波等"神童"相比了。张亚勤显然是"少年班"里的差生。

进入"少年班"的那一年，张亚勤曾经参加了当年的高考，结果距中国科大的分数线差十分而落第，以当时的成绩可以上山西大学，但他选择了当年科大少年班的考试。

张亚勤在科大少年班"考试的结果是'一面倒'：语文和政治都很差，数学却是满分再加二十分。那是一个平面几何题，而他是全国考生中唯一解出这道题的人。阅卷的老师们被惊呆了，都说太原出了一个'数学神童'。'其实这是过高地估计了我。'亚勤后来回忆这件事的时候笑着说，'这个题正好是我做过的。那是考试的前几天，妈妈不知道从哪里弄来一本书。书里有一道竞赛题，特别难。亚勤平时总觉得平面几何特别对他的路子，什么题也难不住他。可这题竟把他难住了。他苦苦想了两天才找到答案，不料竟在这次试卷上看到了同样的题。'我不比别人聪明，'他后来说，'那个题，如果我没做过，我在考场上肯定做不出来。没有人能够在那么短的时间里做出那道题。'可是考官不管这个，只管结果。亚勤后来如愿以偿，进入中国科大少年班。"

中科大的考官们以为出了个神童，原因是他们只管结果，而不去探究事情的成因。当然最根本的原因是他们相信有天才、神童。具有讽刺意味的是，张亚勤当年高考被中科大拒于门外后，又以神童的名义招了进来。

当年一位采访张亚勤的作家对他说："知道吗？比起你的同伴来，你的基础还很差。"心里不高兴的张亚勤争辩道："我是凭自己的本事考进来的。"不知张亚勤是否想过，当初如果没有那一题的运气，凭考试总分，能否被科大少年班看中就很难说了。这既是偏科生张亚勤的运气，也是当年科大有招收偏科生的勇气。

人们也许会说，即使把那道二十分的加试题除开，一个十二岁的少年能够达到那种水平也是够神童的了。是这样的吗？让我们看一看张亚勤那个时代的教育状况、教学水平和考试内容与当今存在的种种差距，以及与那个时代绝大部分学生的学习环境、学习状况相比，就会对张亚勤有更清楚的认识。

张亚勤成功的秘诀

不"扎实的基础知识"是张亚勤成功的首要条件

还是《成长》一书披露："1972年，亚勤也到了上学的年龄，回到太原妈妈身边。妈妈是位中学老师，上班的那所学校与一所小学连在一起，于是亚勤就到妈妈的学校里读书。

"那时候，学校不像今天这么正规，老师对学生也不像现在这么严厉。孩子上课时所拥有的自由，也是今天的学生难以想象的。亚勤想听就听，不想听就不听，喜欢的课就拼命听，要是觉得哪门课没意思，就换一门，要是不喜欢哪位老师，也就不再去听课。有时候上课，听着听着觉得没意思了，就出去玩，老师也不管他。没有人批评他，也没有人把他妈妈叫到办公室里来谈话……妈妈除了讲课，还在学校里编写一些讲义，眼看儿子不喜欢老师在课堂上讲的东西，也不强迫他去听，就在家里给他讲课。妈妈不仅什么都教，而且方法还挺奇怪。她从不讲究什么循序渐进，也不按照正规的教学进度。看这孩子明白了低年级的课程，马上就去讲高年级的。小学的课本还没讲完，中学的课本就穿插进来。

"亚勤就这么肆无忌惮地在各门功课和各个年级之间穿插跳跃，一点规矩也没有。这个学期还在读一年级，下个学期就跑进三年级的教室里去，再下个学期就进了四年级。本来六年的小学课程，他在第二年就全部读完了。

"到了第三年，亚勤觉得再也没有哪个教室里的东西是新鲜的。上课百无聊赖，所以干脆不听，有时候实在坐不住了，就跑到教室外面玩。有一天妈妈对他说：'既然你不喜欢听小学的课，那你就到中学去吧。'

"亚勤受到如此鼓励，大为振奋，于是偷偷钻进初中的班里去，坐在最后一排。好在中学小学都是一个院子里，老师都是妈妈的熟人，对孩子网开一面。听着听着，他就成了正式的初中一年级学生。这一年他九岁。

"那时候'文革'还没有结束，学校里乱七八糟，教学不正规。亚勤再次从这种'不正规'中得到好处：'我感觉我在小学和中学就没有受到正规教育，头一个学期上学，第二个学期可能就不去了。'

"妈妈还是在家里给他讲课。亚勤还是想进哪个教室就进哪个教室。读完初一，直接去了初三。一边上课一边去参加数学竞赛，半年之后，又去读高一。高一读了上学期，又去读高二下学期。说是读高二，其实学的都是高三的课。就这样，他用一年半的时间读完初中，又用一年读完高中，到了1978年，他高中毕业。这一年，他十二岁。

"像所有的男孩子一样，亚勤也贪玩。那时候作业少，也没有什么考试，所以有很多时间出去玩。他的兴趣广泛，学画画，下围棋，还打羽毛球。每个兴趣都从妈妈那里得到鼓励。"

在如此不断跳级的同时，张亚勤还有许多玩的时间。如果不了解"文革"后期我国教育的实际情况，人们确实会以为张亚勤的读书能力神奇到不可思议的程度。那么，让我们看一看张亚勤读小学直到高中毕业的那个年代我国的教育实况。

1972年至1978年间是我国中小学教师被"造反派"抓到台上挂黑牌、戴高帽、批斗和游街刚过去几年，被揪斗过的老师在课余时间仍然受到学生的责骂和横眉冷对的政治歧视，老师的"资产阶级知识分子臭老九"的"帽子"还没有摘掉。他们中的一部分虽然从"学习班"、从扫厕所的岗位上和从农村的改造中回到城市不久，但还得时时"接受无产阶级的改造"和"贫下中农的再教育"。

学校老师个个惊魂未定；"文革"后期瘫痪了的学校虽然复课了，但学生还要"复课闹革命"，还要"批林批孔"，还要"斗私批修"，教育还高举着"政治挂帅"，"反对走白专道路"的旗帜。更让学生不能安心和认真读书的是，学校的考试都是开卷考试，大家可以互相抄；无论成绩好坏，高中毕业后的唯一去向都是"下农村"。初中生中有一小部分可以进高中，但不是根据成绩，而是根据"有成分论，不唯成分论，重在政治表现"的"贯彻阶级路线"的原则。一心一意用功读书，成绩冒尖的学生将会被扣上"走白专道路"的"修正主义苗子"的帽子，从而会受到批判和记入"黑档案"。

像张亚勤这样"走白专道路"的个别学生也只有遇到好的和熟人老师的保护，和在那些远离"文革风暴"的偏远小镇才有可能幸存下来。在大多数学生都不用心读书的情况下，那些用心读书的学生的成绩自然显得异常突出。更何况张亚勤还有一位既有专业知识又有很高情商、对孩子的教育既大胆而又有远见卓识的母亲的专门辅导，这使得孩子在身心和学业上双双获得了巨大进步。

　　也许人们会问：张亚勤的"不断跳级"与"不扎实的基础知识"有
必然联系吗？

　　以下两点可以说明这个问题：

　　一、张亚勤"本来六年的小学课程，他在第二年就读完了"。在
这两年时间里，他除读了个一年级、三年级、四年级、六年级的上学期
外，其余的年级及下学期既未上课也未参加期末"考试"就"跳"走
了。中学阶段的初二上下学期、初三下学期、高一下学期、高二和高三
上学期同样都未上课，也未参加开卷"考试"就"跳"走了。这种一学
期不仅没上一堂课，连考试都没有经过的"跳级"算基础扎实吗？即使
是天才中的天才也要看一眼课本和参加一下考试吧。他1978年"少年
班"的考试成绩"一边倒"，严重偏科也证实了这一点。因此，说张亚
勤的基础知识不扎实毫不夸张。

　　二、1972年至1978年，我国中小学的教材内容，语文课本普遍的选
文标准是"以毛主席著作作为基本教材，选读文化大革命的好文章和革命
作品"。这样，各地的语文课本不可避免地充斥着"语录加批判"式的
内容。同时取消了物理、化学、生物课程，改成了"工业基础知识"和
"农业基础知识"等。物理教材简化为"三机一泵(拖拉机、柴油机、电
动机、水泵)"，生物教材简化为"三大作物"(稻、麦、棉)等。1978年
高考，只有政治、语文、数学三门考试，省掉了物理、化学和英语三门
考试。数学试题内容与十几年或二十多年后的高考试题相比，在广度、
难度和分量上的差距巨大。所以，张亚勤与当今的中学生读的课程和考
试内容的难度、分量比起来相差太大了！远不及当今学生一半的学习分
量。其基础知识的不扎实可想而知。

　　据一位1980年代后毕业的大学生对1978年数学的高考试卷作出的评
价："1978年的高考试卷在难度和分量上比十多年后的有明显差距，我
们当年的考生只要平时考试能够考得七十分（一百分满分的试卷）的同

学做这套试卷拿满分是不难的。"也就是说，拿到那个满分也只相当于今天三本的入学水准。

据一位现任高中数学老师说："1978年高考的数学试题分量和难度相当于现在高中生毕业考试的水平。"但同时他又说，"虽然现在的教学内容、高考难度和考题的综合性比1978年的大大加强，并且将导数、向量、极限等这些原属于大学的教学内容下放到中学，但还是很难出人才；现在学生的能力并不比当年的强，现在的学生是靠高强度的机械化训练去掌握大量的现成题型；要求学生拿到题目一看就要熟练地知道属于哪种题型，然后迅速而准确地完成。平时，学生没有时间也不可能去为一个问题或一道题目花上一个或几个晚上的自习时间，去举一反三地反复钻研，去锻炼和提高学生的探究、思索能力，去搞真正的素质和能力教育。每天学生得死背大量的题型，否则无法完成每天的教学内容和高考的要求。"

现在的学生能像张亚勤那样将一个题拿来"苦苦想两天"吗？即使将一个题想两个小时，整个晚自习各门功课的学习计划就得泡汤了。张亚勤当年在学习上能够如此自由、主动、深入地驰骋遨游，太奢侈、太幸福啦！可想而知如今学生在素质能力上造成差距的原因。当然啦，如今的学生通过死记硬背得到了"扎实的基础知识"。

这位老师一针见血地道出了当今"扎实的基础知识"的教育理念和教学方式是对学生真正素质能力的抑制和摧残。

也许有人会说，张亚勤十二岁就读完了高中数学，一个十二岁的学生做出十八九岁的学生做的题目不算神童吗？其实，如今一些"奥数班"里的特长生做的题目难度远远超过其同年级的学生水准，许多题连中学老师甚至大学专业教授一时半会儿也做不出来。巩昂在《我在美国上中学》一书中谈到，在美国一些初中和高中的特长生，学校每周给予他们专门的时间到大学去上自己的选修课。因此，对于不同兴趣特长和智力分布不同的学生，在专业能力上的差别是远远不能用年龄来衡量的。正如一个有文学爱好的学生读起世界名著来津津有味，感受细腻深刻，而同一年级甚至高几个年级的理科生读起来则味同嚼蜡，昏昏欲睡。

同时，我们的家长很少能像张亚勤的母亲那样，既有善于观察孩子特长的慧眼，又掌握了丰富的教育资源，能够因材施教给孩子自编教材，利用当时宽松的学习环境，给予孩子在学习兴趣上充分选择的自由。这些因素造就了张亚勤的成功，当然还包括他母亲对他心智和情商上的正确引导。

成人后的张亚勤回忆自己的童年时说："幸亏那时候中学和小学的参考书很少，不像现在，满大街都是花花绿绿的。要不我的童年和少年也许不会那么开心，至少不会有那么空闲的时间去玩儿。"

有记者提到，如今似乎有两种主张的教育：一种是宽容、随意、听其自然的教育；另一种是环环相扣、一丝不苟的高标准、严要求的教育。张亚勤回答："好像两种都不是，妈妈放任我的任何兴趣，却不肯放任我的坏习惯。"

我们的许多孩子没有张亚勤那种幸运，不是因为张亚勤是一个神童和天才，而是他这个偏科生没有遭到"扎实的基础知识"的摧残，没有落入唯分数型尖子生的歧途，儿时自由的心灵和学习兴趣得到了母亲的"放任"，作风、习惯却受到严格的要求和磨练。

"扎实的基础知识"造成的误导和灾难

衡量教育质量的两种标准

中国中小学的基础教育，真如一些教育专家认为的"比美国的要扎实、要好"吗？从以下两组数据看，显然是一种不能自圆其说的、自我陶醉的自言自语。

一、从1949年到二十一世纪的今天，中国没有出一个诺贝尔科学奖获得者，而美国获得了诺贝尔科学奖总数的百分之七十以上，甚至连日本，在这六十几年里也有十三个诺贝尔科学奖获得者。基础教育好的国家却出不了杰出的科学家，不好的反而能够出那么多，这种逻辑说得通吗？

二、要看到，华罗庚、钱学森、陈省身、杨振宁、李政道、钱三强、邓稼先等这些在西方留学成功的世界级科学家，他们都是出自二十世纪二三十年代——那真是一个科技人才辈出的年代啊！可是，解放后六十多年的中国教育正如钱学森说的，"老是冒不出杰出人才，这是很大的问题"。况且，如今留学美国等西方国家的中国学生，比二十世纪初的要多几十上百倍，却出不了一个从中国中小学或大学里走出的诺贝尔科学奖获得者，问题出在哪里？显然与近六十多年的中国的基础教育脱不了干系。

中美在基础教育上有没有差距，差距在什么地方？

先让我们看一下美国的基础教育情况再说吧。

据高钢著《我所看到的美国小学教育》一书介绍：

当我牵着十岁的儿子登上中国东方航空公司飞往美国洛杉矶的班机时，心中就充满了疑惑：我不知道在孩子这么小的年龄就把他带到美国去，是不是一个失策？一位朋友的劝告还响在耳边：最少应该让孩子在中国接受完基础教育再到美国，因为中国的基础教育是最完整、最系统的。多少专家也认为，美国的高等教育很出色，而基础教育绝对不如中国扎实。

直到我把儿子送进了那所离公寓不远的美国小学的时候，内心的忧虑终于得到证实：这是一种什么样的学校啊！学生可以在课堂上放声大笑，每天在学校最少让学生玩两个小时，下午不到三点就放学回家，最让我开眼的是儿子根本没有教科书！那个金发碧眼的女教师弗丝女士看了我儿子带去的中国小学四年级的数学课本后，温文尔雅地说：我可以告诉你，六年级以前，他的数学是不用再学了！面对她那双充满笑意的蓝眼睛，我就像挨了一闷棍。一时间，真是怀疑把儿子带到美国来是不是干了一生中最蠢的一件事。

日子一天天过去，看着儿子每天背着空空的书包兴高采烈地去上学，我的心就觉得沉甸甸的。在中国，他从一年级开始，书包就满满的、沉沉的，从一年级到四年级，他换了三个书包，一个比一个大，让人感到知识的重量在增加。而在美国，书包里没了负担，孩子精神上就更松快了，这能叫上学吗？一个学期过去了，把儿子叫到面前，问他美国学校给他最深的印象是什么，他笑着送给了我一个字正腔圆的答案：自由！这两个字像砖头一样拍在我的脑门上。

此时，真是一片深情怀念中国的教育，似乎更加深刻地理解了为什么中国孩子老是能在国际上拿奥林匹克学习竞赛的金牌。不过，事已至此，总不能再把他送回国去呀。也只有听天由命了。

不知不觉一年过去了，儿子的英语长进不少，放学之后也不直接回家了，而是常去图书馆，不时就背回一大书包的书来。问他一次借这么多书干什么，他一边看着那些借来的书一边打着计算机，头也不抬地说：作业。

作业？我忍不住凑过去看，儿子打在计算机屏幕上的标题是：《中国的昨天和今天》。这是一个小学生的作业？这样天大的题目，即便是博士，敢去做吗？于是严声厉色地问儿子这是谁的主意。儿子坦然相告：老师说美国是移民国家，让每个同学写一篇介绍自己祖先生活的国度的文章。要求概括这个国家的历史、地理、文化，分析它与美国的不同，说明自己的看法。

我一时语噎：真不知道让一个十岁的孩子去运作这样一个连成年人

也未必能干的工程，会是一种什么结果？偌大一个中国，它的地理和文化，它的历史和现状，一个十岁的孩子能说得清么？我只觉得一个十岁的孩子如果被教育得不知天高地厚，弄这些大而无当的东西，以后恐怕是连吃饭的本事也没有了。

过了几天，儿子完成了这篇作业。没想到，打印出的是一本二十多页的小册子。从九曲黄河到象形文字，从丝绸之路到五星红旗……热热闹闹。我没赞扬，也没评判，因为我自己有点发懵，一是我看到儿子把这篇文章分出了章与节，二是在文章最后列出了参考书目。我想，这是我读研究生之后才使用的写作论文的方式，那时，我三十岁。

不久，儿子的另一个作业又来了。这次是《我怎么看人类文化》！如果说上次的作业还有边际可循，那这次真可谓是不着边际了。

儿子猛不丁地冒出一句：饺子是文化吗？

饺子？文化？我一时竟不知该如何回答。为了不误后代，我只好和儿子一起查阅权威的工具书。真是没少下功夫，我们总算完成了从抽象到具体又从具体到抽象的反反复复的折腾，儿子又是几个晚上坐在计算机前煞有介事地做文章。我看他那专心致志的样子，不禁心中苦笑，一个小学生，怎样去理解文化这个内涵无限丰富而外延又无法确定的概念呢？但愿我这个虎头虎脑、从来就对吃兴趣无穷的儿子，别只是在饺子、包子上大作文章。

在美国教育中已经变得无拘无束的儿子，很快就把文章做出来了，这次打印出来的是十页，又是自己设计的封面，文章后面又列着那一本一本的参考书。

他洋洋得意地对我说：你说什么是文化？其实特简单，就是人创造出来让人享受的一切。那自信的样子，似乎他发现了别人没能发现的真理。后来，孩子把老师看过的作业带回来，上面有老师的批语：我布置本次作业的初衷是让孩子们开阔眼界，活跃思维，而读他们作业的结果，往往是我进入了我希望孩子们进入的境界。

没有评价，既未说对，也没说不对。问儿子这批语是什么意思，儿子说，老师没为我们骄傲，但是她为我们震惊。

是不是？儿子反问我。

我无言以对。心中始终疑疑惑惑：弗丝老师希望他们进入什么境界？

儿子六年级快结束的时候，老师留给他们的作业是一串关于二次大战的问题。你认为谁对这场战争负有责任？你认为纳粹德国失败的原因是什么？如果你是杜鲁门总统的高级顾问，你将对美国投放原子弹持什么意见？你是否认为当时只有投放原子弹一个办法去结束战争？你认为今天避免战争的最好办法是什么？……

如果是两年前，见到这种问题，我肯定会抱怨：这哪是作业，这分明是竞选参议员的前期训练！而此时，我开始对美国的小学教育方式有了一些理解。老师正是通过这些设问，向孩子们传输一种人道主义的价值观，引导孩子们去关注人类的命运，引导孩子们学习高屋建瓴地思考重大问题的方法。这些问题在课堂上都没有标准答案，它的答案，有些可能需要孩子们用一生去寻索。

看着十二岁的儿子为完成这些作业兴致勃勃地看书查资料的样子，我不禁想起当年我学二战史的情景：按照年代、事件死记硬背，书中的结论，有些明知迂腐也当成圣经去记，不然，怎么通过考试去奔光明前程呢？此时我在想，我们在追求知识的过程中，重复前人的结论往往大大多于自己的思考。而没有自己的思考，就难有新的创造。

儿子小学毕业的时候，已经能够熟练地在图书馆利用计算机和缩微胶片系统查找他所需要的各种文字和图像资料了。有一天我们俩为狮子和豹的觅食习性争论起来，第二天，他就从图书馆借来了美国国家地理学会拍摄的介绍这两种动物的录像带，拉着我一边看，一边讨论。孩子面对他不懂的东西，已经知道到哪里去寻找答案了。

儿子的变化促使我重新去审视美国的小学教育。我发现，美国的小学虽然没有在课堂上对孩子们进行大量的知识灌输，但是，他们想方设法把孩子的眼光引向校园外那个无边无际的知识的海洋，他们要让孩子知道，生活的一切时间和空间都是他们学习的课堂；他们没有让孩子们去死记硬背大量的公式和定理，但是，他们煞费苦心地告诉孩子们怎样去思考问题，教给孩子们面对陌生领域寻找答案的方法；他们从不用考试把学生分成三六九等，而是竭尽全力去肯定孩子们的一切努力，去赞扬孩子们自己思考的一切结论，去保护和激励孩子们所有的创造欲望和尝试。

有一次，我问儿子的老师弗丝女士：你们怎么不让孩子们背记一些重要的东西呢？我上小学时，可没少背课文，没少背教科书的要点。

弗丝老师笑着说：对人的创造能力来说，有两个东西比死记硬背更重要，一个是他要知道到哪里去寻找他所需要的比他能够记忆的多得多的知识；再一个是他综合使用这些知识进行新的创造的能力。死记硬背，既不会让一个人知识丰富，也不会让一个人变得聪明，这就是我的观点。

再来看《人民教育》2011年第9期刊登的《从中美教育比较获得的一些启示》——

华南师范大学基础教育培训与研究院和美国范德堡大学皮博迪教育学院合作，先后组织了九次中美中小学校长双向交流活动。

到美国之初，很多中方校长认为：我们的大学也许比不过美国，但我们中小学生的"基础"却远比美国中小学生的"基础"好。证据之一，就是我们中小学生在各种国际性的学科竞赛中，获得佳绩无数，普遍比美国学生好。由此，很多人得出的结论是：中国的基础教育质量在总体上比美国好。

一言以蔽之，我们"输在了终点"，但至少"赢在了起点"。

事实真是如此吗？

范德堡大学号称美国南方哈佛，吸引了大量优秀的中国留学生。活动中，我们安排中方校长与该校的中国留学生对话，让他们从留学生的感受和对比中去了解美国基础教育。

中方校长问得最多的一个问题是："你们觉得在美国，最大的挑战是什么？"

留学生的答案往往是："学习方法、自主思考和解决问题能力的欠缺。"

原来，在和美国同学的共同学习中，留学生们发现，过去国内老师辛辛苦苦教给自己的"牢固的知识基础"，现在几乎派不上用场。美国同学自主学习能力强，思维敏捷，上手很快，而自己总要慢半拍。一些理工科的学生更郁闷，自己过去在国内是尖子生，是站在"前沿"的，但在美国学习却让他们体会到了什么是"基础工作"——在实验室里，他们往往只能做一些基础性的工作，真正最关键、最富有创造性的环节往往被善于创新的美国同学抢了先。他们因此戏谑地说："国内学习的基础让我们成了'基础'！"

这样的对比，令人心生感慨：我们在终点输了，在起点也不见得"赢了"！我们的高等教育质量不如美国，基础教育质量也不见得就比美国高。我们必须思考的一个问题是：作为基础教育的中小学，究竟应该为学生未来的发展奠定什么样的基础？

基础教育培养什么样的"基础"？

按照中国教育工作者的理解，"基础"是指"基础理论、基础知识、基本技能"，我们把人在未来"进一步学习和发展的根本"定位为扎实的"知识体系"。而美国人则认为，人在未来"进一步学习和发展的根本"的核心不在于知识体系，而在于一个人的学习兴趣、好奇心、质疑能力、探究能力等"能力体系"。

这两个体系有什么差别呢？知识体系强调的是"学会"，而"能力体系"强调的是"会学"。强调"学会"的中国基础教育体系，学生离开学校时带走的是沉甸甸的"扎实的基础知识"，而强调"会学"的美国基础教育体系，学生离校时带走的是充足、轻松的思维空间和浓厚、持续的学习探究的兴趣。

由此，我们似乎可以说，尽管中国的中小学校为学生奠定了很扎实的知识基础，但未必是学生进一步发展和学习的必需基础。相反，过多过重的知识学习，常常会压抑和挫伤学生进一步发展的动力和后劲。就拿现在大家都很关注的创新人才培养来说，很多研究已经表明，创新所需要的基础，并不是知识性基础而是美国中小学特别关注的好奇、探究、兴趣、质疑等为核心的能力性基础。正如《科学研究的艺术》一书中所指出的那样，"知识和经验的积累并不是出研究成果的主要因素"，"对科学的好奇和热爱是进行研究工作最重要的思想条件"。从这个角度看，美国的中小学较好地履行了它们的"基础"功能，学生的基础不是"弱"而是"强"。

从以上两篇文章不难看出：

一、原来，中美两国评判基础教育好坏的基本理念和基本标准都不同，以至造成六十多年来中国教育与美国、日本等西方教育的实际距离越拉越大，却还抱残守缺，自我陶醉，这才是最可怕的事。正如人们说的："不知道差距在哪儿的差距是最可怕的差距。"

二、中国教育引以为自豪的是所谓"扎实的基础知识"，在美国却是要让学生"知道到哪里去寻找他所需要的比他能够记忆的多得多的知识"，也就是将主要精力放在如何运用知识的能力上。所以，美国学生在实践能力、创新能力上远远超过中国学生。

这正如原中国科大校长朱清时所说："原生态的学生一般考试能得七八十分，要想得一百分要下好几倍的努力，训练得非常熟练才能不出小错。要争这一百分，就需要浪费很多时间和资源，相当于土地要施十遍化肥，最后学生的创造力都被磨灭了。"也如张亚勤说的："你在脑子里面装了那么多没有用的东西，那些有用的东西就找不到了。"

也许有的家长会说，你说的这些大家都明白，但中国高考的"独木桥"怎么过？于是，短视的家长就说："我们改变不了它，我们就适应它。""不能让孩子输在起跑线上。"但是明智的家长清楚：一、不能拿考试分数去替代孩子的兴趣特长、社会实践能力、创新思维能力等等。二、考试成绩对于进大学固然重要，但知道如何做好这两者的"性价比"安排——以最小的死记硬背的代价，去获取最划算的考试排名，才能将更多的精力用在能力素养的锻炼上。

三、一个偏科生＋捣蛋生走向成功的心理轨迹

马云现象给我们家长的思考

当代教育的尴尬与沉默

马云在全球互联网行业乃至整个企业界都是一个充满传奇色彩的风云人物，然而中国教育界对这个人却讳莫如深。或许是，马云的成长经历对崇尚"分数挂帅"的中国学校来说是个讽刺。因为，当年在学校的马云，要成绩没成绩——是个极端"跛脚"的偏科生；要表现没表现——是个"常打架"的捣蛋生。但马云凭什么做得如此优秀和成功？让我们循着马云当年的成长经历来认识他。

据《谁认识马云》一书介绍：马云从小学到中学因"常打架"，多次受处分而被迫转学，是个捣蛋生＋偏科生。第一次高考，数学成绩考了一分，低得惊人的考分！然而在英语方面，却因"成绩好，好得惊人"被老师和同学称为"奇才"。落榜后几次求职，都因身高和长相等原因被拒。然后，去蹬三轮车卖书、卖面包。因读了励志小说《人生》

而决定复读，再次参加高考。高考数学成绩十九分，再次落榜。接着第二次复读，第三次参加高考。这次数学考了七十二分（满分为一百二十分），终于考进一所当地大学的英语大专班，后因学校本科班人数没有招满而转入本科。

一个英语专业的大专生，马云既没有电脑知识更没有MBA学历，却在名牌大学生、海归留学生等强手如林的高科技IT行业里成为了领袖人物。当年，从十万元创办一个三人小网站起步，经过两次受挫，三次从头创业，终于创造了以蛇吞象的商战奇迹，击败了动辄投资数千万或上亿资金，并有着国际背景的巨型商业网站，如"中国雅虎网"、"中国eBay易趣网"、"8848网"、"美商网"等，创建了国际一流互联网企业阿里巴巴、淘宝、支付宝等。

如今阿里巴巴被国内外媒体、硅谷和国外风险投资家誉为与Yahoo、Amazon、eBay、AOL比肩的全球五大互联网商务流派代表之一。2000年10月，马云被"世界经济论坛"评为2001年全球一百位"未来领袖"之一；美国亚洲商业协会评选他为2001年度"商业领袖"；2004年12月，荣获CCTV十大年度经济人物奖。

马云凭什么能够取得如此业绩？或者说在他当年捣蛋、偏科的行为背后潜藏着哪些比智商更具决定性意义的优秀潜质、才能？这些优秀潜质、才能与家庭教育有何关系？让我们从马云表现出的情商、心理素养和意志品质谈起。

马云与精英学子不同的创业心态、作风和境界

高智商、高学历与高情商、高志商的较量

据《百度百科》"马云"词条介绍：大学毕业后，马云在杭州电子

工业学院教英语期间，于1991年和朋友一起成立海博翻译社。第一个月收入是六百元，房租却是一千五百元。在大家动摇的时候，他一个人到义乌小商品市场买回一些小商品，摆到翻译社卖以补亏损。原本的海博翻译社，一夜之间竟变成了"海博杂货店"：从鲜花到礼品，从袜子到内衣，只要能有些利润的小商品，马云通通背回来卖。日复一日，年复一年，持续了整整三年。

一个翻译社的翻译兼老板马云，不怕被人笑话，敢于"跌落"到小商、小贩、搬运工、打工仔的队伍中去，而且一搞就是三年。在惨淡经营的过程中，一次看似偶然的机会使马云碰上了互联网。

1995年初，一次因公赴美国的机会使马云接触到美国互联网。正找不到出路、苦苦煎熬的马云由此大开眼界。同年4月，马云一回国，就创办了一个三人的互联网站，同时将"海博翻译社"也挂到了网上。后来其中一人突然中途退出不得不使创业"告一段落"。第二次创业，在与一个大型国有企业合资办网站的过程中，发现有被忽悠之嫌，于是迅速地与合资单位拜拜。经国家外经贸部正式邀请，带领杭州的一帮人马包括妻子北上，创建外经贸部的网站。马云干了十四个月后，从中发现巨大商机，于是果断地辞去高薪白领的职位，炒掉了外经贸部，带着他的团队回到杭州，进行第三次创业，创建了"阿里巴巴"网站。

1999年2月，当马云带领他的团队返回杭州，在他家里开始静悄悄地打造阿里巴巴网站时，网络大潮早已席卷全球。雅虎中国、新浪、搜狐、网易等门户网站也携着数千万或上亿的资金以排山倒海之势登陆中国的网络世界。挟着数千万、上亿资金的国内巨型商务网站，如8848、美商网、易趣网也先后陆续登场。这时候的阿里巴巴只是网络世界数千个微不足道的小网站中的一个。

然而不出几年，几个赫赫有名的巨型商业网站，如由毕业于沃顿商学院的童家威所创立的美商网、由毕业于哈尔滨工业大学计算机软件专业的王峻涛所创立的8848商业网、由毕业于哈佛大学商学院的邵亦波创立的eBay易趣网，却先后败在了马云的脚下，或者说先后被市场无情地淘汰出局。

当我们将他们的创业过程进行比较时，就不难发现，他们之间的动机、作风、心态等非智力因素的不同之处却成了胜败的分水岭。

两种不同的创业动机、心态、境界

在阿里巴巴创立初期，马云多次向他的团队和社会公开发誓，"要创办一个真正伟大的中国公司"，"要创办全世界最好的公司"，"要办一家生存八十年（后来改为一百零二年）的公司"，"要成为世界最大的电子商务公司"。这对当时还是一文不名的马云来说，需要何等的气魄和境界。更重要的是，马云又是那种脚踏实地、吃苦耐劳、不轻言放弃的人，这两种优秀品质能够同时具备的人就非常可怕了。而创办美商网、易趣网、8848等巨型网站的精英们的创业动机、境界、作风和心理品质等方面与马云又有哪些不同之处呢？

首先看一看美商网创始人童家威的创业动机和心态。

据《MBA home》"童家威谈创业"所说："我作为企业的创始人……女儿长大了当然要嫁人（将企业卖出去），""在这种情况下，一个好的创业人应该是想尽一切办法，调用所有可以找到的资源，包括通过上市和卖出的方式尽快融到资金。这种做法，我个人不认为是一种投机行为，是经营手段高超的表现。"

然而在互联网的冬季里，还没有等到童家威用"高超的表现"将企业嫁人——卖出去，投资商已抢先一脚迫使童家威辞职，然后收回资金，改装门店，将投资损失减少到最小最小，然后迅速地将"中国最大商务电子公司"美商网变成了门可罗雀的企业小网站。

再让我们看看易趣网创始人邵亦波的创业动机和心态。

据《互联网周刊》的一篇报道，邵亦波说，"六年以前我真的把易趣的风险和辛苦想清楚的话，可能都不敢回来做了，我觉得第一次创业真的靠这样一份热情，需要有一点点认真。""找到自己喜欢的工作，找到自己爱的老婆，人生这两件事情最重要。我从来不是工作狂，和同龄人一样热爱体育运动、美食和旅游。"

邵亦波有个著名的口号："玩遍全球，吃遍上海。"他不止一次主动地说，"商业上的成功不算真正的成功，我崇拜家庭很幸福、一辈子过得很美满的人。我自己内心还是想做创业家，但是创业会牺牲很多东西、付出很多代价，现在我还没找到值得我放弃一切、毫无保留地去做的事情。"

记者问邵亦波：你为什么三十岁就"退休"了？说实话，你为什么那时候把易趣卖给了eBay？你花了多长时间决定这么重大的事情？

答：很快。我大概只用了几周的时间，就决定把易趣卖给eBay。我相信易趣最终的发展将走向全球化，如果易趣成为eBay的一部分，中国人可以直接通过这个平台将东西卖到美国乃至全球。这之前惠特曼也曾经找过我，她一直想收购易趣，而我也很喜欢惠特曼的为人。

问：后悔过吗？

答：没有。我觉得这个决定是对的。我个人的观点是，人生来不是为了工作。没有谁在临终的时候，会后悔曾经花时间和家人共渡了难关，会后悔自己没在办公室里多呆几年，会后悔没挣更多的钱。

问：现在你看见李彦宏或者马云的股票一天天上涨，心里会不会慌啊？钱对你来说，不是个问题吗？

答：我对钱看得很淡。钱没有成为生活中的一个问题时，我通常对其忽略不计。其实，钱达到一个数字以后，意义真的不大。我是个很容易快乐的人，因为我比较容易知足，不会作无谓的攀比。人的幸福来自很多方向，对于我来说，家庭是其中最重要的一个方面。我在法国，只用百分之二十的时间来工作。我一直想找一个既能顾全家庭，又能实现自己价值的工作，现在我找到了。

显然，崇尚"老婆、孩子、热炕头"的邵亦波，在"把易趣的风险和辛苦想清楚"了后，很快将易趣网以二点二亿美元卖给美国的巨型网络公司eBay就不足为怪了。然而没多久，eBay易趣网就被马云的淘宝网挤出了中国市场。

而"有浓厚的理想主义色彩和务实作风"的王峻涛也许有许多良好的愿望，但从他任职的第一天起就被他的投资人在"充满投机和赌博心态"的两派内斗中推来搡去，不出第二年就不得不愤然辞职，使"先后融资约六千万美元"的"中国最热门的电子商务网站"8848随之分崩离析。

让我们再看看马云的创业动机和心态。

据《阿里巴巴神话》介绍，创业时的马云将公司的股份慷慨地分给他的十八个创始人。他多次对他的团队说："第一我想创建一个伟大的公司，而不是让马云成为中国的首富。……第二我认为领导一家公司不是靠股份和权力，而是靠智慧、胆略和坦诚……我还有个原则，只要对公司好，我马云所有的利益都可以放弃，我八十九块的工资都拿过。我已经不可能成为世界首富了，也不想成为世界首富，从未想过……"

他把自己的家作为公司办公室，并对全体员工说："六个月内，我们要造一艘船，就是阿里巴巴。还要训练一支船员队伍。起航出港后，天气好我们会跑得很快，但如果碰到狂风暴雨，才发现船造得不牢固，船员队伍不够坚强，大家都将随着这艘船一起沉没。"此时的马云显然怀着毅然决然的心态，给队员们下达"与船同沉浮"的命令。可以想象，把企业当女儿，大了就要将其嫁出去的童家威，把创业当"好玩"，当把"风险和辛苦真想清楚了就会害怕"的邵亦波，以及被一伙有着"赌博和投机心理"的投资人操控的王峻涛，他们和他们的队伍绝不可能像马云那样为创业而决一死战，而且迸发出一往无前、所向披靡的奋斗精神。

看来，动机决定心态，心态决定成败，这话没错。

两种不同的创业作风

以上几个巨型网站的倒闭，首先决定于这些创业人和控股投资商的创业动机。我们深入了解他们具体的创业过程，就会发现还有一些更深层的必然因素影响着创业的成败。

创业初期，阿里巴巴的员工加班是常态。一些后进来的员工，租住的是湖畔花园附近最便宜的民房或毛坯房，租金五百元，几个人分摊。Tonny和一个员工合租的一间毛坯房，下面是菜场，家徒四壁，除了一个床垫几乎什么也没有。没有想到从未在内地生活过的Tonny还能够忍受下来。

一个叫狮子的创始人回忆当年说："那时工作的确很辛苦。这帮女孩子很吵，我们几个工程师关在一间小屋里，把工作时间调到晚上十点到凌晨四点。时常工作晚了，倒地就睡，就不回家了。"

员工韩敏说："每天早上打开门，就见地上横七竖八的都是人，要小心地绕过去才行。"

外语专业毕业的张璞到阿里巴巴面试，他回忆说："到了湖畔花园（马云的家），感觉这个公司有点怪，像皮包公司。进去以后，感觉不好，黑灯瞎火（因为停电），门口摆着一堆鞋，房间的地毯上躺着二十多人，有臭味……"

开始的时候，只有十几个人，除了四个程序员外，其他人做编辑和客服。团队中有六名女将，她们不但要做信息编辑和客服，还得负责行政、后勤、出纳。那时，天冷为了节省电钱，屋里只开一个取暖炉，程序员一边烤手一边写程序。

开始大家定六块钱的盒饭，后来改成四块钱的，结果鸡块变质造成集体食物中毒，集体到医院打吊针。偶尔，大家到餐馆吃一顿，菜刚上来就一扫而光。

平时大家有事打的士，看见富康都把头转过去，看见夏利抢着上。彭蕾说："那时的客服都是即时的，工作到半夜一两点，客户的信没有处理完就不回去。有时客户半夜两点收到邮件，很惊奇，问我们：是不是时间有问题？我们说：没有啊，我们都在线啊，客户非常感动。"

此时的马云鼓励大家："我们一定能成功。就算阿里巴巴失败了，只要这帮人在，想做什么一定能成功！""我们可以输掉一个产品，一个项目，但不会输掉一个团队！"

访问阿里巴巴的《亚洲华尔街日报》的总编写道："没有日夜的工作，屋子的地上有一个睡袋，谁累了就钻进去睡一会儿。"数月后《福布斯》杂志的资深记者贾斯汀·杜布勒参观了阿里巴巴创业时的房子："二十个客户服务人员挤在客厅里办公，马云和财务及市场人员在其中一间卧室，二十五个网站维护人员在另一间卧室。……像所有好的创业家一样，马云知道怎样用有限的种子资金坚持更长的时间。"

而那几个精英的创业作风却截然不同。

会烧钱的美商网——

据Cm致信网的一篇文章所言："美商网做的是国际贸易……四百多名业务员四面出击，好话说尽，辛苦两年，只靠网上交易平台使用费进账八千美元，而为此烧掉的风险资金高达几百万美元，每月仍然要开销一千多万人民币。"

据中国B2B研究中心网报道："在旧金山市中心金融区蒙哥玛丽大

街三百号的第十一层是美商网在美国的家。这个家充满着温暖和爱，两个壁炉，全套高档红木办公家具。战略发展部的主管 Melinda 叶带着她刚出世不久的宝宝来上班。宝宝很可爱，公司上到CEO下到普通员工每个人都要轮流抱一会。叶女士和CEO到欧洲和亚洲出差谈生意的时候也照样把孩子带在身边。十一层的办公室单独设立了一间豪华的娱乐间，有个五十英吋的平面数字电视，还有供技术工程师休息娱乐的沙袋可塑沙发。尽管美商网在旧金山总部的开支远远大于中国大陆、工作效率低下、缺乏'排除万难，坚决完成任务'的积极主动态度，除了一个完全没有效率的市场部经理被解雇外，没有一个员工被辞退。即使这样，公司还是支付给了他高达半年的赔偿金。很快，公司资金开始紧张，COO Ian Connel、CFO Lin陈、CTO David Currie和副总裁 Melinda 叶都被解雇了。公司运营不但没有受到任何负面影响，反而生龙活虎起来，因为公司卸掉了沉重的包袱。

"Tom，美商网的共同创办人。他们在北京的这六个月里，都住在五星级假日饭店里……在香港出差时住在五星级万豪酒店（Marriott Hotel）。但新来的财务经理却越级和Tom一起住到了万豪酒店（Marriott Hotel）的商务楼层。Tom和Joe的行政助理经常飞行往返于深沪两地。公司规定员工只能乘火车出差，当领导提醒她应按规定办事时，该助理从此拒绝任何出差任务了。"

据《中国经济时报》"与总裁（童家威）谈心——采访手记"介绍：童家威说，"BtoB在中国我做得最早……如果讲在互联网'烧钱'，他也曾经是烧得最出名的一个……"不难看出，童家威是以烧钱出名为自豪的人。

然而，马云对待投资人的态度是："要对投资者负责任。"

据《阿里巴巴神话》披露：即使在2000年，阿里巴巴得到一批风险投资后，马云依然像往常一样节约，一样精打细算。马云说："花投资者的钱得非常小心，要对投资者负责任。"其实，在花投资者钱的同时，马云也在花自己的血汗钱，这是他与精英花钱时心态不同的重要原因之一。因为精英都是靠"一纸创业计划书"获得投资商的资金后，做起了"店老二"的角色。而马云及其创业团队自己却是企业主人。他们总共只在两家报纸上做了二十万元的广告，员工的工资依然压得很低。由于人员逐渐增加，他们在湖畔花园楼内租了两套住房，并且将附近一幢因发生杀人命案无法租售的别墅，以月租金五百元租了下来。第二批风险基金到账后，对新租的办公楼装修。装修负责人小谢不仅拒绝了装修公司的贿赂，而且说："我怎么能背叛这个团队？添置办公家具报四十万，我只能给你二十万，剩下的二十万你要在我们的网上做广告。就是要省钱。不管风险投资投了多少，那是他们的钱，我们要对他们负责。"

2000年，互联网的冬季来临，股市对所有互联网公司上市的大门也已关闭，每位投资者都想撤资。总共拿到二千五百万美元风险金的阿里巴巴这时只剩七百万元资金。面对严峻形势，阿里巴巴毫不犹豫地大规模撤站裁员。马云、蔡崇信等也把自己的工资减了一半，出差只能住三星级宾馆。马云说，"我自己应该是网络公司里最寒酸的CEO了。"可是，当美商网的投资商们要童家威的继任者高强将二十万美元的工资降下来时，高强却宁可选择辞职。

当精英族与草根族遭遇在创业的长征路上

所谓"精英族"只是一个半成品

从童家威、邵亦波、王峻涛等人的创业经历看，无论他们是技术型创业，还是商业概念型创业，走的都是直接依靠投资资本进行创业的路——让投资人做企业的奶娘，企业依附于资本的卵翼才得以诞生和成长。为什么他们没有像马云那样，走"独立自主地从基础做起"的长征之路，让自己做企业的主人，让"投资人是企业的舅娘"

因为，我们很难想象在上世纪九十年代，一个被戴上了精英，或精英中的精英的帽子的名校高材生、海龟派这样的稀缺人物能够像马云那样，脱掉西服和皮鞋，穿起工装和球鞋，一边做着翻译社老板的角色，一边扛麻袋做着小商小贩的生意。并且能够像马云那样，为创业倾其家产，与妻子一起卷起铺盖，将孩子丢给老人走南闯北。即使他们愿意倾其家产，艰苦奋斗，从基层做起，走艰苦创业的"长征之路"，但是，他们娶的娇妻会跟他们冒倾家荡产的风险，心甘情愿走创业的"长征之路"吗？只有那些出身于社会底层的糟糠之妻才会成为长征夫妻。

据《阿里巴巴神话》披露，中国雅虎的CTO（技术总监）——雅虎搜索引擎的首席设计师和唯一发明人、获得美国授予的搜索引擎核心技术专利的吴炯，是马云三顾茅庐才请到的。1999年，吴炯探亲回国，被马云请到杭州当参谋，但请他当阿里巴巴的CTO却被婉言谢绝。2000年，阿里巴巴的二千万美元风险金到账后，经马云几次邀请，吴炯才同意。在互联网冬季来临时，阿里巴巴希望吴炯回杭州工作，吴炯利用陪太太休产假的机会回国试试。一个半月后，太太表示不喜欢在国内工作，要带孩子回美国。吴炯无奈，只好和太太一起回美国，途中给马云发了一个E-mail说："我可能在阿里巴巴待不长了。"马云回复说："你可以每季回来两次，在中美各一半。"吴炯答应。几年以后，阿里巴巴已成大器，吴炯为当初没能参加阿里巴巴的创业，成为创始人之一而感到遗憾。要知道，这种遗憾是因为他自己是"精英中的精英"造成的。

做了阿里巴巴CEO的马云说："我高考考了三次，才被当时杭州最差的大学杭州师范大学录取……但那时，我的未来基本上被圈定在了中学英语老师。毕业时，我成为五百多名毕业生中唯一在大学教书的教师。我的工资是每月人民币一百至一百二十元，相当于十二至十五美元。"

"在五年的教书生涯中，我一直梦想着到公司工作，比如饭店或者其他什么地方。我就是想做点儿什么。1992年，商业环境开始改善，我应聘了许多工作，但没有人要我。我曾经应聘过肯德基总经理秘书职位，但被拒绝了。""我们所有的人都是平凡的人。平凡的人在一起做件不平凡的事。如果你认为你是精英请你离开我们……事实上人最重要的是他有颗平凡的心和平凡的素质，平凡太珍贵了。"

显然，只有出身于社会底层的草根族，在艰难困苦的岁月磨砺中，才能放得下身段，丢得了脸面，输得起家当，吃得了苦头，栽得起跟头。

有句流行的口头语"穿草鞋的不怕穿皮鞋的"，特别是在传统产业、主流行业里，所有创业成功者大都经过了长期艰苦寒碜的过程，他们大都出身草根族。那些有着名校或海归身份的精英们，至多只是一个半成品。

问题是，在众多的草根族中，马云如何能够从一棵小草蜕变为一棵参天大树？仅仅具有草根族吃苦耐劳的品质和平凡、低调的心态显然是不够的。马云凭什么做得那样优秀和成功？这是出身于草根族的孩子及其家长应该关注的。

马云的"奇才"及奇才的自信

一个捣蛋生+偏科生的自信心及其形成轨迹

孩子的自信不仅依赖于成绩的高低、获奖的多少等这些量的变化，更依赖于品质内容的不同。有的学生以下死功夫考得高分而自信，有的学生虽然考分不高，却在兴趣的驱使下，花了大量功夫在某一方面表现出过人的才华，以此建立了强大的自信心和创造活力。韩寒因成绩极差，导致高一退学。但他的作文出奇地好。读初中时，他的短篇小说《弯弯的月亮》和《书店》就分别刊登在《少年文艺》上，这给予韩寒强大的自信和勇气。韩寒的经历足以说明，自信不仅表现在同类事物的"量"的方面，更重要的还表现在不同事物的"品质内容"上。那么，马云的自信在品质的内容方面有哪些与众不同的地方，从而使他在做人做事上出手不凡？

据《谁认识马云》一书介绍，学生时代的马云被同学称为"数学上的弱智，英语上的奇才"。"奇才"二字表达的是惊人、神秘、与众不同的才能，同学们对马云的英语才能所表达的恰恰是这个意思。

人们的心理是现实生活的反映，对数学"弱智"和英语"奇才"的马云来说，他的自信不可能是那种状元生式的自信。马云在学习成绩上表现出"极好"和"极差"的两个极端，无疑使自信心有着典型偏科生的特征。

要想知道马云的自信心有哪些具体的品质特征，让我们从马云自信心产生的过程来了解吧。

1976年，马云十二岁进入初中，一次听了地理老师在课堂上讲述自己曾经在西湖边上，接受老外关于中国地理的询问。地理老师用英语与老外对答如流的故事，使马云大受鼓舞和启发，从此发奋学习起英语来。

"每天听英语广播，坚持不懈……马云经常去西湖边老外多的地方，凑上去和那些外国人讲英语，不为别的，就是和老外练口语，有时也充当一下英语导游……马云就是借着这种'厚脸皮'精神，借着不怕丑的大无畏精神，一有机会就逮着外国人开练英语。马云的英语口语就这样一天天流利起来。慢慢地，马云的英语口语让所有的师生大跌眼镜，有时候连老外都以为他是从美国来的归国小华侨……没有出过一天国的马云，就这样练就了一口流利的英语，而且结识了许多的外国朋友。马云的英语在那时是出了名的……十三岁时，他就给老外当导游，用自行车带着老外满大街跑了。仅此，便足以羡煞许多同龄人。"

马云的英语已不能仅仅用"成绩好"来评价了。学校的英语只是按部就班，照套课本的"哑巴"英语。马云的英语包含了听、说、读、写，远超出了课本的内容。一般学生是用大脑记英语，马云却是用情感、生活来用英语、记英语。马云将英语融汇到他的日常生活和人际交流中，这是他将英语学得不同凡响，成为"奇才"的一个重要因素和诀窍。

马云在学习英语的过程中，还培养了人际的交流和结识能力，这些能力展现了一个中学生结识老外的勇气、热情、真诚。其中来自澳大利亚的戴维·摩利与少年马云经过多年的交往，结成了忘年交。摩利夫妇曾邀请马云到澳大利亚的家里做客，后来成了马云的义父义母和西方文化的启蒙恩师。如马云所说，"这是个一辈子的朋友。我念大学最苦的时候，他资助过我。"在"阿里巴巴"马云办公室的墙上挂着一张照片，就是他与澳大利亚的义父义母的合影。

一个少年为了学英语，敢于到街头广场与老外搭讪，"混熟人"，义务为老外做导游，与其中一对外国夫妇结下深厚的终生友谊。可见少年马云与人交往的勇气、热情、真诚、人格魅力等品质素养非同一般。

摩利家与马云的友谊不仅给了马云在学习英语和人际交往上的极大自信，而且还给了马云一套全新的西方思想观念，这对于人生观开始形成的少年马云而言是非常宝贵的。义父义母的帮助，让他学会了从西方人的角度看待人生和世界。马云说："1985年他们邀请我到澳大利亚玩，到他们家里去访问。正是这个第一次到国外的机会，真正改变了我的观念。"

马云的英语学习不仅从内容到方式上都已远超出了课本式的学习，而且在学习的过程中使他的做人做事的境界、眼光和信心得到了升华。此时的马云在英语的水准、人际的交流上以及观察世界的视野、思想观念上，都远远高出了在校的中学生；他学到了大多数学生在书本上学不到的东西，做到了大多数中学生不曾想、不敢想也做不到的事。

世界上，数学成绩很差，英语成绩很好的偏科生千千万万，可是能够像马云这样，将英语学得如此有特色的就不多了。同学们眼中的"英语奇才"远远不及马云心中自我的"英语奇才"。

"奇才"自信的心理特征

马云在创建阿里巴巴时曾说了一句被人称为狂言的话："拿着望远镜也找不到对手。"

中学时代的马云，在学习英语的成就感和自信心上，用他这句话来表达再准确不过了。同时，我们不难看出这两个不同时期的"自信"在马云的成长过程中有着极其相似的，不可割裂的渊源关系。马云当年不同凡响的学习活力与学习成效，与所有千篇一律的考试型尖子生、状元生的优秀没有可比性。这一点马云自然会清楚地告诉自己——他的自信是"拿着望远镜也找不着对手"的。

任何一个学生，如果在学习上有马云这种不同凡俗的搞法，并且努力到马云这个份上，其眼界、胸境和才能的自信自然就会不一般。在他的眼里，英语成绩再好的学生也无法与他相比。正如马云当年教学生时曾说，"光做英语试卷是没有出息的表现"。这种轻看考试成绩的眼光，与一般状元生、唯分数型尖子生的眼光相比，无疑是具有远见的。

由此可见，马云在商场上过人的胆略和自信不是偶然、孤立和凭空产生的。任何一个学生如果能够像马云那样去学习英语或语文、或数学等学科，难道不会产生同样丰富、深刻、充满活力的学习才华？难道不会产生过人而独到的自信吗？具有如此深刻眼光和独特自信心的人，看待任何问题，处理任何事情，其胆量、谋略如果不高人一筹，那就奇怪了。

"英语奇才"的学习动机、动力和效率

梦想＋兴趣＋特长＝惊人的学习动力＋学习成效＝奇才

马云在英语学习上为什么有如此惊人的动力和成效？

有三个因素：1. 由纯朴而美丽的梦想所激发出的巨大学习热情；2. 由强烈的兴趣爱好而产生的狂热学习动力；3. 由个人特长表现出过人的才华进而产生强大的学习自信心。任何人一旦同时具备了这三股力量，产生惊人的学习动力和成效是可想而知的。

引发这三股动力同时爆发的机缘，对马云来说是源于这样一个触发点。那就是被他的地理老师一个真实而美丽的故事所打动，被一个榜样的力量所感染，从而触发了这三股强大的学习动力。

马云十二岁开始学习英语的那一年——1976年，正是"文革"后期，中美关系解冻不久，闭关锁国了几十年。当时的国人在街头巷尾突然亲眼看到了黄头发蓝眼睛的老外，仿佛见到了外星人，在这些老外的屁股后总跟着一串长长的"尾巴"——一群好奇的久久不愿离去的大人小孩。如果有一个中国人伴随着老外，并且嘴里说着外语，跟在屁股后面的国人就更稀奇，更羡慕了。有时这条人流"尾巴"长达几十米，其场面比当今成千上万个追星族摇旗呐喊的场面更震撼人心。因为这种震撼是默默无声地冲击着、唤醒着每个人内心的希冀，它预示着一个多年

的"铁幕"将要打开，一个充满希望的美好世界将要展现在每个中国人面前，未来的一代又一代将可以跨出国门，去追寻自由和幸福——那个时候人们羡慕西方，向往西方的心情比三十多年后的今天要强烈得多。

"文革"前的中国教育资源本来就十分稀缺，而"文革"使中国教育瘫痪了十多年。那时万人中难找一个能用外语与老外对话的人，一个能够与老外一路并肩交流着的人，那可是令全城的人都羡慕不已啊。马云的地理老师就是这样一个活的榜样，可以想象，这会使全班同学多么惊羡和受到鼓舞。问题是，为什么独独马云被激发出了学习英语的狂热劲头，或者说，是什么原因唯独使马云的英语学习达到了"奇才"的地步？

当我们深入了解就会发现，刚好这个梦想与马云的兴趣和特长等优势汇集到了一起。正如"天时、地利、人和"的因素被马云同时具备了，于是激发了马云强烈的兴趣、狂热的梦想和必胜的自信心，直至产生奇才的效应。

在这三个动力因素中，除了能够像地理老师那样做老外的导游以激起马云狂热的梦想外，马云另外两个巨大的动力因素，即马云的特长和兴趣爱好是什么？

马云的天赋特长

我们可以从其父母的遗传因素和后天家庭环境的影响找到种种依据。据《谁认识马云》介绍，"马云的母亲曾经在苏州工作过，是唱苏州评弹的……马云的父亲也从事苏州评弹工作"。父母都是从事语言艺术的艺术家，这对马云的文字记忆力和语言表现力来说，在先天遗传和后天影响上都是显而易见不容置疑的。难怪马云在学习英语上有"奇才"的表现，难怪马云的口才得到业内公认。联想到他"数学上的弱智"，这也是不奇怪的。世界上没有全才，只有偏才。任何有其"特长"的人必有其"特短"。即使是智力上"全才"的考试型状元生也有在情商、人际交往能力或其他非智力因素方面的"特短"之处。

马云强烈的兴趣爱好

马云在与人交往上有着天生的、强烈的兴趣爱好。他儿时好交朋结友、讲义气，为朋友"常打架"，为此脑袋上缝了十几针。他在读大学时期当学生会主席和杭州大学生联合会主席，做大学老师时成为学生崇拜的偶像，热心学生的种种课外活动，如组织学生办"英语角"等。马云创业时与员工吃、睡打成一片，甚至在创业时被员工称为"教父"，这在企业界是罕见的。

据《阿里巴巴神话》披露：马云喜欢热闹，喜欢朋友们一天到晚泡在一起。每到周末，都有一大帮人聚集在他家里，吃饭、下棋、吹牛。其中有司机、普通员工，也有白领。公司的高管虽然都比他年轻，但都怕跟他出差。白天工作了一天，晚饭吃到十点，刚回到酒店，马云又拉他们去足浴，然后继续聊工作，而且脑子转得飞快。马云妻子说："马云喜欢群居。事业是他心爱的玩具，是他的生命，他乐在其中。"可以说，马云从血液到骨子里都渗透着与人交往和做一个群众领袖的欲望、激情。

因此可以想象，少年时的马云能够领着老外边说英语边游览西湖风光，让人们投来羡慕眼光，出尽风头，这怎么能不点燃潜藏在内心的欲望和热情，怎么能不让自己热血沸腾、心潮澎湃？

如是，他的梦想、兴趣爱好和他在文科特长上的天赋才能和自信等三股力量终于汇合于一点，于是在学习英语和人际交往上迸发出一往无前的动力和一系列富有创意的行为想象力就再自然不过了，继而在学习和人际交往上产生了奇迹般的成效。

　　我们每个人的童年都曾有过纯朴美好的梦想和宝贵的兴趣爱好，而且每个人都潜藏有自己的天赋特长。但是，能够像马云那样，将这"三股力量"激发出来，汇集到某一件事情上，从而展现出惊人的动力、才华和强大自信心，这样的机遇却不多。马云在英语学习上的"奇才"表现，无疑给我们家长如下几点有益启示：

　　1. 尽可能让孩子早年的兴趣爱好、个性特长和个人梦想得到充分自由的成长，尽可能迟一点、少一点给孩子套上家长的种种思想和功利的套子，让孩子的创造激情、自主意识得到充分成长。

　　2. 让孩子对自己的兴趣爱好、特长、梦想有充分自由的选择和试错的机会，从而增加孩子兴趣、特长、梦想这"三股力量"汇集于一"点"的成功概率。

　　3. 孩子童年的兴趣爱好、个人特长和梦想的开发，无论能否产生"奇才"效应，只要播下了这些"种子"，得到耕耘，都将滋润人的心灵。这"三股力量"即使没有得到"天时、地利、人和"的最佳发挥，只要得到健康的成长，迟早也会成为一生的精神财富，成为学习的灵魂和前进的动力源泉。而单纯地追求分数成绩，必将扼杀这些学习的灵魂和动力。

马云的胆略、智慧成因

造就马云精神财富的社会环境和家庭环境

　　人们说坎坷的经历是人生的一笔财富，这话只说对了一半。因为并不是每个经历坎坷的人都能将其变为财富。而且，能够变成巨大精神财富的人更是少之又少，但马云是其中的一个。

　　据《阿里巴巴神话》一书记载：马云对他的团队说："CEO不要靠

股份控制公司……靠股份就会弄得别人给你当奴才，反正你是老板，怎么说都可以。我从第一天就没有控股过。我对我的同事说，我今天不是你们的老板，而是你们的CEO，我不付你们的工资，工资是你们自己挣的。我不希望你们爱我，而只希望你们尊重我……我成立这个公司的第一天起，我给自己也给整个公司立下了规矩，永远不能有任何人控股这家公司，谁要当这家公司的CEO或董事长，是凭自己的智慧、勇气和胆略来成为公司的管理者。"

马云在创业时敢于将绝大部分股份分给别人，他自己只占百分之五的股份，这意味着他不能控股。而不控股的老板不被股东炒掉的是凤毛麟角。这一点马云不会不知道，他对此的心态如何？

请看叶蓉对马云的一次采访。

问："我们知道王志东（新浪网创始人）的出局，他是被股东推出了董事会。我就讲你会不会有这样的担心？你是一个经营者的话，但是你没有控股，你会被你的投资者抛弃掉。"

马云："我想都没想过，第一如果我的投资者抛弃我的时候，我的团队也抛弃我的时候，我是该走了。说明我并不能领导他们。"

叶蓉："但是有没有这种可能，他要干预你的一个企业发展方向，一个计划的。"

马云："你干吗不仔细听听看。为什么要干预你呢？他也不是傻瓜，拿了几千万美金来跟你瞎干预。他不同意你，你就应该跟他沟通。为什么是这样？董事会不是一个争论的场所。开董事会之前你就要花时间跟董事一个个交流。我有这样一个想法你看你同不同意。你的想法是怎样，我的真实想法是什么。彻底沟通以后，投资者没有一个是傻的。你要彻底坦诚认真沟通的情况下，同时跟你的团队沟通，我觉得你就可以做了。"

马云如此过人的气魄、胆略、智慧来源于何处？或者说它是如何形成的？这显然与他早年的经历有关。

叶蓉：我知道你小时候特别坚强，爱打架。

马云：常打架，不是爱打架。

叶蓉：常打架，一般来说我觉得只有大个子欺侮小个子的，我觉得你小时候肯定是个子不算大的那种。

马云：对，确实我不想欺侮别人，但别人会欺侮我，我不会自己打架，很少为自己打架，都为别人打架。因为我人小所以人家不防你，所以你进攻要速度快。

叶蓉：为什么都是说帮别人出头，帮别人打架？

马云：这么多年，到现在为止，我觉得最最珍贵的是朋友的友情，我在每一次最困难的时候都是朋友帮忙。小时候也一样，所以我把朋友的友情看得很重，所以你出去的时候，有时候朋友受欺侮了，我好像一种莫名其妙的事情，就觉得这怎么行。

叶蓉：就要出来主持正义。

马云：对。

叶蓉：我知道有一次你是为维护自己家庭的尊严打了一架。

马云：对，那个是头上缝过针，我头上总共缝过四次，总共加起来十三四针吧。小时候，因为我爷爷出身不是很好，是在抗战的时候，大概他是保长。所以我们解放以后应该算是一种黑五类这种子女。所以我爸爸和妈妈那时候工作总是不是很顺利。派出所那时候到我家来骂我爷爷。爷爷只要有任何事，因为"文革"极左，所以任何事总是先批评我爷爷。有一天派出所的人到我家来，我也在，很多同学都在我们家。那人说"只许你老老实实不许你乱说乱动。"这是"文革"时期对"黑五类分子"的常用语。心里特别记住这句话，过一段时间我们上语文课，有一篇文章讲到一个地主，也是只许老老实实不许乱说乱动。第二天上语文课，我觉得第二天上这课同学肯定要笑我，我就不去。

　　叶蓉：你会成为大家的（取笑）对象。

　　马云：对，肯定的。因为我们班里面就我一个出身差一点，所以第
二天我就没去。结果第二天语文课老师也没去。第三天我去了，语文老
师来了。他又上这堂课，刚好上这堂课。

　　叶蓉：没跳掉这课。

　　马云：所以我前面一个男同学故意把这句话念得很响，只许你老老
实实，不许你乱说乱动。回过来朝我挤眉弄眼一下，我火气特大，就把
书包扔过去了。然后打起来，打起来我的头撞在墙上，缝了四针。

　　马云儿时坎坷经历的表现，给我们留下了两点印象。

　　1. 出身在一个"黑五类"家庭，因祖父曾经当过保长，父母的工作
因此受牵连。马云从小品尝到艰苦的生活，成为班上少有的受到政治歧
视的学生，两辈人不幸的厄运都落到马云的身上。

　　成年后的马云回答记者说："好像没有沮丧过，问题是沮丧有用
吗。现在我碰到的失败的事儿也挺多，你怎么沮丧？生活就是这样，你
得到了一定会失去，你失去的东西也一定会得到一点，你什么都想得到
怎么可能。正因为这么多年的失败或者不好的事儿，使我对失败看得很
轻，对成功也是看得很轻，成功来了，我就知道肯定又有一件事情是个
平衡，可能有不好的事情会来。"

　　这种视人生的艰难困苦、成败得失如同喝白开水一样的感觉，大部
分人一辈子也难获得。与那些在"糖水里泡大"和一帆风顺的孩子比起
来，他们更不可能有马云如此的沧桑感——对苦难与生俱来的平常感，
和对失败、苦难的惊人承受力。

　　为什么不是每个人都能够在艰苦的环境中锤炼出坚强、果敢的意志
品质来？这得有一个起码的条件。那就是，一方面，在艰苦的环境中，

如果孩子没有受到娇宠，自然会锻炼出吃苦耐劳的品质。另一方面，如果孩子的心灵从小得到父母的关爱，孩子就能够获得高贵的人格自信。同时，如果孩子的自主意志从小得到父母的充分尊重，或者说，从小在一个自由宽松的家庭环境里，个人意志得到充分的表达与施展，孩子就会有敏锐、果敢的意志品质。有幸的是，马云在这两点上，前者得到了父母的严格要求，后者得到了父母慷慨的给予。

读初中的马云为了能够给老外做义务导游，不按学校"水桶论"的均衡发展要求，而是根据自己的兴趣爱好，狂热地不顾一切地去学习英语，以至造成极端的"跛脚"。当马云第一次高考落榜后，随即就去踩三轮车当搬运工，接着多次应聘，多次被拒。然后去复读再次高考，直至被录取。特别是在第三次高考前夕，他的老师和父亲都认为他没戏，他的数学老师甚至断言："你的数学一塌糊涂，如果你能够考及格，我的'余'字倒着写。"马云对这些都不为所动。更为明显的是，在马云第一次创办仁人网站时，父母都凑了份子，第二次创办阿里巴巴时，父母将家里的房子让出来做办公室。这一系列的事情说明，在涉及家里经济、房产等重大事情中，马云的意志仍然处于主导地位。试想，如果从小的个人意志和兴趣特长没有受到充分的尊重，没有得到充分展现，马云是难有如此果敢、机敏、指挥若定的才能的。

2. 父母的尊重而不溺爱的教育，在坎坷的生存环境中无疑给了马云生命的正能量。这对于身材瘦小的马云来说，一旦与体力较强的孩子打起架来，处于弱势的他则能够激发出遇强不惧的勇敢顽强。他因打架，脑袋几次缝针就是最好的证明。并且，马云去打架，一方面是出于自卫、反抗，另一方面"更多的为别人打架"，说明马云打架有为朋友"两肋插刀"的义气、勇气和抱团精神。马云的这些品质在创业中终于得到了极大发挥与施展。

四、是命运的戏剧，还是生活的逻辑？

杨元元自杀前的自白告诉了我们什么

如果说偏科生更接近成功，也就是说，状元生、唯分数型尖子生在职场能力上比偏科生要差。那么会差在哪些方面？原因如何？本章将对这两类学生不同的学习动机、心态和自信心进行比较，并从中找出差的方面及其原因。

高期望值造成的人生悲剧

据央视《大家看法》栏目"杨元元的三十年"报道：2009年11月26日，上海海事大学三十岁的研究生杨元元在寝室的卫生间自杀身亡，这事一度引起社会巨大反响。杨元元自杀的直接导火索是，校方以坚持规章制度为由将杨元元的母亲赶出了学生宿舍，致使其母亲在外露宿受冻数日。其实，除了这个原因外，在杨元元心里还装有七年求职生涯中导致她绝望、自杀的不为人知的更深层原因。

1998年考入武汉大学经济系的杨元元，其成绩是相当优秀的。正如其母亲所说：女儿在学校年级组"一直就是第一，第二都没考过"。而且她坚持靠自己打临工和家教筹集学费、生活费完成了四年学业。大学毕业后，她经历了七年艰难坎坷的求职生涯。在成为上海海事大学的研究生没多久就自杀了。杨元元的自杀本是个极端案例，并且从她早年勤奋学习到求职生涯的刻苦表现，可以看出杨元元是一个"意志不能说不坚强"的学生（央视心理专家的评语）。虽然导致她自杀的原因有着不同的解说，但这并不重要。重要的是在她自杀前流露的思想情绪所反映出来的致命的心理问题，对尖子生及所有努力学习的学生来说，有着普遍的教育意义。

唯分数型尖子生屡屡不顺的职场经历

杨元元出身在宜昌山区的一个贫困地区，六岁丧父，与弟弟、母亲三人靠母亲一人微薄的工资度日。杨元元从小牢记老师的教导，要改变自己的命运飞出大山，只有努力读书。杨元元读书的目的就是为了改变命运走出大山，于是她一门心思拼命地埋头读书，除了读书还是读书，兴趣爱好对她来说简直是极大的奢侈。她的成绩"一直"保持年级组第一名，可以说她是一个典型的唯分数型尖子生。

大学毕业后的杨元元从业经历屡屡不顺。正如其弟弟所说，"大学毕业后当过培训师，做过保险，与别人一起办过杂志，但业绩很不好。因为她不像人家那么会求人，能说会道，后来打打短工，做做家教。"弟弟说，"她认为成绩没有她好的一些同学工作都比她好，从此就比较封闭自己了。"杨元元任过家教，一个学生的家长对记者说："她在街上走时，总是低着头，不愿与人打招呼。"

　　杨元元在自杀的前一天曾经向母亲哀叹："大家都说'知识改变命运'，我读了这么多书，我也觉得没有改变多少。我原来全部的努力都作废了。"

　　杨元元自杀后，其弟弟回忆："可能她常常受挫，和自己的期望值离得太远。她还常常唱一首歌，里面有一句'梦想太高，实际太低。梦想向东，实际向西。'"这是杨元元在坎坷的求职生涯中，舔着心灵的伤口发出的绝望呻吟！问题是她不知道这个致命的创伤是怎么造成的，又怎么去改变，去愈合。

　　从杨元元与母亲、弟弟交谈中流露出的迷茫、失落、绝望的思想情绪，我们不难看出，导致她绝望的人生悲剧有两个原因：1. 由于人才市场供求关系逐年的变化，大学生工作越来越难找。"知识改变命运"这一说法已受到社会现实的改变，部分还原到"实践能力改变命运"的本来面目。而杨元元缺乏这种改变的心理准备，更由于唯分数型尖子生的"动手能力不强"使得她的职场生涯不顺。2. 由于"一直第一"所产生的高期望值与社会实践能力的巨大落差无法调适，从而导致高期望值的破灭和自信心的崩溃。而人的期望值越高，自信心越强，这种打击自然就越是致命。

当"知识改变命运"的路走不通时

　　要看到，杨元元自杀前对"知识改变命运"发出绝望的哀叹，这是教育界向杨元元及广大学生灌输"知识改变命运"的结果。其实，教育界灌输的是书本知识改变命运，这一观念是完全错误的。教育界抹掉了"书本"这两个字，对学生进行了误导，诱使广大学生重书本，轻实践，或者根本就不知道，知识是有实践知识与书本知识之分的。学生付出了惨重的代价。特别是当"书本知识改变命运"的路走不通时，那些唯分数型尖子生付出的代价更大、更惨重。

由于书本知识不是科学、不是真理、不是力量，它必须在实践中去伪存真，去粗取精，去旧出新，并得到实践检验、认可——在实践中成为生产力、创造力，才能改变命运。那些仅仅靠书本知识，把杨元元这样的学生引向失败和歧途的事例不胜枚举。

如果将教育界所说的"知识改变命运"——文凭改变命运的说法放在"改革开放"初期，对于1977级、1978级、1979级以及后几届毕业的大学生来说，确实遇到了"（书本）知识改变命运"的机会。毕业时，他们发现"好工作"多得遍地都是。一位1978级的大学生回忆说，毕业时全班同学百分之百进了国家机关、全民所有制单位，还有若干同学因为嫌北京的国家机关不好，浪费了若干"留京指标"。"文革"后的早期大学生成为那个时代凤毛麟角的佼佼者，是所有事业单位和大型国有企业难以抢到手的香饽饽。

然而自大学扩招以后，情况不同了。据北京市教委高校毕业生就业指导中心主任任占忠介绍："1982年的时候，1977和1978两届大学毕业生加在一起，不过是四十一万多人。而当时的中国各级政府机关和事业单位，已是多年没有补充大学生了。但2006年，全国的大学毕业生总数四百一十三万，政府机关和事业单位，却已经基本饱和。这条向上流动的渠道，变成了极拥挤的钢丝索。这就是公务员考试录取比例达到狂热的四十二比一的现实背景。"

可以说，自大学扩招以后，靠书本知识、靠文凭改变命运的历史已终结。社会终于还原到要靠经过"实践检验的知识"，准确地说，要靠实践经验才能改变命运了。然而如今大部分学生、家长不仅思想认识上还没作好准备，还继续做着靠书本知识、靠文凭改变命运的美梦，继续执迷于"分数挂帅"的歧途。其结果，受伤害最深的当然是那些与实践脱离最远（动手能力最差）的唯分数型尖子生了。由于典型偏科生的实践能力相对要强些，因此受到的伤害自然要小。

有许多大学毕业生在应聘时因"缺乏实践经验"被招聘单位拒聘后，大感委屈地说："我还没有工作，哪来的实践经验？"这种大惑不解的委屈，是中国教育特色的结果。美国的教育从一开始就没有把书本知识放在第一位，自小学起就非常注重培养学生的实践能力。这也是为什么美国教育使学生身心和实践能力都充满活力，成为大多数中国的家长、学生羡慕和向往的一个重要原因。

一个曾经在国际化学奥赛获奖的尖子生，被一所著名省重点中学保送到某名牌大学的城市规划专业。虽然这个尖子生是全班最勤奋的一个，但该专业中有一门绘画课她得不了高分，她再强烈的欲望和顽强的意志也帮不了这门功课太大的忙，致使她的总成绩始终进入不了班上的前两名。然而这位高材生始终坚信自己成绩是最好的，智商是最高的。经过三年的努力，由于总成绩还是没能进入班上第一、二名的位置，没能取得当年留校任教和公费读博的名额，她跳楼自杀了。

可以想象，一个人从小到大受着"分数排队"和智商决定论的教育，在十几年的努力中习惯了这种被学校赞誉、推崇，被家长、同学羡慕、钦佩，以至认为自己的才能和成绩是铁的事实，"分数排队"是颠扑不破的真理。可在社会实践中，突然发现这个铁的"事实"和"真理"被颠覆了，曾经的名次、荣誉没有了，曾经灿烂美好的期望值破了，有的只是无情的幻灭。面对这种致命性的打击，如果不对在学校获得的"书本知识"进行正确的评估，不对期望值进行及时调整，其自信心发生崩溃是毫不奇怪的。

因此，杨元元的悲剧不是第一个，也不是最后一个，是无数个在"分数排队"的教育中，在"知识改变命运"的误导中的一个。

"分数挂帅""分数排队"的教育对学生心理会造成哪些具体的误导和伤害，这是值得家长和学生都关注的。

"分数排队"对学生的"捧杀"与"棒杀"

在一次央视关于"是否赞成公布学生成绩"的辩论会上，一个举赞成牌子的少年学生回答主持人说："我当然赞成公布成绩，它可以提高自信心。"这个学生的发言代表了中国大多数家长和少数尖子生的心愿。但对那些沦为"分数排队"的垫脚石和受到伤害的中不溜的学生来说，估计他们对举"赞成牌"不会有强烈的愿望，对那些身心受到"分数排队"严重摧残的差生就更不用说了。当然，中国大多数家长不会去顾及孩子的想法和身心是否受到伤害，甚至根本就看不到所有被"分数排队"的学生会受到怎样的伤害和误导。他们关心的只是孩子学习成绩的高低。同样，这位举赞成牌的学生也不可能知道，他靠"分数排队"建立起来的自信心与杨元元等唯分数型尖子生的自信心是同一类型的，也不会知道由"分数排队"建立起来的自信心背后，潜藏着心理上和思维方式上的种种缺陷和致命伤。

公布成绩——"分数排队"给学生造成了哪些误导和伤害？

1、"分数排队"对首尾两端学生造成"顶级捧杀"和"顶级棒杀"。

地球人都有一个常识，极端的自由导致极端的放任、散漫，极端的宠爱导致极端的任性、骄横，极端的权力导致极端的腐败，极端的荣誉导致极端的自负、高傲。"分数排队"把各种不同才能的学生用考试分数这一个标准套起来，进行等级排队。那些一旦被戴上了"最高分"桂冠的学生，就意味着他们读书考试的才能是高出所有学生各种才能，成为一种统领一切的最高才能，如创造才能、管理才能，以及人的探索、开拓、冒险精神等等才能和品质，或者说所有不同才能和精神品质都被"分数排队"所取代。

　　这些一旦被戴上了"最高分"桂冠的学生就被推到众望所归、众星捧月的荣光地位，就受到由几百几千个学生进行排队的"捧"，到老师、家长、亲朋好友、左邻右舍称赞、羡慕的"捧"，到从童年至青年进行月月"分数排队"的"捧"，到年年"分数排队"的"捧"。这与当年鲁迅说的，由一个人的"乱捧"产生的"捧杀"效果相比，则是达到了入骨入髓的程度。这与鲁迅当年所说的"捧杀"相比，则是小巫见大巫。如果鲁迅活着，听说这种"捧杀"对学生具有"顶级捧杀"的杀伤力，他不服也得服。

　　这种"顶级捧杀"给学生造成的一个致命伤就是，像毒瘾一样难以摆脱高期望值——理所当然、不容置疑的期望。这种高期望值一旦破灭，其打击将是致命的。那些年年发生在名校里跳楼自杀的、患抑郁症的大学生没有一个不患有"高期望值破灭"这一病症。

　　当年中国科技大学少年班的著名神童宁铂曾经三次临近考研的考场而打了退堂鼓。原因是他背负了"神童"这一高期望值压力。但是放弃考研后，面对一辈子拿着学士文凭当科大的老师，或失去老师职位，都是不堪想象的。这都使他承受不了自己和全国人民高期望值的压力，最后终于出家为僧。

　　对于那些典型偏科生来说，由于他们在"分数排队"中处于中不溜的排名，因此期望值始终高不起来也低不到哪里去。即使他们对自己有非常高的期望，期望值也高不起来。如爱因斯坦、乔布斯、马云等这些典型偏科、捣蛋生，虽然对未来都抱有远大而浪漫的理想和过人的自信心，但对人生的挫折、失败和不遇都有着充分的心理准备，或者说对人生成功和荣誉的期望值并不高。因为当初他们屡屡"跛脚"的低考分和不被学校、老师看好的表现，使他们的期望值没有被抬高，被搞得极端自负。

　　正如功成名就后的马云所说："我跟任何人一样在街上，小男孩打架，资质也不高，读书也不好，考大学考了三年，还考了个专科……我一直梦想着到公司工作，比如饭店或者其他什么地方。我就是想做点儿什么。1992年，商业环境开始改善，我应聘了许多工作，但没有人要我。我曾经应聘过肯德基总经理秘书职位，但被拒绝了……

"像张朝阳、丁磊、王志东都是顶尖高手，王志东他读书都特别好，邵亦波大脑袋神童，那是更聪明了。所以我跟他们比我自己是这么觉得，真的不聪明，算术算不过人家，说说不过人家。但是我觉得我创业我有另外一个理想，如果我马云能够创业成功，我相信中国百分之八十的年青人创业能成功。"

又如大学里的差生爱因斯坦在毕业后给人代课做家教一年半，最后在同学父亲的帮助下，做了一个与自己所学专业毫不相干的打杂工作，并安下心来娶妻生子。在漫长的人生中，利用业余时间从容地追寻自己的梦想，五年后写出了《相对论》。但他的心理准备远远不止五年，否则是写不出《相对论》的。

总之，典型偏科生的平凡、低调——低期望值的心态使他们能够从容不迫地面对挫折、失败，能够脚踏实地地走平凡的路。这也是他们在事业上能够达到宁静致远的境界的原因。

因此，当我们的孩子因种种良好的表现在"分数排队"中获得极高的排名，被戴上炫目的桂冠，或获得了高期望值时，家长要做的一件重要的事就是，适时地引导孩子进行自我调整，自我"扬弃"，自我"脱毒"——摘掉被"顶级捧杀"戴上的那顶高期望值桂冠，使心态"归零"。而且这个"脱毒"的教育工作一旦做迟了，到了杨元元自杀的那个年龄，要改变就很困难了。

2、"分数排队"造成绝对、盲目的自信。

本人曾听到一个市重点中学年级组成绩排名第五的学生跟他母亲交

谈时说："我们班上有些同学好蠢啦！"这种盲目的自负心态是"分数排队"教育的结果。人一旦自负就如同染上毒品，足以摧毁任何一个有才华之士。

　　一个同班同学描述神童宁铂时说："他一方面极度的自负和自大，一方面又极度的自卑和恐惧。"一个在职场中失去方向感的名校尖子生说："有时我觉得自己是个天才，有时又觉得自己什么也不是。"这种绝对而又抽象的自信感觉是"分数排队"的结果。

　　他们为什么如此高傲、自负的同时又极度空虚、自卑？

　　一方面，这种靠"分数排队"——由高智商和拔尖成绩产生的盲目的绝对自信，一旦跌落到实践中，就令他们感到万分恐惧。因为这种统括一切的自信在职场实践中既不被排队，又不被认可。这可是釜底抽薪的打击！另一方面，在"分数排队"中成绩越拔尖的学生，接触实践的机会就越少，其"动手能力"相对越差。一旦在社会实践中不被认可，受到的打击自然就越致命，其空虚感、恐惧感自然就越强烈。

　　可是，典型偏科生一旦被分数排队，他们的一只"跛脚"使得自己不得不产生一定的自卑——不自信。但同时，由于某一科或某几科的学习特长所表现出来的过人才华和深刻、独到的体验感受，又产生某些方面的自信，使他们在不自信的同时而又有着特别自信的地方。他们的自信是具体的，是相对于"物"而不是人和分数。因此他们的自信是不受"分数排队"左右和波动的，他们"跛脚"的自卑也不影响、贬损自己的才能特长的自信，只是影响他们抽象的、横向的"分数排队"的自信。

　　爱因斯坦对自己的"记忆力又不强"的不自信，毫不影响他在理论物理上敏锐的直觉和执着的自信心。马云感觉自己"说说不过别人，算算不过别人"而不自信，并不影响他的英语才能和在创业上具有"拿着望远镜也找不到对手"的自信。

　　他们既知道自己的长处，也清楚自己的短处，自信的同时又有不自信的地方。既不盲目自信，也不盲目自卑。虽然有了冒尖的成绩或种种特长，但由于没有受到排队的"捧杀"，也就难得自我膨胀起来。在"跛脚"的成绩受到打压时，也不会因此太自卑。这种有限的、有方向感的自信和自卑使他们既能面对现实从有利的事做起，又有敢想、敢做、敢于超越前人的大胆自信。

他们的自信和自卑是互为平行，互不矛盾，互不困扰、互不纠结的。这种自信而又不自信——"不饱和自信"的心理特征，使他们能够保持平和、低调、谨慎的心态。这种心态无疑使他们的意志更具抗挫、抗压能力，这种自信无疑使他们更接近成功。

典型偏科生以兴趣作为学习的主要动机和动力，而兴趣本身则具有紧密联系实践而又忽视"分数排队"的品质。因此典型偏科生的自信也就具有兴趣所具备的思维特征和心理品质。偏科生的自信对实践的依赖，犹如种子对泥土的依赖，鱼儿对水的依赖。典型的偏科生一旦进入大学，在自己喜爱擅长的专业领域里，往往有如鱼得水的感觉，大都会脱颖而出变得非常优秀。

3、"分数排队"造成学生相互较劲、嫉妒和心理封闭。

据《南方周末》报道：一所重点小学四年级某班，一个数学尖子没来上课，同学们非常奇怪，因为她从来不缺课。老师解释说："她的爷爷去世了，她在家办理丧事。"不料，老师话音未落，班上一片欢呼声："噢——她爷爷可死了，这回我们可以超过她了！""她爷爷是数学教授，所以她才老得第一，这回她没靠山了。"望着一张张兴奋的小脸，老师惊愕无语。

在如此"分数排队"的教育文化中，学生成绩的排名不仅取决于自己考试成绩的好坏，同时还取决于同学考试成绩的好坏。学生自觉或不自觉地期盼别人考试成绩退步，自己不断进步。这造成相互较劲、相互嫉妒、相互封闭的竞争，而这种竞争往往容易产生小肚鸡肠式人才，是培养善于"窝里斗"和"一个人是条龙，三个人是条虫"的"人才"文化摇篮。这样培养出来的人才在当今社会是很难生存和发展的。

当年，我儿子到一所省重点中学复读。这所中学每年考入一类重点大学的学生人数都在百分之八十以上而闻名全省。一向生性活泼、热心快肠，喜欢交朋结友，与人"见面熟"的儿子，在一年复读下来，只与邻座的两位女同学相熟。这两位女同学也多次相约到访我家，受到我们的热情接待。在一次饭桌上，这两位女同学感慨地对儿子妈说："夏阳对人热情，好交朋友。而与我们班上同学的性格完全不同，大家相互之间都不怎么来往，各人只顾埋头读自己的书，暗自相互较劲。"

在儿子复读期间，我多次到儿子的班上去。这个班有十八至二十个同学的考试总分早已过了清华、北大的录取线，有好几个已经着手"托福"和"GRE"考试了。这个学校的学生比一般学校的学生都异常地用功，但同学相互之间却比较封闭，暗自较劲。热情、好交朋友的儿子，在与一些同学交往的过程中几次碰到尴尬的"软钉子"和"闭门羹"，我只得在一旁苦笑。这些将来出入北大、清华和美国名校的尖子生，个个举止矜持、高傲，对儿子这个复读生不屑一顾。他们是用分数的等级排名来看人的，对低的不屑，对高的也不服。

看到天真烂漫、大大咧咧的儿子能够主动热情地与这一群高智商的同学交往，兴致勃勃地参与班级的集体活动，没有丝毫的鼠怯和格格不入的自卑情结，我暗自感到欣慰。

儿子在这些高傲的尖子生面前，没有丝毫的自卑感，不仅与他大大咧咧，喜欢交朋结友的性格有关，也与他具有偏科生自信的心理特征有关。而他从小在"分数排队"上没有受到父母的压力，也是一个重要的因素。

4、"分数排队"对唯分数型尖子生造成难以愈合的致命伤。

如果说"分数排队"这种横向比较有一种向上的竞争性，那么这种以功利为目标的残酷竞争对童年、少年身心的健康成长是很不利的，这种竞争对孩子的心理和思维方式将产生一些终生的负面影响。

成人后的杨元元在社会职场中有意无意拿当年的成绩排名与同学的社会境遇相比，一旦发现自己比同学混得差了，就自我封闭了，就低头走路不理睬人了，与同学不再来往。"分数排队"的优越感使她背上了终生的包袱。相反，所有当年的差生和中等生，一旦见了久别的老同学，才不会管自己混得如何，如同见了老乡和亲人，老远就热情地打招呼。

一个在"文革"前成绩优秀的大学生，继而成了一个令人羡慕的工程师。但不幸的是后来，他所在的国有企业垮台，他下岗赋闲在家。这时，当年的一个中学同学，如今是两个工厂的老板，诚聘他去做事，并且答应给他的工资报酬比他同等职务的要高。但他拒绝了，拒绝的理由令人悲哀。他老婆说，这么好的工作机会你为什么不去？他哼哼地说："我去给他做事？当年他的成绩比我差得远，我讨饭也不会讨到他的门下。"

可以想象，一个当年荣光的尖子生，一旦落到曾被自己瞧不起的差生手下去打工，受差生的恩惠，看差生的脸色，接差生发放的工资袋，其脸面是难以接受的。那些光鲜出国的尖子生、高材生，一旦混得不如意，大都宁可客死他乡，也不愿见乡亲父老。因此，学生时代被"分数排队"捧起的地位，是人至死都不愿丢弃的荣誉和骄傲。它是人生一辈子要进行对照、回忆的心理"底片"。这种荣誉和骄傲的心理"底片"一旦与现实出现落差时，造成的心里伤痛是终生难以抚平的。

可是对典型偏科生来说，即使自己有感到自信和骄傲的"东西"，但当年可怜的成绩却使自己无横向攀比的资本。因此，遇到挫折和不顺时难有失落感，更容易轻装上阵，面对未来。由于兴趣爱好所具有的好奇心和纵向注意力，使他们既无横向攀比的心事，也无横向攀比的习惯。

《非诚勿扰》的著名主持人孟非多次说："我从不与别人相比。"他当年有攀比的资本吗？面对现实的他，只有不断去穷追猛赶，超越自我。这种心态终于使他修得正果，获得第二十六届金鹰节最佳节目主持人奖，成为当今中国最受欢迎的、人气最高的电视节目主持人之一。

孟非凭什么有这样的心态？

据《百度百科》"孟非"条介绍：1990年高考，孟非的语文成绩仅次于江苏省文科状元，可数理化三科总成绩却不足一百分。高考落榜后曾经想复读，但因成绩太差——太偏科，找不到接收的学校，只好去打工。

在深圳一连十多天，一次次"见工"一次次被拒，眼看带的钱快没了，只得从小招待所搬到一大群人挤在一起的一间破烂不堪的简易房子里。一个月后，终于谋到了一份做搬运活的临时工……一个月后回到南京。1991年成为一名印刷小工。一次因实在太累，一不留神手被机器卷进去引起全厂一度停工，从而引咎辞职。此时走在南京街头的孟非欲哭无泪……

为了生活，他开始不间断地打些短工：送水、拉广告、做保安……后借钱开了一间小超市，但在1994年被迫关门而血本无归。同年当了江苏电视台文艺部体育组的一名临时工，工作是端茶倒水，接接电话。1994年7月，通过两年业余的函授班学习，拿到南京师范大学中文系专科文凭。与此同时，孟非每天早早来到台里，利用帮记者们打扫卫生的机会熟悉记者的工作流程。一些老记者出去采访时，孟非总是争先恐后地帮着去扛摄像机。他多次被别的临时工骂成"傻帽"，但他不为所动。

孟非的"感情投资"使得他跟记者们的关系越来越热乎。渐渐地，老记者看不上眼的有些小新闻就开始交给孟非，做好后加上老记者的名字就成了。这样积少成多，领导便格外开恩，让他干好自己的事情后，可以出去跑新闻。渐渐地，有一些比较大的题材，领导也开始交给他做了。

1996年8月，孟非作为总摄影参与的一部电视片在全国荣获二等奖，终于甩掉了打杂的帽子，转成正式记者。这时孟非哭了……他在日记中写道："苦难中积累的力量正一步步地把我引向成功！"

孟非"积累"的是些什么"力量"？是他长期底层生活的磨难与阅历，而在积累这些力量的背后，支撑他的则是他"从不与别人比"的自信心。

"分数排队"映出国民的低情商、低政治商

既然"分数排队"对学生的心理健康和实践能力有严重的损害和误导作用，我们的教育部门也曾多次呼吁，不要搞"分数排队"，可是"分数排队"仍然大行其道，并且越是名校越厉害。

从当年央视举办的"是否赞成公布分数成绩"的辩论会看，举赞成牌与反对牌的人数不相上下。从中可以看出，国人对这个问题的认识是莫衷一是。更令人悲哀的是，大家争论的焦点也只是围绕在是否有利于减轻学生的学习负担上，而没有人去考虑是否伤害学生的心理、人格、创造才能等一些涉及教育的根本问题。

这种由"分数排队"造成的对学生的伤害并不是最可怕的。最可怕的是我们国人——老师、家长对这种伤害的忽视和盲视。这种忽视和盲视深刻地反映了我们国民的情商、政治商——人权意识的孱弱和落后。这种落后是导致一个民族、一个国家和国家教育落后的致命因素之一。

我们要问，侵害到学生的隐私权、受教育权、人格地位的"分数排队"，为什么能够大行其道？如果没有大多数国人的麻木不仁和苟且态

度，"分数排队"能够畅通无阻吗？

为什么美国能够成为最具创造活力的国家？为什么美国的学校会成为中国家长和学生所梦寐以求的地方？表面上看是其优越的教育制度和选拔机制等等，而本质上却是，美国的教育是建立在整个国民对人性化教育的理解和维护上，或者说，每个人对人性化教育有一个基本的共识，从而反映出一国的"教育土壤"的状况。老师和家长都把学生的学习成绩视为个人隐私，视为与人格地位、心理健康紧密相连的问题，视为神圣的不容侵害的事。可是，我们的大多数教育工作者及家长对此却麻木不仁，视而不见。这是多么鲜明的对比！这是我们的国民与美国国民在情商、人格、人权意识（政治商）等方面的致命而可怕的差距，这也是我国在教育上一直无法超越他们的一个致命因素。

我们无数家长开口闭口抱怨我们的教育制度、体制等种种问题，抱怨我们的教育对孩子的误导、抑制、摧残，但就是不抱怨自己，不改变自己，不从自己做起。就拿"分数排队"来说，如果一个班、一个学校、一个国家的大部分家长坚决抵制"分数排队"，那么，"分数排队"在这个班、这个学校、这个国家是搞不下去的。

因此，解决"分数排队"问题的一个重要前提是，靠我们整个民族的政治商和情商的提高，没有整个国民政治文化素养的提高，没有每个人的人格、人权意识和自我反省能力的提高，再正确的行政命令和教改方案也只是一纸空文。

有家长会说，我一个人不搞分数排队有用吗？可以肯定地说，对你的孩子非常有用。看一看那些在"分数排队"中受伤害较小，并且在职场生涯中做得风生水起的典型偏科生，都离不开其家长在"分数排队"中对孩子的有力保护。真正的教育是家庭教育啊！从我们每个家庭做起，把住教育孩子的主动权，我们的教改才会从"土壤"上得到根治。

被误导的不幸学子知多少?

形形色色被"捧杀"的唯分数型尖子生

我曾在大洋网看到一个关于"北大才子"拾垃圾度日的报道:
"得知'北大才子'拾垃圾度日的消息后,由于文章没有透露'北大才
子'的真实姓名和确切地址及联系方式,记者只好凭运气按图索骥'打
探'。记者敲开了'北大才子'的家门,这是住在四楼的一套三室一厅
的房屋,因没钱交电费,大白天点着三支蜡烛,室内显得昏暗。'北大
才子'的居室摆设还算整洁。一个闲置的餐桌上堆满了书,不仅有地质
方面的专业书籍,还放着邓小平著作。另一桌面上放着一张英文版《中
国日报》。室内除了几把椅子,几乎没有家具。'随便坐吧!''北大
才子'热情地跟记者打招呼。

"站在记者对面的'北大才子',身高一米七三左右,皮肤较白。
他上身穿一件旧T恤,没有发现报纸上刊登的他那条屁股上破了个大洞
的牛仔裤,但他确实趿着一双脏兮兮的拖鞋,与'北大才子'的书生身
份极不相称。'你是不是大学毕业?'开口第一句话就'审查'记者学
历,让记者感到意外。当他听说记者是一所普通高校毕业生后,'北大
才子'脸上露出不屑一顾的轻蔑……"

"是名校的牌子压垮了'北大才子'"。广西平果铝业集团一位企
业干部深有感触地说,"在他落难的时候,我们曾把他看作一个人才邀
其加盟,但他嫌我们公司不配招聘他这样的高学历人才,宁肯自己赋闲
在家捡破烂度日。"

这个"北大才子"即使到了拾垃圾的地步,也不忘蔑视非名校出身
的人,即使赋闲在家也不愿与草根族为伍。不难看出名校情结和"分数

排队"的"捧杀"对人造成的终生杀伤力。

另据《法制周报》报道：2000年毕业于清华大学的戚柯（化名），毕业后进的第一家单位是中科院高能物理研究所。可半年之后，他因种种原因被辞退。此后数年，他做过搬运工、发过传单、交六百元找过中介谋生路，但每份工作总在一个月左右就结束了。直到去年（2006年）9月，他对生活彻底失去了信心，整日无所事事。

在清华就读的最后一年时间，他给家里写的信特别多，并开始在信中抱怨父母长期以来对自己的管束，甚至入大学以后，也脱离不了父母的"遥控"。他在信中写道：

"多年以来，你们粗暴蛮横的教育方式，使我自幼以来对你们在情绪上形成了坚强的抵触以及在心灵中留下了许多黑色的回忆。一个人受一两次委屈并不要紧，每天被人误解还要认为对方有道理，这个人就不正常，而中国文化就把这种不正常的心理列为'孝道'，实在是扭曲人性。我已经离开家庭很多年，但心仍然在家放着，你们的一举一动仍然影响着我，我并不开朗也不乐观，我性非如此，希望你们尊重我的正当权利和应有的尊严，否则我就很痛苦，因为是你们在伤害我。"

学校的"顶级捧杀"使戚柯产生盲目自负和失去职场能力，控制型的家庭教育又使他失去了基本的社会生存能力。

不幸的唯分数型尖子生知多少？

以上的事例只是经媒体曝光后人们才知道的。如卖肉的北大生接受媒体采访时说："看到同学后，才发现他们中有的人比我经历还丰富、还悲惨，但大多数人的现状都比我强得多。"

"北大生卖肉"被媒体曝光后，一度在全国"闹"得沸沸扬扬，北大负责人为了平息社会议论，不得不出来说话："这种事是非常正常的现象。"这句话的背后透露了北大对类似卖肉的学生是司空见惯，早已处变不惊和无可奈何。甚至十几年后，北大某领导还曾高调宣扬："北大的学生可以做一个普通劳动者，只要他卖猪肉卖得最好，修鞋修得最好，种地种得最好，工人当得最好，那一样是北大的骄傲。"

北大生卖肉、修鞋、种地等等本无可厚非。可是北大的领导对从事这些职业的学生大鼓其掌，不仅说明北大生在社会职场上的竞争力确实越来越差，而且说明北大远不是只出了少数几个卖肉、修鞋等等干熟练工的了。这种现象虽然被学校领导鼓掌，却让这些卖肉、修鞋的北大生及其家长感到失望和痛心疾首。据新京报"北大卖猪肉校友受邀回校讲创业"一文报道：卖肉的北大生陆步轩站在母校的讲台上第一句话是"我给母校丢了脸、抹了黑，我是反面教材"。说完这第一句话，几乎哽咽。面对那些冠冕堂皇的话，陆说："那些励志的漂亮话说起来并无意义。因为当屠夫，并不需要什么技术含量，一个没有接受过高等教育的人一样可以做。当一个人在年轻时代花了多年时间接受专业训练之后，再去杀猪卖肉，对知识和智力都是一种浪费。如果认为北大学生卖肉完全正常的话，为什么不在北大开设屠夫系，内设屠宰专业、拔毛专业、剔皮剁骨专业，那样卖起肉来岂不更专业？"

毕业于清华大学的戚柯（化名）被辞退后，在社会上几经周折，患上抑郁症，其母亲因求助媒体一事找过戚柯的同学，曾遭到同学反对，说："一旦媒体曝光，将来他怎么好再找事做？"

以上的事例对教育界和相关部门来说是极尴尬的事。像北大生去卖肉或修鞋等等撞到媒体"枪口上"的这些现象，有如被雷电击中的概率，与那些没有被曝光的"不走运"的、失业的、有心理问题的大学生、硕士、博士生相比，人们所知道的只是冰山的一角。

据《瞭望东方》周刊《与纷乱的春天一起到来的，是大学生自杀'旺季'》一文报道：

3月22日下午，北京邮电大学2009级博士研究生吴某从该校本部主楼一跃而下，终结了自己年轻的生命。3月28日，南京林业大学南方学院化学工程系一黄姓女生在宿舍内上吊自杀身亡，据称与考研压力大有关。大学生自杀似有愈演愈烈之势。2008年教育部直属高校就发生六十三宗大学生自杀事件，其中北京、上海各二十三宗。2009年，学生自杀趋势有增无减，仅上半年，北京就有十四名大学生自杀身亡。

另据中国新闻网消息："大学生自杀主要是由于个人心理承受能力和客观的社会环境引起的。相对来说，大学生群体是一个比较理性、素质也比较高的群体。有研究资料表明，在高校自杀率统计中，大学生高于一般青年，重点大学高于一般大学，研究生高于本科生；同时，自杀占到了二十至三十岁年轻人死亡原因的首位。自杀学生即使有些还比较优秀，但他们都有一个共同点，就是心理承受能力的脆弱。社会或大学生对自己的期望（值）过高。"

"《中国心理卫生杂志》曾对全国一百二十六万名大学生进行抽样调查，大学生有心理疾患者高达百分之二十点二三。而2005年底，他们通过对本省四所高校三千五百六十四名学生进行心理健康测评，也发现百分之十九点六的大学生出现抑郁症状，百分之十六点二的大学生出现焦虑症状，百分之十四点三的人存在敌对情绪，大学生中有心理问题者高达百分之二十点零四。在现实中，则反应为每年大学生群体中因心理健康问题而休学、退学、自杀甚至违法犯罪的比率已呈上升趋势。"

对于"大学生中有心理问题者高达百分之二十点零四"的说法虽然我们只能谨慎地相信，但起码告诉我们一个事实：一个被学校誉为优秀的大学生、高材生≠一个优秀、成功的职场能手，而且唯分数型尖子生容易出现心理问题，职场能力差，这是不争的社会现象。

"分数挂帅"被穿了个"马甲"

如今的中国教育受到越来越多学生、家长的抱怨，并且认识到兴趣爱好在学习上的重要性，认识到"分数挂帅"的危害性。于是那些"分数挂帅"的既得利益者们就给"分数挂帅"的学习穿了个马甲，贴上了"兴趣爱好"的时髦招牌。在报道状元生时，教育专家和媒体就不约而同地强调这些状元生在学习上如何具有浓厚的学习兴趣，在业余生活中也有种种兴趣爱好，如打篮球、足球、羽毛球等等。一改往年的说法——这些状元生是如何勤奋，在生活中没有休息和消遣，是如何利用变换学习节奏、内容、方式来保持旺盛高效的学习精力等等。

这种偷换概念、乱贴标签的宣传，对广大的学生及其家长极具迷惑和误导作用。使许多家长和学生认为，这些新的改良型考试状元生仍然可以作为学习的榜样——可以将"分数挂帅"的学习和以兴趣特长为动机的学习，一举两得地结合起来。有家长在网上感叹："学习兴趣固然重要，但完全凭兴趣去工作学习成吗？因此要努力第一，兴趣第二。"不幸的是，这种观点还得到不少家长的认同。

要知道，"努力"是指学习作风、干劲，而"兴趣"则是指学习动机，这两者是互不相干的两码事。既然把属于动机的兴趣排第二，而另一种学习动机，为"分数挂帅"就自然乘虚而入而位居第一了。试问，要成为分数挂帅的状元生、唯分数型尖子生，或要成为像爱因斯坦、华罗庚、马云等那种以兴趣挂帅的偏科生，哪一种不需要"努力第一"地去学习呢？

唯分数型尖子生与典型偏科生的业余兴趣爱好也是有着本质区别的。前者的业余兴趣爱好只是那种在课间休息时为了解解乏，放松一下筋骨，调剂一下紧张神经的"兴趣爱好"。而典型偏科生的兴趣爱好则是将整个身心投入其中，并从中品尝到喜悦与无趣，成功与失败，自信与不自信的体验。唯分数型尖子生早已将全部身心、情感、梦想投入到"分数挂帅"的竞争中，他们除了对"分数排队"的自信有着细微、敏感的感受和体验外，对业余的"东西"既没有心思、工夫去产生兴趣，也就不可能从中产生成败和自信与否的体验。正如应付差事地交朋友，与推心置腹、患难与共地交结朋友，所得到的感受和自信心是不能相提并论的。而这种对兴趣的感受的强烈与否，对人生职业的选择和实践能力的强弱与否都有着决定性的影响。

当年，有一个唯分数型尖子生终于考进了一所早已慕名的重点大学的"信息与计算科学"专业。他报考这个专业的原因是：一、他听说这是个热门专业，就业前景很好。二、有一个大他几岁的邻居大学生正是学这个专业的，毕业后去了北京一个令人羡慕的大型软件公司，工资高不说，而且做得如鱼得水，前途无量。这使得他对此专业产生了极大的向往。拿到录取通知书后他就去咨询这位学长，问在大学里如何学好这个专业。

然而这个学长告诉他，不要学好这个专业，这个专业我是混毕业的。每到要考试前的一个星期我才看书，把考试混过关，其余的时间由自己支配。你一定要找到你感兴趣的事，擅长的事，在这方面下功夫。在学校，我是把大量的时间用在世界最新、最前沿的软件知识的学习和运用上，这样，到了应聘单位就能够马上上手做事，给他们解决问题。你要看到，学校里学的那些专业课本和教材与社会的实际水平一般相差五六年，有的甚至相差十几年，这种课你考得越好越没有用……

这个唯分数型尖子生听得一头雾水。因为任何人的思维都是根据脑子里能够有的"东西"来进行的。要找到自己"感兴趣"和"擅长"的事，对他来说，除了考试成绩是自己感兴趣和擅长的以外，再感受不到其他任何感兴趣和擅长的东西了。另外，对于逃课，在他看来也是不可思议的。因为，要一个从小就以听话+成绩好的唯分数型尖子生去逃课，去混考试，去受校方、教授的不感冒甚至批评，这是不可想象的事。

最后他还是以优秀的考试成绩毕业了。可是毕业后一年时间的找工作却是他痛苦、惨绝的经历。因为每一个招聘单位都要问他动手能力如何，工作经验如何。由于平时他对电脑的硬件、软件既无兴趣，也无功夫去摆弄这些与学习成绩毫不相干的东西，因此屡屡惨遭拒聘。无奈之下，他只得去考研——继续发挥他的特长和被"兴趣"——拿高分。他换考了一门文理兼收的经济学专业。两年后，他从一所重点大学的研究生院毕业，很无奈地找了一份与经济工作毫不沾边的打杂的接待工作。这个研究生的母亲逢人就抱怨："一些成绩比他差的大学同学，找的工作都比他好，工资比他高。"她始终想不通，读了研究生的儿子，为什么运气还是这么"背"？

五、为何多数中国学生的职业方向迷茫？

多数中国学生没有择业的感觉

一位智商高读书又用功的女孩子，学习成绩一贯优秀，从一所省名牌高中考入北京的名牌大学，选择了当时最热门的生物工程专业。大学毕业又拿到了美国一所名校硕博连读的奖学金。之后在美国一家医药公司的实验室工作。这位女孩子的求学经历令不少中国学生和家长羡慕不已。没想到的是，她工作了三个多月后，发现自己并不喜欢这个工作，觉得每天八小时一个人孤独地拿着玻璃器皿来回倒腾极无意思。半年后，无聊和孤独的感觉更加强烈，想到要一辈子与玻璃器皿倒腾下去，她几乎要崩溃了。在长途电话中，她跟母亲抱怨，当初为什么会选这个专业……但如果要改行，所学的知识就得报废，而没有专业技能，在美国一天也呆不下去。想到这些她陷入了无限的茫然和忧虑之中……

一些家长和学生也许会说，一个中学生怎么会知道自己喜不喜欢、适不适合干什么职业？的确，在崇尚分数挂帅的应试教育中，越是成绩好的学生及其家长，越认为成绩与能力是成正比的，成绩越好自然能力越强。所以根据分数高低去选择热门或冷门专业是天经地义、顺理成章的事。等到在职场中感觉厌倦无聊、不适应，甚至碰得"头破血流"，才恍然大悟。

那些典型偏科生，往往在学生时代，就根据自己的兴趣爱好和特长较早地确立了人生的职业方向，一旦踏入社会自然如鱼得水。有些即使不清楚将来会从事什么职业，但到了面临具体专业和人生职业的选择时，他们也能够根据早年兴趣爱好感受作出适合自己的判断和选择，从而能够在职场生涯中做得快乐充实、得心应手、业绩斐然。

人的兴趣特长与选择职业的感觉有什么必然的联系？联系的根据是什么？我们不妨先听一听那些在职场上取得了杰出成就的过来人的经验之谈。

一个有感觉的"布里丹的驴子"

爱因斯坦在其《自述》中说："我在一定程度上忽视了数学，其原因不仅在于我对自然科学的兴趣超过对数学的兴趣，而且还在于下述奇特的经验。我看到数学分成许多专门领域，每一个领域都能费去我们所能有的短暂的一生。因此，我觉得自己的处境像布里丹的驴子一样，它不能决定究竟该吃哪一捆干草。这显然是由于我在数学领域里的直觉能力不够强，以致不能把真正带有根本性的最重要的东西同其余那些多少且可有可无的广博知识可靠地区分开来。此外，我对自然知识的兴趣无疑地也比较强。"

爱因斯坦一度在数学与物理之间犹豫不决。但他明白"我在数学领域里的直觉能力不够强"，和"对自然知识的兴趣无疑地也比较强"，从而离开了数学领域而选择了理论物理领域。

丁肇中在《我的自白》中说："每天，我从早上七时三十分踏进实验室，到晚上十一时走出实验室，没有圣诞节，没有星期天，这是出自我对科学的兴趣。可以说，是兴趣把我牵引到世界科学的'峰巅'。兴趣对一个人的事业很重要。这么长的时间，没有兴趣，如何去享受工作呢？所以我劝那些想干一番事业的朋友，应该以兴趣为出发点，不能勉为其难……现在，我不勉强孩子读书。其实，孩子在学校考第一并不代表什么，至少，我认识的那些科学家，都不是年年拿第一的好学生。我便不曾考过第一名。"

并不是所有的中学生和大学生都能够像爱因斯坦、丁肇中那样，在学生时代就有了明确的学科或专业上的兴趣偏好，从而较早地决定了人生的职业方向。这恰恰也是大多数中国学生的不幸之处，问题的根子不在学生自己，而是源于中国的考八股教育。

李开复曾对中美两国的学生有过比较，他说："在'开复学生网'上，我每天都看到'只有你能告诉我，我该怎么做'这样的被动思维。很多人都希望我能够替他们作决定，给他们一个一劳永逸的终极解决方案。有些人消极到了非要别人帮他解决问题的程度。这让我感到不可思议。在美国，只有你自己最了解你自己，只有你知道你最想得到什么，只有你自己知道你最在乎什么，别人怎么会比你更了解你自己呢？"

"坦白说，美国学生不认为他们需要我的帮助。我在美国也做过一些演讲，但他们更有兴趣的是从我这里理解中国和中美关系以及全球化这方面的问题。他们虽然很多的基础知识学得不够，不够扎实，但个人都很积极，都太知道自己想要做什么，才不会让我告诉他们怎么作决定……他会有一种自信的、积极的态度，这种态度很可能让他将来成为一个优秀的人才。我认识不少来美国读书的中国学子，很聪明，基础很扎实，学习也很好，但无思想，只是习惯于接受别人的安排，比较没有自己的见解，很少主动去创造什么。"

为什么大多数中国学生"不了解自己""没有自己的见解"？要看到，中国学生在"分数挂帅""水桶论""填鸭式"的教育下，有多少能够有自己的兴趣爱好和独立自由的个人追求？陷入"分数挂帅"越深的学生对自己了解就越少。

哪怕是那些只有业余兴趣爱好的学生，他们仍然能够凭着业余兴趣爱好的感觉，从中了解自己的个性、偏好和才能特长，从中知道自己适合和不适合干什么，从而把握住人生的走向，在种种诱人的"机遇"面前抓住只适合于自己的机遇，而不是仅凭分数成绩去抢热门的、时髦的"机遇"。

杰克·韦尔奇从"昔日的体育运动中"找到的择业感觉

据被誉为"全球第一CEO"、"美国当代最成功最伟大的企业家"的美国通用电气公司前总裁杰克·韦尔奇自述："1960年我离开伊利诺伊大学时，我已经可以肯定什么是自己喜欢的，什么是自己想要做的，还有同等重要的就是，什么东西是自己不擅长的。虽然我的专业技术还算可以，但无论如何我都不是最出色的科学家。和我的很多同学相比，我的性格比较外向，我属于那种喜欢人胜过喜欢书、喜欢运动胜过喜欢科技发展的人。我认为对于一份既涉及技术又涉及商业的工作，这些能力和兴趣将是非常适用的。

"我的这种体会有一点像昔日的一种感觉，我觉得自己是一个相当不错的运动员，但远非特别出色。我想做的一些事情使得我和绝大多数博士有所不同。他们一般都会步入大学的课堂去授课，或者到实验室去做实验。我曾经不很认真地考虑过教书，甚至接受了锡拉丘兹大学和西弗吉尼亚大学的面试，不过最后我还是决定放弃这种选择。"

杰克·韦尔奇能够取得职场成功的关键是，大学时"已经可以肯定什么是自己喜欢的，什么是自己想要做的"，而能够做到这一点的是依靠他"昔日的一种感觉"，即"相当不错的运动员，但远非特别出色"

的这种细腻而敏锐的感觉。

张朝阳儿时的玩耍与择业的感觉

据《百度百科》"张朝阳"条介绍：搜狐公司董事局主席兼首席执行官张朝阳，从小就不安分，爱幻想，不甘落后，对很多东西感兴趣。他爱玩弹弓，学过画画，做过航模，拉过二胡，尤其喜欢看《水浒》。他喜欢看那些自学成材的故事，读《哥德巴赫猜想》，并暗立志向：要好好念书，将来出人头地。中学时代，张的理想是当物理学家，认为只有获得诺贝尔奖，才能成就一番大事业。这是他考取清华大学的直接动力，也是他考取李政道奖学金的直接动力。

1993年，在麻省理工学院念了几个月的物理学博士后，张朝阳突然感到自己不是当物理学家、获得诺贝尔奖的料子。"在物理实验中，我发现，我是个操作型的人，特别注重结果，不能容忍搞一套理论，而这套理论要在一百年之后才能得到验证。"同时，他看到了中国市场和互联网的无限商机。

于是，张朝阳当即利用麻省理工学院这块著名招牌，向麻省理工学院要求授予"亚太区中国联络官"的名号。张朝阳知道，学校授予的这个"官"与行政职能部门没有任何关系，是个无职无权的"官"，但却能够唬住几乎所有中国的官员和老百姓。这一举措为张朝阳回国接触高官，打入上流社会，和在各大公司进行融资，从事社会活动创造了极有利条件，为创建搜狐网站抓住了千载难逢的机会。要知道，他这种敏锐的感觉和机敏反应的能力除了儿时在"乱七八糟"的业余爱好中获得的体验和锻炼外，在书本和课堂上是不可能得到的。

为什么人的感觉对作出正确的——适合自己的职业选择那么灵验？

人们常说："你连感觉都没有找到，你做什么？""你没有乐感，还想去当歌手？"根据心理学的定义，感觉是对事物个别属性的反映，是认识客观事物的开始。显然，感觉是思维、行为等一切心理活动的基础，没有感觉无从判断，没有感觉的思维、判断只能是人云亦云的被思维、被判断。邓小平有句至理名言"摸着石头过河"，强调的就是要根据感觉、感受、实践体验去做事、作抉择，而不是根据大道理。

可是如今，一代又一代的学生及家长仍然盲目地、一窝蜂地相信种种时髦的思潮和名家的理论、思想，唯独不重视，不相信，不根据孩子的感觉、感受，不从孩子兴趣爱好的感觉出发，或者说，不发掘孩子的兴趣爱好，并从中听取感觉、感受发出的声音，以此作出判断和抉择。

兴趣不仅是感觉良好、感觉敏锐、感觉升华的表现，兴趣还具有自主性、实践性、客观性的品质特征和怀疑、探索、创新精神。因此，尊重和提高孩子的兴趣爱好，是培养和增强孩子敏锐的择业感觉和果敢的抉择能力的有效途径。

六、为何奥赛奖牌选手难成一流人才

　　《神州教育》曾登过一篇文章，感叹："中国的学生在国际中学生奥林匹克竞赛中几乎包揽所有奖牌，正当我们为这些所谓的'神童'欢呼雀跃时，西方却又多了几位诺贝尔奖得主。为什么这些'神童'在以后的成长过程中很少有人再做出更辉煌的成就，为什么许多获得诺贝尔奖的是西方人而不是我们中国人呢？"

　　回答这个问题有三点。

1、考试主要是考记忆力和熟练程度

　　诺贝尔物理奖获得者李政道教授一次对中国科技大学少年班的同学们说："考试，只是考一个人的记忆力，考的是运算技巧。这并不是学习的重点，学习的重点是培养能力。"即便是国际奥赛这样的比赛与各种考试比起来，也是大同小异，主要的仍然是考记忆力和运算技巧及其熟练程度。

　　被誉为"数学神童"的张亚勤，是当年唯一以数学满分加二十分的成绩考进中科大少年班的，他道出了其中的玄机："那个题，如果我没做过，我在考场上肯定做不出来。没有人能够在那么短的时间里做出那

道题。"

国际奥赛与各种闭卷考试一样，对每道题有严格的阅题和运算时间要求，考生稍不抓紧或延误，整套试卷就会做不完，更谈不上有多余的时间，让考生停下笔去思考完全陌生的试题。像张亚勤遇到的那道加分题，如果考前没做过或老师没讲解过，即使遇到比张亚勤这个"数学神童"解题速度还要快十倍的考生，在考场上解出这道陌生题也需要二个多小时，做整套卷子的时间就远不够用了。因此，对于那些能够得到奥赛奖牌和高考状元的学生来说，主要靠的是在有限的时间里对所有考题题型的熟悉和运算技巧的熟练程度。

张亚勤当年考试有一点运气的成分，可是，对于久经沙场的奥赛选手来说就不是碰运气了。他们在教练的指导下，各种难题、偏题、怪题被规律化、公式化、套路化后，经过高强度的训练和层层选拔，被搞得滚瓜烂熟，如同被程序化的电脑内存。这种脑力上的体力劳动造就的能力和熟练的运算技巧毕竟与猜想、探究、创新的能力有着本质的不同。

也许有一些奥赛专家和家长会说，让一般的学生去做一下那些奥赛题试试看！这种比法幼稚可笑，这如同拿技法熟练的临摹画匠与不会画画的看客相比，而不去与艺术创作的画家相比。

2、被"标准答案"驯化后的选手

丘成桐说："参加'奥数'的学生们养成了一种解决人家出问题的习惯，而不是自己发现问题，再解决问题，这使他们在创造性和主动性上非常缺乏。而在实际的研究中，我们更注重一个人是否会主动发现问题。"

中国奥赛选手大都是从有一定特长、潜质的学生中选拔出来，经过奥赛老师以条理化、定势化、模式化、程序化等各种套路的高强度训练，使他们习惯于被动地按一定条条框框和标准答案去思考问题、解决问题，从而习惯于被动地按标准化的套路去思维。一旦没有问题、没有标准答案，没有游戏规则，他们就如同落地的蜘蛛找不着北了。即使他们原本有着天然的好奇心和突破陈规旧矩的个性，但经过如此高强度的训练、筛选，曾经的个性、棱角也早被打磨和淘汰得差不多了。

有些搞奥赛的专家说，他们有很强的逻辑思维能力，那些奥赛题目一般学生是做不出来的。但要知道，逻辑思维能力不是创造型人才的首要条件和核心竞争力。一流人才最本质的特征是提出新问题、发现新问题的能力。这些主要靠的是怀疑、探究精神和想象力，而这些品质能力与人为的强化训练是格格不入的。

李政道曾经问科大少年班的同学："你们在一些观念上有没有提出过疑问？比如对于牛顿力学，会不会问：我为什么要学它？为什么它不可能是不对的呢？这种年纪还不问这种问题，将来是不会问这种问题的。老师你讲牛顿力学，为什么是对的呢？根据是什么呢？这种年纪还没有这种态度，将来做不了第一流的工作……年纪大的人往往习惯于运算，遇到问题拿起笔就算，而年轻人就不一样，敢于提问。为什么理论物理领域中作出贡献的大都是年轻人呢？就是他们敢于怀疑，敢问。年老的人，运算越熟，他的'程序'可能编得越好，就是做不出一流的工作，因为他根本就没有提问题，更不会去回答这些问题。"

丁肇中教授曾对少年大学生说："一般中国学生在美国大学里，考试成绩很好，可是出了校门去做研究题目，并不是特别超越于其他国家的学生。我想，造成这样后果的主要原因就是中国学生喜欢背书，喜欢死记。须知从事科研工作以后，背书和死记就没有用了。我认为，一个中学生如果对自然科学有兴趣，就应该彻底了解书本上、课题上所说的东西与课外自然现象之间有什么联系，而不要完全背书，死记公式。须知死记公式、完全背书是没有多大用处的。"

中国奥赛选手的学习和训练与丘成桐、丁肇中、李政道所提倡的探索、怀疑和提出问题的学习精神是背道而驰的。

3、"奥赛训练"班扭曲了选手的心态

国际上的奥赛活动原本是为了培养孩子的学习兴趣，开发潜力。可是中国大大小小的奥赛训练班将这一最本质的目的给扭曲变味了。正如丘成桐说的："中国目前将'奥数'弄得很功利，使那些'奥数'金牌得主自以为已经很了不起、很成功，他们觉得'奥数'就是数学学习的目标，一旦成功，得到了免试和荣誉，就不想再学数学了，这样的状况使中国没有一种为了数学而数学的气氛，而没有这个气氛，没有了以兴趣为基础，就不可能培养出大数学家。"

中国的奥赛选手们很少不是被功利、欲望所推动；眼睛盯着金牌和名校，抱着毕其功于一役的决战心态，把夺奖牌、进名校看着是改变人生命运的决定性一搏而去的。一旦拿到了奖牌，媒体的热捧，众人的仰望，以及世界名牌大学、热门专业、金钱地位、诱人的职业对他们来说都供大于求。如果说他们早年曾有过对某某学科或专业纯粹的兴趣爱好的话，那么奥赛班则是激发了学生急功近利的浮躁心态，使学生曾经的兴趣被奥赛和奖牌给扭曲和污染了，他们已没有那种清心寡欲的，为了兴趣爱好和科学探索而献身的学习心态了。

中国的一些奥赛奖牌得主被保送到美国从事基础学科研究，后来绝大多数都转行到了热门的、来钱快、来钱多的专业去了。可以说，各种急功近利的奥训班和蛊惑人心的奥赛奖牌扼杀和腐蚀了他们淳朴的兴趣爱好和平凡、宁静的做学问心态。

正如一个网民所揭示的那样："前不久我碰上一位曾在美国'常青藤'读基础学科博士的朋友，发现十几年不见他已经在做生意了。他对我坦言：'我的博士读到最后就差一个论文，最后还是放弃了。实在没有动力呀。我们这些中国学生来这里头两年上课考试，大致都比美国同

学还好，但通过资格考试后一起做研究就不一样了。人家是在追踪自己终生关怀的问题，是在津津有味地玩自己最喜欢的游戏，简直到了忘我之境。我们呢，连为什么做这个题目都不知道，总觉得研究的东西与自己不相关。长期这样搞下去，一切都变得索然无味'。"